·国家社科基金特别委托项目·

本丛书由中国社会科学院世界社会主义研究中心编

世界社会主义研究丛书·参考系列 ⑥⓪

美国社会主义传统

The "S" Word: A Short History of an American Tradition ... Socialism

〔美〕约翰·尼古拉斯/著
(John Nichols)

陈慧平/译

社会科学文献出版社
SOCIAL SCIENCES ACADEMIC PRESS (CHINA)

John Nichols

The "S" World：A Short History of an American Tradition…Socialism

© John Nichols 2011

This edition first published by Verso 2011

本书根据 Verso 出版社 2011 年版译出

译者序
社会主义：美国历史的另一面

陈慧平

在某些信奉自由主义的人看来，美国无疑是一个典型的资本主义国家，并因其"彻底的、自由的"市场经济和民主制度而成为世界头号强国，但事实究竟如何？我们不妨看看美国人自己的观点。2011年，约翰·尼古拉斯，美国一位有影响的政论家出版了《美国社会主义传统》，该书以翔实的史料为依托，明确提出：美国是个具有社会主义传统的国家，社会主义观念在过去的两个世纪中塑造和巩固了美国，要理解美国，尊重这个国家的过去、现在、可能的未来，就必须承认社会主义这个传统。在尼古拉斯的笔下，社会主义是美国的建国理念，它贯穿于美国历史发展的始终，并体现在诸多历史人物身上。当然，美国的社会主义传统有自己的特色，与世界上其他国家的社会主义相区别，然而，"社会主义"在美国也是被遮蔽和污蔑的词语，一些人因信奉社会主义而遭受迫害。无论如何，《美国社会主义传统》这本书让我们看到美国历史的另一面，同时也引发我们进一步思考关于社会主义的一些基本问题。

一 社会主义是美国历史的组成部分，没有社会主义就没有美国的今天

尼古拉斯在书的第一页就提出美国是"全世界被驱逐者和受压迫者的家园"，他对美国历史的回顾追溯到它建国之初，认为追求平等、保障受压迫者的权利是社会主义的重要内涵。既然美国是作为"全世界被驱逐者和受压迫者的家园"而建立的，社会主义也就是美国当之无愧的建国理念。作为美国的象征符号，自由女神像把美国的国家信念与法国大革命的"自由、平等、博爱"紧紧联系起来，而它的捐建者，诗人艾玛·拉扎罗丝，就是社会主义信念的积极追求者。她对 1870～1880 年间居住在曼哈顿和布鲁克林民众的悲惨处境无比同情，认为这是由私有制的不公平造成的，她追随 19 世纪 80 年代城市激进社会主义运动者亨利·乔治，提出土地私有化是资本主义"最根本的错误"，应该使土地变为公有，并向富人征税，在通信和交通设施、水资源和基础建设领域实行公有化。尽管艾玛·拉扎罗丝们的社会主义运动没能改变美国的社会性质，但在美国的历史发展中仍然具有举足轻重的作用。在社会主义者们的努力下，社会主义理念潜移默化地成为美国的国家信念，影响到社会政策的制定，使公平和正义得到保障，为社会不断向前发展创造了条件。正是从这个角度出发，尼古拉斯认为，没有社会主义就没有美国的今天。

社会主义作为美国历史的组成部分不是抽象的，而是具体的，它体现在信奉社会主义的具体历史人物身上。尼古拉斯在书中举出一系列美国历史上的知名人士。19 世纪的沃尔特·惠特曼、托马斯·潘恩、亚伯拉罕·林肯，20 世纪的维克多·贝尔格尔、A. 菲利普·伦道夫、马丁·路德·金、米歇尔·哈林顿等，尼古拉斯认为，这些人

都是社会主义理念的支持者、倡导者。诗人沃尔特·惠特曼参加过社会主义者发起的政治活动，他的《草叶集》是美国诗歌史上一座灿烂的里程碑，反映了19世纪中期美国的时代精神。惠特曼的诗讴歌下层劳动人民，号召人们"不管你富裕与否，请给每个需要帮助的人以援手，为他人贡献你的财富和劳动"。晚年的惠特曼自认"比自己想象的更像一个社会主义者"。如果说惠特曼身上的社会主义因素是自发而质朴的，托马斯·潘恩的社会主义信念则是清醒而坚定的，他的理论博大精深，笔端充满激情，写出很多流传后世的名言警句，如"社会主义的沧桑面孔，布满了贫富悬殊的愁容，这表明它经受了极端的破坏，急需用公正来挽救"。潘恩的《理性年代》《人类权利》《土地的公正》等著作成为美国社会主义者和进步人士必读的经典著作。尼古拉斯认为，在以社会公正为核心理念，高扬人道主义旗帜，反抗阶级压迫方面，潘恩的社会主义理论甚至比马克思的社会主义理论还要详尽。潘恩的思想也影响到林肯，林肯注意到劳动和资本的关系，提出"劳动优先于而且独立于资本。资本只是劳动的结果，如果不是先有劳动，资本是不可能存在的。劳动在资本之上，它应该得到更多的重视"。林肯与第一国际的交往故事也被传为佳话，马克思支持林肯的斗争，认为林肯的胜利象征着北方的工人"不再屈从于三十万奴隶主的寡头政治"。历史进入20世纪，社会主义者前仆后继，维克多·贝尔格尔，一位激进的编辑、社会主义者，以生命为代价，对危及公民自由的极权发起战斗，并且捍卫了美国人引以为自豪的演讲、出版等的自由；A. 菲利普·伦道夫，一位终生的社会主义者，发动工人在华盛顿为平等和自由而游行，伦道夫还邀请牧师马丁·路德·金发表了著名的演讲"我有一个梦想"；米歇尔·哈林顿，马克思的信徒，社会主义的倡导者，向贫困开战，写下了《另一个美国：贫困在美国》，建议政府实行"完全社会保障法案"。

尼古拉斯在书中还提出，美国的社会主义传统也体现在实行社会主义措施的具体城市中。威斯康星州的密尔沃基市就是因采取了社会主义治理方式而获得繁荣发展的城市。《美国社会主义传统》虽然是以人物为主线，但却专门穿插了一章来记述美国社会主义的"老家"——密尔沃基。二战后的密尔沃基大部分时间都处于社会主义者管理之下，这些社会主义者注重解决诸如城市下水道系统等具体民生问题，被称为"下水道社会主义者"。对国营企业进行管理是密尔沃基社会主义的关键，他们不是仅仅去操纵，他们也不仅是制定法律和规则，他们借助国营企业推动公共需求项目的开展，建设公园、公共图书馆、公立学校、公共保健场所、公共工程（包括下水道）、公共港口设施、公共住房、公共岗位培训以及公共游泳馆等，提高民众的生活质量。密尔沃基的社会主义者"认为马克思主义信念是他们为生活理想而奋斗的最佳工具"，他们相信社会资源属于每一个人，社会主义者们的任务就是致力于去建设一个利益共同体，"花公众的钱为公众做事"。

二　美国的社会主义具有自己的特色，区别于其他国家

尼古拉斯在《美国社会主义传统》中反复强调，他并不推崇任何一种意识形态化的名称，实际上他对社会主义是持保留态度的，对历史人物的叙述也不忘记强调他们的"非社会主义身份"，比如"尽管在后期，惠特曼的好友动员他加入社会党，但他并没有听从，他从来也没有正式成为一个社会主义者"。在尼古拉斯看来，尽管社会主义是美国历史的组成部分，没有社会主义就没有美国的今天，但这并不意味着美国是一个社会主义国家，不意味着美国是米歇尔·亨利廷

所说的"不标明身份的社会民主国家"。美国的社会主义传统是具有美国特色的社会主义，区别于曾进行过社会主义实践的那些国家（如苏联）。而尼古拉斯所要做的是开拓人们理解事物的空间，承认美国的社会主义传统，以便有足够的力量去制衡政府，使之免受右翼势力的挟持。尼古拉斯指出，我们生活在一个复杂的年代，经济、社会和环境方面面临着深刻挑战，虽然民意调查显示，有更多的美国人在今天比过去的几十年里都被"社会主义"所吸引，但社会主义不可能解决美国人民面临的所有问题。事实上，具有不同的倾向的社会主义者自身也存在矛盾，社会主义者内部的相互争吵甚至消耗了他们一致对外的能量。还有一些美国的社会主义者，过分美化苏联，并为它的极权化行为作辩解，在国内的争论中站在了"莫斯科阵线"上，这是尼古拉斯所不赞同的。

那么美国的社会主义区别于其他国家的特色在哪里呢？尼古拉斯通过对"下水道社会主义者"的深入论述为此提供了答案。"下水道社会主义者"对传统社会主义理念不感兴趣，不相信暴力革命夺取政权的威力，他们推崇德国实用主义社会主义者爱德华·伯恩斯坦的思想。伯恩斯坦认为，虽然从理论上说，策划革命是吸引人的，但在实践上为人们的餐桌提供食物可能更有感召力。维克多·贝尔格尔高度赞同伯恩斯坦的观点，认为取消暴力革命是可能的，宣称"只要我们改变了现存的秩序，使全体人民得到解放，我们不在乎我们的社会主义是马克思主义的，还是其他什么主义的"。美国是一个已经有投票制的国家，只要民主投票能给予完全执行和公正对待，那么通过流血的谋反来改变社会就是愚蠢的。资本主义被取代是一个长期的过程，在这一过程中需要的是不断地完善每个阶段并为最后的胜利铺设台阶。

从渐进和改良主义出发，密尔沃基的"下水道社会主义者"们竭尽所能搞好基础设施建设和公共服务，为人们提供他们所需要的一切："操场、公园、海滩、小溪和河流，社会活动中心，阅览室，健康的娱乐"。根据尼古拉斯的描述，"下水道社会主义"承认美国的个人主义，但不承认美国人是纯粹的个人主义者。社会主义者弗兰克·泽德勒强调这个国家的衣衫褴褛的人也是公民，社会主义者应该为整体的利益服务，而不是为某些富人服务。弗兰克相信，这个整体就是以合作形式组织起来的利益共同体，它应该先在城市层面开展，然后在州层面，再在国家层面运行。弗兰克·泽德勒用了一生时间追求这种合作共同体，他坚定地认为社会主义会在美国实现，即使不是在他的有生之年，在他的儿子辈和孙子辈也会实现。弗兰克回应人们对社会主义的指责时说，"总是有人指责社会主义与人性不相符合，可能它与人性不符，但人性难道不需要被提升吗？人们难道不可能学习彼此合作吗？这无疑是我们的奋斗目标"。

三 社会主义观念被遮蔽和污蔑，社会主义者命运坎坷，两个政党围绕 "社会主义" 进行着激烈的斗争

尼古拉斯在书中指出，社会主义虽然是美国传统的一部分，塑造和推动了美国社会的发展，但自上个世纪下半叶以来，社会主义观念却被遮蔽和污蔑，被认为是苏联等国家的失败和愚蠢的制度，只能带来极权主义。"不仅被托利派所贬低，而且被否定历史的政治和媒体精英所贬低"，在美国甚嚣尘上的流行论调是：公共事务与私人事务相比是次要的；公司总是好的，工会总是坏的；进步税收本质上是邪恶的，最佳的经济模式是避免糟糕的平等，允许极端富有的人们先留出他们的股份，然后美国的广大民众再分得一杯羹。在尼古拉斯看来，公共讨论本来应该容纳从左到右的所有观念，但如今的美国政治

话语却只是从极右到中右，社会主义成为一个需要避讳的字眼，新自由主义的经济和新保守主义的外交政策占据主流，美国人已经与他们的历史分裂了。保守主义者起草和制订的政治纲领从根本上与潘恩等国家创建者的社会主义观念相矛盾。他们使国家、公共事物、联邦、公共利益屈从于市场和大资本家。他们把大公司和富人们的利益凌驾于劳动人民以及他们的家庭、单位、社区之上，把财富和权力的集中称之为"黄金时代"，事实上这已经损害了美国的民主生活和政治制度，使其陷入衰落。他们追求的内政外交方针使美国在政治、经济、环境、军事上的安全越来越没有保证。

美国自诩为民主自由的国度，但是它对持不同政见者的迫害并不亚于其他国家。尼古拉斯在这本书中忠实地记录了在"红色恐怖"和"清洗异见者"的活动中，社会主义者遭受迫害的事实。以麦卡锡时期为例，成千上万的社会活动家因倡导经济、政治的公正而被攻击，就职于公共教育系统、广播和电视网络、报纸和政府部门、贸易工会以及私人商业领域，有社会主义嫌疑的员工被指控违反了史密斯法案并被开除。众议院中的非美裔运动委员会、参议院的内部安全小组委员会，以及参议院的常设调查小组委员会（由麦卡锡领导），在1949～1954年开展了109场大张旗鼓的听证会，在这些听证会上，共产党员、工会成员和社区组织者被迫为自己过去的行为、个人生活和政治观念而接受调查。这一过程重复了无数次，因为州和地方的非美裔运动委员会以及警察机构也开展了他们各自的听证会和调查活动。政府机关和学校要求他们的工作人员用"效忠词语"来宣誓，并进行调查，看他们是否言行一致。到了20世纪50年代末，据统计，大约1/5的美国工人被要求进行类似的忠诚度调查，超过3000名沿海和航海工会会员被列入黑名单，并失去了工作。在忠诚度调查运动中，许多被指控为不忠诚的人备受打击，由于恐吓和经常被错误地指控，自杀也很普遍。社会运动者，尤其是争取公民权利的社会运动，成为被调查、被迫害的目标，上百名共产党人被判有罪入狱，移民来的社会活动家被驱逐出境。

通过尼古拉斯的叙述，人们不难发现，"社会主义"不仅被遮蔽和污蔑，近年来也越来越成为共和党指责民主党的重要把柄。一些共和党人认为"社会主义"是美国最大的敌人，而奥巴马则有可能把美国引向社会主义的危险道路。塞恩·汉尼拔认为奥巴马的医疗改革破坏美国宪法。格林·贝克指责奥巴马把"财富当成魔鬼，是资本主义的潜在敌人"，奥巴马在少年时代和青年时代与激进主义、马克思主义和共产主义者交往，之后的二十年，又在一个马克思主义牧师的指导下参加马克思主义活动，因此他必然是倾向于社会主义的。在贝拉克·奥巴马就任总统一年后，保守派政治行动大会的年会召开，爱荷华州的国会议员，共和党右翼分子斯蒂芬·金鼓动说："我想要为敌人下定义。敌人就是自由党们，敌人就是进步党们，敌人就是切·格瓦拉们，敌人就是卡斯特罗们，敌人就是社会主义者们……葛兰西主义者们……托洛茨基主义者们，毛主义者们，斯大林主义者们，列宁主义者们，马克思主义者们，他们都是我们的敌人。我还落下了谁？我接下来提到的这个你们看怎么样，民主社会主义者？请你们登录 dsausa.org 网站，到那里去看看，看看你们会发现什么。美国的民主社会主义者就是社会主义者，他们制订了一个通盘计划，那个计划看起来就是奥巴马总统的计划。"事实上，认为民主党在把国家引向社会主义，共和党在此问题上的立场甚至比 20 世纪 50 年代琼·麦卡锡的"红色恐怖"时期更为坚定。纽特·金里奇警告说："我们现在处于能否拯救美国的斗争中……社会主义将威胁美国的存在，使之不能再作为一个繁荣的国家。"尼古拉斯指出，在共和党右翼分子的压力下，奥巴马也开始避开社会主义，在任何场合，奥巴马都拒绝了社会主义或社会民主主义的一些好方法，而采取了有利于私有部门发展壮大的措施，奥巴马倾向于使自己与"自由市场原则"相一致，为这些原则甚至不惜拒绝更好的政策，拒绝由当代社会主义和社会民主主义思想家提出的先进理念。在杰克逊的彩虹联盟运动衰退和杜卡基斯失败的二十年里，民主党的精英阶层使民主党大幅度地向右转，尤其是在经济问题上，以至哈林顿关于自由主义是通往社会主义的中间站的观念被人们所质疑。

把美国与社会主义相提并论并非创新之见，但尼古拉斯的论述进一步打破了人们的惯常印象，提供了一些值得思考的问题。

（一）关于不同版本的社会主义

其实"美国特色社会主义"不过是历史上早就出现过的改良主义和机会主义版本的社会主义，列宁曾对"下水道社会主义"提出过批判。即使是被诺曼·莱文所称道的 1932～1939 年的"罗斯福新政"也并非社会主义运动，当时的美国政府并没有征收私人财产，而只是调整经济政策从而保障了资本主义的发展。

无论如何，社会主义运动内部一直存在分歧，这是一个不容忽视的历史事实。19 世纪五六十年代，社会主义流派出现过蒲鲁东主义、工联主义、杜林主义、拉萨尔主义、巴枯宁主义、费边主义等，19 世纪末 20 世纪初，又出现了民粹主义、孟什维克主义、伯恩施坦主义、考茨基主义。一百多年来，关于社会主义的定义有 500 多种，信奉和追求社会主义的国家、政党和组织也有几百个。从目前来看，以共产党人为代表的科学社会主义，以社会民主党人为代表的民主社会主义，还有亚非拉广大地区以民族主义为特征的民族社会主义是最基本的三大社会主义派别，激进主义和改良主义是两个最基本的不同理念。如何看待这些不同版本的社会主义？激进主义和改良主义是一方压倒另一方的关系，还是同一过程的两个方面的关系，或者同一过程不同阶段所采取的不同策略的关系？如果说苏联的科学社会主义是科学的，它为什么会遭受挫折？如果说一些国家的民主社会主义是非科学的，它为什么带来经济的繁荣和老百姓的高福利？只要实践还在继续，问题本身就是开放的，可以肯定的是，随着社会的发展，关于社会主义不同版本的争论还将持续，与此同时，"新模式社会主义"、市场社会主义、生态社会主义、数字化社会主义、基因社会主义等新版本的出现使社会主义运动更加复杂和异彩纷呈。

（二）关于资本主义的新变化

社会主义观念在美国长时间地被遮蔽和污蔑，这并非偶然。当社会处于繁荣发展状态时，人们很容易将之归功于与之相伴的社会制度，虽然二者并没有必然的联系，而且从动态的观点看，一劳永逸地满足人类所有实践需要的社会制度是没有的。马克思早就指出，共产主义不是固定不变的状态，不是现实应当与之相适应的理想，而是"消灭现存状况的现实的运动"，"无论哪一个社会形态，在它所能容纳的全部生产力发挥出来以前，是决不会灭亡的；而新的更高的生产关系，在它的物质存在条件在旧社会的胎胞里成熟以前，是决不会出现的"。第二次世界大战以来，科学技术迅猛发展，发达国家科学技术对国民经济总产值增长速度的贡献率 20 世纪初只有 5% ~ 20%，20 世纪中叶上升到 50%，当代一般为 60% ~ 80%，明显超过资本和劳动的贡献率。借助于科学技术的力量，资本主义不断地进行着自我调整、自我修复。资本主义生产关系的变革在生产资料所有制关系方面表现得最为突出，经历三次大变革：股份制、私人股份垄断资本所有制和法人股份垄断资本所有制，资本主义的社会化程度有所提高。同时，生产和资本出现了高度国际化，全球 560 多家跨国公司（其中约300家在美国)掌控了资本主义全球经济、资本主义政府及其国际组织。资本的有机构成也出现新变化，在最发达的工业化国家中，电子金融交易额超过中央银行储备的大约7倍。当代资本主义虽然在国际金融危机中受到了多种冲击，遭到了重创，但并没有陷入一蹶不振、行将崩溃的境地。

英国新左派领军人物佩里·安德森认为：当前，唯一可以打破资本主义均衡状态的革命力量来自科技即生产力的进步，在这个基因工程迅速发展的时代，人类社会进行变革的动力将来自资本主义制度本身的新陈代谢，一种新秩序能够从旧秩序的不断进化中产生出来。资本主义的新变化对社会主义到底意味着什么？

（三）关于"重新认识社会主义"

《美国社会主义传统》把一个时代性的问题再次呈现在人们面前：怎样重新认识社会主义？在人类历史上，围绕社会主义的探索和对社会主义内涵的更新从来没有停止过。从1516年莫尔构造《乌托邦》，到1871年法国工人阶级成立巴黎公社，到1917年俄国布尔什维克创建革命苏维埃，再到战后大批社会主义国家的兴起、社会主义的改革，在将近500年的时间里，全世界无数革命者怀抱社会主义信念前仆后继，然而，苏东剧变，民族社会主义的衰落，"现实社会主义"的深刻变革、现实资本主义的重大变化都从不同的方面印证了邓小平同志所说的："社会主义是什么，过去我们并没有完全搞清楚。"中国特色社会主义实践表明，对于什么是社会主义，人们不应当只着眼于生产关系，将生产关系意识形态化，用非黑即白的思想方法来对待社会主义的理论与实践，而应当以是否有利于生产力的发展和人民的利益为标准。如果非公有制比公有制更好地调动各方面的积极性，满足生产的发展和劳动人民的利益，那么公有制和私有制都可以在发展社会国家中找到自己的位置。俄罗斯在 30 年代强制实行农业集体化就导致饥饿和农业生产下降，中国在"大跃进"年代也有类似的情况。这都说明过早取消非公有制不利于经济建设。另一方面，随着科学技术的发展，在原子能、航天和公益事业等领域，私有制显然是不适宜的，公有制却是适宜的，但是在日常生活等领域，私有制却仍然有它的某种效力。

马克思主义是一个开放的理论体系，社会主义是一个开放的概念体系，它们都需要有新的发展，这是现时代的大趋势。当今世界发生着巨大变化，人类对自然、社会历史和人的思维本身的认识日益深化，思想上的路径依赖，即从固有的思想坐标系出发，从概念到概念是行不通的，缺乏深度的社会主义理论无助于改变社会主义处于低谷的局面。《美国社会主义传统》挖掘了美国历史上追求人性的解放、平等，社会的公平、正义，以及注重经济发展与人性发展相互协调的一面，作者冠之以"社会主义"，它当然不是 21 世纪社会主义的范本，但无疑提供了某些值得向往又令人深思的内容。

目 录

前言与致谢

惠特曼，西尔维亚和艾玛联盟

这是一个晴朗无云的日子，也是奥巴马就任总统后的第二个夏天，我和女儿惠特曼在这个夏日乘轮渡来到纽约港参观自由女神像，这里是最能令人相信美国人承诺的地方，我以前曾到过这里，但惠特曼却是第一次来参观自由女神像。惠特曼是一个对奥巴马当总统充满幻想的孩子，这个孩子开始问我：总统先生什么时候结束战争呢？在参观中，我们当然会攀登到允许达到的高度，购买有点不伦不类的旅游纪念品，以及由国家公园服务处和它的代售点卖的各种各样的冰激凌。但是我们此行的主要目的应该说是一次爱国主义教育。惠特曼，秉承她的名字和父母的遗传，是一个有几分文学天分的孩子。我们特意选择这一天来阅读美国历史上最动人的诗歌，这些诗歌的作者别具匠心地把它们雕刻在自由女神像上。

每个孩子都应该知道美国不是一个可怕的庞然大物，不是由一个个误导人们和不怀好意的总统们带到人间的，相反，就像艾玛·拉扎罗丝所形容的，美国是一个伟大的、张开双臂迎接人们的美好国度，它可以自豪地赢得"流亡者的家乡"的美誉。

"使祖先的土地成为你们历史的荣耀……"

1

还有："你们的疲倦，你们的贫穷，你们对自由的无尽的渴望，你们在拥挤的海岸遭到的无情拒绝，你们无家可归的痛苦，你们在风雨飘摇中经历的磨难，把这一切都交给我吧，我在金色的大门旁边举起我的灯光。"

这些激动人心的句子仍然具有让人身心战栗的力量，就像它的作者科恩·迦勒当初感受的一样。正是用这些句子，拉扎罗丝把法语"自由点亮世界"这一国际共和主义的思想翻译成更加激进、更具有平等色彩的话语，"自由点亮世界"是自由女神这一铜像的真正名字，它把美国革命和法国大革命联系起来。但把自由雕像变为保罗·奥斯特所说的"全世界被驱逐者和受压迫者的家园之象征"的不是雕塑师弗里德里克·奥古斯特·巴塞罗蒂，而是艾玛·拉扎罗丝，她用诗意的语言把"灯塔之手"描述为是在"照亮世界，使世界成为一个大家园"，也激励我们后来人为这个伟大的目标而努力。

为建造自由雕像的底座，拉扎罗丝写作挣钱募捐，因此纽约港的这个自由女神才能竖立起来，有了"存在的根基"——像詹姆斯·罗素·罗威尔在一百年前所吟诵的，这一点已经为大多数人所承认，除了那些冷酷的不受欢迎的美国人（这些数量不定的人们，现在竟然把自己称为"共和党人"，这真是莫大的讽刺）。拉扎罗丝的诗"新的巨像"，托马斯·潘恩的希望——这些经历将"创造一个新的世界"，亚伯拉罕·林肯的承诺——"人人生而平等"，以及马丁·路德·金的呼唤——通过公民权利革命，推动历史前进，实现使所有的美国人都可以宣称他们"最终拥有了自由"的承诺，这些作为国家的公共声音——"美国信念"的一部分，已经进入美国基本观念的万神殿。

美国信念中的所有话语都是激进的，因此毫不奇怪，艾玛·拉扎罗丝本人也是激进的，同样不奇怪的是，像潘恩、林肯和金一样，拉扎罗丝也是一个怀抱和倡导"社会主义"理念的人，称她为"社会主义者"是理所当然的。

这些事实，在拉扎罗丝的时代是显而易见的，即使在今天，这也是确定无疑的，但是，艾玛·拉扎罗丝作为我们国家历史上一个最坚决的美国信念的维护者的故事却被忽视。

潘恩、林肯和金的棱角和革命锐气已经被时间等因素所消磨，他们仅仅作为那些想象力和能力不足的人的激励榜样，同样，关于艾玛·拉扎罗丝的记忆也被人为地消磨和侵蚀，这些人将把美国变成一个与美国精神背道而驰的国家：一个保守的大陆，甚至与人类从启蒙到自由再到合作共同体的进步方向相抵触。现在有人认为拉扎罗丝是一个社区的行善者，一个为穷人的利益而写作的人，但是这种粗略的概括并不确切，这样的描述即使拉扎罗丝本人也会感到错愕。

艾玛·拉扎罗丝是一个激进的改革者，她追随并拥护社会主义者、共产主义者以及那些立志改变社会的人们，这些人希望改变经济与社会方面的不平等，这种不平等不仅使荣耀辉煌的"祖先的土地"受损害，而且也使美国的"新世界"受损害。拉扎罗丝认识到，从1870年到1880年，居住在曼哈顿和布鲁克林的居民处于不平等的境地，这种不平等使新移民者和奴隶的子孙，契约奴仆，以及早在1776年共和革命之前就来到这里的宗教异端者承受极端贫穷的命运，加之种族歧视和对少数民族的歧视，所有这一切使"生活，自由和追求幸福"的承诺变成了空头支票，至多也不过是模糊的口号。

拉扎罗丝的诗"进步和贫穷"写于"新的巨像"之前，她挑战了镀金时代（Gilded Age）的精英们，认为他们的财富建立在剥削赤贫劳动者的基础上。她把美国想象为一个被小神驾驶的"大船"，船上装满了无价之宝，她追问：

但却是那些悠闲之人拥有财宝

在黑暗的、散发臭气的地狱，奴隶们

喘息着，汗流浃背地为贪得无厌的主人干活

他们不知道主人们是否主宰白天和黑夜？

"进步和贫穷"是写给政治经济学家和社会哲学家亨利·乔治的颂歌。亨利·乔治以此为名写了一本书，这本书激励人们开展重新分配财产的国际运动，目的是使地球上的资源不再被富有的和有权势的上层所独占。乔治提出，资本主义的"最根本的错误"是"把土地当作了私有财产"。乔治宣称："我们必须使土地变为公有的。"他倡导向富人征税，把通信和交通设施公有化，水资源由公共控制，基础服务也实行公共化，通过这些倡议，乔治成为19世纪80年代城市激进社会运动的英雄。拉扎罗丝和她的组织信奉乔治的思想："文明社会的进步需要越来越多的智力投入，不是一些智力，而是许多的智力投入到社会事务中。我们不能将政治完全交给政治家去处理，不能将政治经济学交给教授们去处理，人民自己必须思考，因为人民本身就具有行动的力量。"乔治的追随者们成为公众启蒙者。以拉扎罗丝为例，她的诗绝不仅仅是漂亮的文字游戏的载体，更是改变她的家乡纽约，改变美国和世界政治面貌的工具。拉扎罗丝传记的作者埃斯特·斯柯尔认为，"对拉扎罗丝来说，乔治的乌托邦理念具有揭露一切不平等的阴暗面的力量"。"这一力量既让她感到自己是剥削穷人群体中的一员，也让她有一种伦理责任去改变现状。'你的作品没有什么价值'，她写道，'如果没有人有能力去理解它的生命和思想，这与人们读了以后不理解是一样的。'"信奉乔治的"不可置疑的真理"，拉扎罗丝告诉她的读者："在我们置身其中的社会的巨大的错误没有被改变之前，充满正义和良知的人不会平静地吃饭、睡觉、读书和工作。"

正像传记作者斯柯尔所说的，拉扎罗丝作为一个隐居的犹太人，为国外社会进步的消息而激动，为国内的不平等而愤怒，她希望用犹太人的责任模式来改造世界，并构想出一个"美国责任"："如果你享受着自由的好处，你不仅仅拥有权力，你也拥有责任。"最终，拉扎罗丝发表了使她在美国和欧洲相当有影响的文章、论文和诗歌，这些作品使她成为她所处的时代的一个政治活动家，她不应该仅仅被当作为争取自由而写作的旧诗人，还是一个像当代人 R. D. H. P. 曼德斯所说的，是"一个向一切非正义宣战的人"。

在尤金·维克多·德比和维克多·贝尔格尔设想成立共产党之前，甚至在丹尼·德龙尼——1886 年亨利·乔治竞选纽约市长的一个竞争者，在 19 世纪 90 年代早期提出社会劳动党的马克思主义纲领之前，拉扎罗丝就开始为争取平等而写作和呐喊了。就像我们所知道的，她从来没有加入任何党派，也没有声称过自己倾心于哪一个党，虽然共产主义者和社会主义者最终都对她表示欢迎，但拉扎罗丝并不是一个政治参与者。当然，她承认社会主义观念对她的影响，并着手把这些影响她的观念进行宣传。她写的宣言充满了对工人和移民者的同情，因而绝对是进步的。她去欧洲旅行，会见并访问当时最激进的思想家们、犹太复古主义者、文学探索者，以及持各种各样观念的马克思主义者。她的流传最广的一篇文章描写的是一个乌托邦社会主义者威廉姆·摩瑞斯，他的一首诗"极端社会主义思想"，被认为是对英国的世俗社会和经济不平等的最好揭示。

虽然她也反对和拒斥过一些激进的观念，但拉扎罗丝承认激进思想的力量，并敦促把这些思想纳入对美国未来的重大讨论中。从这一点来看，她是一个真正的启蒙之子，是一个虔诚的美国信徒，相信激进思想终有一天会成为常识，会被人们所接受，并能够解决社会未来发展的问题。

在 20 世纪的大多数时间里，在女性主义和民权运动还没有发挥历史影响的时候，拉扎罗丝是一个极度被忽视的人物。然而，也就在她快要被文明社会所遗忘之际，艾玛·拉扎罗丝的诗重新被左翼团体，如美国外籍委员会、犹太妇女俱乐部的艾玛·拉扎罗丝联盟（以下简称"艾玛联盟"）等组织介绍到美国，犹太妇女俱乐部在初期是国际工人组织的下属机构——犹太妇女联盟的一个妇女分会。随着这些社会活动家们不断为人所知，"艾玛联盟"每年都在自由岛为拉扎罗丝举行生日纪念会，并号召在其他城市设立"拉扎罗丝日"，而且发起反对经济和社会不平等的运动，"在我们的时代，用拉扎罗丝那样的精神来反对不平等"。1960 年，由于她们的政治主张，她们也遭遇了同样的政治迫害。琼·古尔登，艾玛·拉扎罗丝联盟的执行主任因为对她的移民身份提出疑义（在她来这个国家的三十年后），以及因为她长期参与左翼政治事务，被威胁驱逐出境。当然，艾玛联盟最终坚持下来了。有一张照片记录了 1963 年 3 月争取工作和自由的华盛顿游行的情景，其中有十几位艾玛联盟的成员，她们坐在林肯纪念碑前，她们的旗帜下。还有什么能比这更让她们的精神导师艾玛感到自豪的？

艾玛联盟的成员不仅努力使艾玛活在人们的记忆中，而且使它保持鲜活、生动。今天，艾玛已经是一个神圣的历史人物，然而，她所宣扬的"精神"却并没有被人们如其所是地很好理解。

艾玛·拉扎罗丝，她的整个一生，对当代美国人来说是一个重要的故事。它提醒我们，"美国信念"的作者们不是自由市场中的资本主义者，他们不是自由主义的信条的宣扬者，不宣扬诸如"不是被吃掉就是吃掉别人"，"适者生存"，"达到极限"，或者"政府是成问题的"。事实上，美国恰恰建立在相反的信念上：反对独断、反对殖民主义和帝国主义，美国建国之初是社会主义者、社会民主主义者、共产主义者和各种激进主义者的家园。对资本主义制度的批判不是那些疲劳的、穷苦的、古老土地上的受难民众引进美国的，在卡尔·马克思、菲德尔·卡斯特罗、纳尔逊·曼德拉、乌戈·查韦斯等人奋笔疾书，或者在讲台上大声疾呼之前，对资本主义的批判就已经被提出、被书写、被宣扬了。艾玛·拉扎罗丝不是通常所想象的一个移民，事实上，她是第四代美国本土人，在《独立宣言》签订之前，她的祖先就在美国的土地上耕种了。

社会主义观念，在今天不仅经常被托利派所贬低，而且被否定历史的政治和媒体精英所贬低，但正是社会主义观念在过去的两个世纪中塑造和巩固了美国。早在奥巴马出生之前的一个多世纪，管理国家的总统们就拥护和采纳了社会主义观念。

这并不意味着美国是一个社会主义国家，或者如米歇尔·亨利廷所说的"不标明身份的社会民主国家"。这意味着要理解美国，要理解和尊重这个国家的过去、现在、可能的未来，我们必须承认社会主义这条线，这条红线参与织就了国家的美丽图画。

这本书之所以追踪社会主义这条红线，不仅是为了展示美国的社会主义或者社会民主主义事业的简史，而且在广义上是为了使美国的整个历史清晰地呈现出来，这一历史反映了所有的观念的影响，这些观念激励着美国沿着健康的道路发展，这是我所喜欢的道路，就像艾玛·拉扎罗丝那样地喜欢。

写这本书的想法可以追溯到比尔·克林顿荒废的总统任职快结束的时候，它在我心里已经徘徊十多年了。这么多年里，我试着设想出一个与现在题目不同的题目——"对社会主义的需求"，作为一个充分的和能够发挥作用的讨论框架，用以讨论美国至少需要考虑把社会主义作为对自由市场的基础的替代物。那时，社会主义是被忽视的观念，而现在，它已经成为一个在日常生活中被嘲笑的主题，在美国的整个历史中达到了高峰，越来越引起对立的情绪，比任何一个历史时期都更加被人忽视。在第一次世界大战后，只有几年除外，美国经历了它第一次的"红色恐怖"，社会主义被压制，即使在那时，社会主义者依然被选为国会议员；在20世纪50年代的黑暗时期和第二次"红色恐怖"期间，社会主义也被压制，但即使在那时，社会主义者依然在许多城市当市长。

右派当前对社会主义的抵抗情绪无疑被新闻媒体的24/7的宣传强化了，媒体总是需要把某些事物当作厉声谴责的对象。但是谴责者们对政治阶层的威吓远远比对普通民众的震慑更为成功，民间调查显示，经常不断地提到"社会主义"这个词已经使社会主义观念在今天比美国近代历史上的任何时期都更加引起民众的兴趣和支持。这种兴趣是令人欣慰的健康事物，因为它不仅使关于社会走向的争论更上一层楼，解放了被束缚的争论，为目前苍白无力的关于国家发展道路的理念引入新的内容，而且它还提供了有益的探索，探索我们从哪里来，以及我们是谁。

美国人已经与他们的历史分裂，现在，他们与历史分裂的危险更加严重了。这不仅是一个具体细节的问题，数据、名字、旧争论的概述等，而且是一个基础性的理解问题。基础性的理解能够帮助我们理性地迎接挑战：去承认处理石油污染可能需要能源公司的资产国有化，去理解真正的医疗改革应该取代保险公司而不是强化它们，去认识大银行的倒闭不会导致银行从业者对小企业增加贷款，或者放弃取消抵押品赎回权。这些基础性的理解不仅是社会主义者的认识，而且也是普通公民的认识，他们认识到如果把社会主义的批判纳入考虑范围，经济、政治的前景会更加广阔，更有利于向良性方向发展。

我和我敬爱的朋友，长期的写作伙伴鲍伯·麦克钱尼多年前就谈论社会主义的话题，这本书的核心观念正是来源于我们的对话。他是最有智慧的公共知识分子，没有他的帮助、启发和经常性的鼓励，就没有这本书的问世。我的长期合作编辑安迪·萧也发挥了与鲍伯一样的作用，他欣然接受了编辑这本书的工作，他是如此富有理性和热情，这实在是令人惊奇和高兴的事情。安迪与我已经一起合作完成了几本书，但这一次是我们最真诚的一次合作。我很自豪能与安迪和Verso出版社的人员合作，包括我的朋友汤姆·佩恩，有创造性的巷战战士特里克·阿里。我在《国家》杂志的编辑，尤其是卡特里娜·范登·霍伊维尔、罗恩·凯里、里查德·凯姆，以及贝斯特·里德，他们给了我这样一个作者所需要的时间、空间和勇气，以很少有人能做到的方式去探索美国历史。我很珍惜我们的友谊。我在威斯康星州麦迪逊市的《资本主义时代》报社——一个老的进步日报社工作时也遇到了一些非常好的朋友，如大卫·兹韦费尔、保罗·芬兰、克里斯·墨菲、朱迪·克勒迈尔、林恩·丹尼尔逊。《进步》杂志社的麦特·罗特希尔德是我的一个很好的朋友和编辑，他总是提出正确的问题并指导我作出正确的回答。罗丝·康尼夫和阿米托夫·波尔、爱米·古德曼、胡安·冈萨雷斯，以及《今日民主》的工作人员给了我开论坛的机会，进行了广泛的政治讨论，也给了我当一个独立和富有冒险精神的记者的希望。我还要感谢BBC，RTE，NSNBC，半岛电视台，以及在美国和国外的公共和社区电台作节目的主持人，尤其是KPEK的韦纳和索纳莉·科尔哈特尔，KPFA的米奇·杰塞里克、菲利普·麦尔德林、艾米·艾里森和布朗·爱德华-迪克特，WORT的诺尔曼·斯克特威尔，WTDY的约翰·斯威斯特尔，威斯康星公共电台的乔伊·卡登、让·费拉科和本·梅伦斯，以及里克·波尔斯坦、大卫·齐林、比尔·利德丝、杰里米·斯克希尔、克里斯·海耶斯、阿·鲍曼、亚历克斯·科伯恩，以及其他一些富有智慧的并且在写作上、在网络上给予我支持的众多的朋友，我珍惜与他们的友谊，并深表谢意。

我在资料中引用了诸多历史学家们的作品，我要对这些历史学家表示感谢，我尤其要感谢保罗·比勒，他把学者的天才和已故的霍华德的人文热情融合在了一起。这本书得益于他的洞见以及其他一些人的帮助，如托尼·本，伯尼尔·桑德斯，柯尔·韦德尔，麦迪亚·本杰明，比利·布拉格，盖瑞·卢卡斯，芭芭拉·卢尔顿，鲍伯·金布罗，菲利斯·罗丝，本和莎拉·明斯基，艾林·卢福，英格尔·斯道拉，约翰·斯多伯尔，戴维·潘尼斯卡，帕提·史密斯，沙哈罗·卢森堡，布朗·燕德尔，尼可·安德森，李·柯林等 ACora 酒吧的招待们，B－Side 乐队的鼓手们，咖啡馆柜台后的服务员们，以及其他众多的朋友和邻居们，当然，还有非凡的玛丽·宝特瑞。

作家如果作为一个社区或者一个共同体的一员，这个作家的作品会更精彩，而我有幸成为麦迪逊、密尔沃基、纽约、华盛顿、旧金山（苏和莉亚在那里）、伦敦等地社区的一员。我特别要感谢我的好朋友汤姆·佩恩的热情，感谢那些媒体的改革者，独立书店的店主，他们使我在各地的旅行都能受到欢迎。这本书的录音带由演唱"心中的社会主义"的大卫·艾利文、汤姆·罗宾逊、比利·布拉格，演唱"社会主义就是爱"的马克斯·罗密欧，演唱"人民拥有权力"的帕提·史密斯提供，我对他们表示感谢。

的确，人民拥有权力，惠特曼的好姨妈，盖瑞林·弗洛教我懂得这个道理，盖瑞林姨妈不是一个社会主义者，她是威斯康星进步党的成员，这一党派属于老的罗伯特·M. 拉裴特党派。她知道拉裴特1924 年的总统竞选活动是在尤金·维克多·德比和诺尔曼·托马斯领导的社会党的支持之下进行的；她知道 20 世纪 30 年代管理威斯康星州的威斯康星进步党是乡村共和党人和密尔沃基社会主义者联合组成的；她也知道密尔沃基社会主义者管理城市期间，这个城市是整洁的、无腐败现象的，是繁荣的、没有债务的、文明的城市。所以，"社会主义"这个词并不会吓到她，她可能接受社会主义观念或者放弃社会主义观念，这要看它们在论辩中是否更有说服力。

惠特曼的朋友西尔维亚·帕诺夫斯卡亚的奶奶，吉尼亚·斯密·帕诺夫斯卡亚，她比盖瑞林姨妈知道更多社会主义方面的事情。吉尼亚的家乡是意大利的帕米尔，在第二次世界大战之前及世界大战之中，她在家乡了解到共产党人，认为他们是对抗法西斯的正义力量，对那些把社会主义者和法西斯相混淆的当代保守主义者的无知，她付之一笑；她的经历告诉她社会主义与法西斯正相反。她知道自己应该站在哪一边，不仅在意大利，而且在芝加哥，她把自己投入到争取公民权利、经济和政治的平等，以及维护和平和国际稳定的运动中。

在这本书的写作过程中，盖瑞林姨妈和吉尼亚奶奶去世了，虽然对她们的去世我并非没有心理准备，但还是感到非常难过。我在她们的葬礼中都致了悼词。有一天，当我在拉弗姆中学当志愿者的时候，惠特曼和西尔维亚让我讲一讲关于这本书的写作，我告诉她们，这本书是关于美国历史的。盖瑞林姨妈——一个美国革命的女儿，吉尼亚奶奶——一个比美国人更懂得美国的意大利移民，知道一本关于社会主义的书才是真正的关于美国的书。对她们两个中的任何一个人来说，艾玛·拉扎罗丝与社会主义者为伍，宣传社会主义观念，她的最佳诗篇受社会主义观念所影响，表达了美国和全世界的希望，这一切一点也不令人感到奇怪。事实上，拉扎罗丝如果没有充分投入她所处的时代，没有被她那个时代的伟大观念所鼓舞，那才令她们感到奇怪呢。

我写这本书也希望惠特曼和西尔维亚这两个孩子能够认识美国，就像她们的长辈一样，同时也像她们的长辈一样为了美国的利益明智地去行动。因此，也可以说这本书是献给四位女子的，两个已经去世，两个正在成长。本书也是献给一个国家的，这个国家仍然有勇气让祖先的土地保持荣耀，就像当初它点燃金色大门旁的希望之灯那样。

第一章
"超乎想象的社会主义者"：
沃尔特·惠特曼和典型的美国精神

来吧，我要创造出不可分离的大陆，

我要创造出太阳所照耀的最光辉的民族，

我要创造出神圣的富饶的土地，

有着伙伴的爱，

伙伴的终生的爱。

为你，啊，民主，

我发自内心地为你服务，

就像服侍我的情人，

为你，

为你，

我颤抖着吟唱诗歌。

      ——沃尔特·惠特曼，"为你，啊，民主"，1855

    你所赞美的友谊是历经岁月洗礼的最伟大的友谊。生而自由，神圣的兄弟情谊，以及爱的表达，这是人类大家庭的精华，它是不朽和永恒的。它的力量无边无际。它能使野兽变成天使，使痛苦和绝望的地狱变成平静而快乐的天堂。以感激、忠诚和敬爱之心纪念沃尔特，我的心永远与你在一起。

——尤金·维克多·德比致沃尔特·惠特曼的友谊，1907

1888 年 7 月，一个炎热的下午，在他的家乡，新泽西州卡姆登，贺拉斯·罗兹·特劳伯匆忙地沿着一条浓密的林荫道前往桑树街 328 号，一个小小的希腊复兴式寓所。在那里，这个年轻的作家、改革者和社会活动家，按照每天的惯例，与"白发好诗人"（惠特曼）促膝交谈。惠特曼用他在 1882 年出版的著名诗集的收入，购买了这所房子。根据城市记载，房子所在的街道居住的是"苦力们、房顶修理匠、木匠、铁路工人，一个牙医和一个医师，一个面包师、画家、办事员、锯木匠、裁缝、设计师、一个部长、机械师、一个打铁匠、一个锻工、一个出版商、售货员，和牛奶销售商们"。

虽然他在当时已经是世界最著名和受尊敬的文学巨匠，沃尔特·惠特曼在他一生的最后岁月还是居住在城镇劳动阶层的拥挤街道，与劳动人民为伍。诗人在这些被贵族所蔑视的波希米亚激进分子和露宿街头的人们中间很受欢迎，而诗人也享受与这些人打交道时的氛围，与他们更有共同语言，相比之下，他不喜欢与那些崇拜他的沙龙精英们打交道，虽然他也曾出入沙龙。在喜欢惠特曼的下层民众中，特劳伯是个代表，他是一个喜欢"老年惠特曼"的犹太移民的儿子，很早就退学了，通过作录入员自学成才，做过印刷工，后来成为当地报社的一名记者。在 1873 年惠特曼搬来后不久，特劳伯就在别人的介绍下认识了他。按特劳伯的说法，人们"反对我与风流老男人的交往"，但他仍然不顾邻居们的反对，与崇敬的惠特曼开始了交往。像他的精神导师一样，特劳伯与卡姆登和邻近的费城的酗酒绅士们和粗俗民众打成一片，而且尊敬他们。1888 年夏天，这个当时三十岁的年轻人决定成为像 D. 波斯威尔一样的传记作者，为惠特曼写传记。在诗人的催促下，特劳伯从那个春天起就开始记录下他与惠特曼的谈话，按照惠特曼的生平传记记者杰罗姆·罗旺的说法，这些谈话记录成为特劳伯"对世界文坛最伟大的贡献……他每天把同老诗人的半小时谈话忠实地记录下来"。

特劳伯的书《与惠特曼在卡姆登》不仅以它翔实的细节著称，而且以它提供了一个美国最宝贵的作家在晚年的智慧之见而著称。惠特曼出生的时候已故总统托马斯·杰斐逊和詹姆斯·麦迪逊还只是社会活动家，直到惠特曼去世几年后，日后成为总统的富兰克林·罗斯福和哈里·杜鲁门才诞生。1888 年 7 月 16 日是值得我们关注的一天，这一天，特劳伯和惠特曼就文学艺术进行了一场苏格拉底式的辩论。"你是诗人中的最后一个吗？"年轻人问惠特曼。"我既不是第一个，也不是最后一个，"老诗人回答。"以后诗人会更多还是更少？""会越来越多，伟大的诗人数量将会超过以往。""什么样的伟大诗人，像你一样吗？""我说不清，也许是一些自由类型的，但是他们肯定会出现，不久就会出现。"惠特曼为少数一些诗人感到遗憾，这种类型的诗人"谈论的是形式、规矩、准则，却从来不考虑真正重要的事情——什么是诗的本质"，"但是"他继续说道："此处或彼处，此时或彼时，一个或几个，诗的本质总会出现，《草叶集》将会开辟一条路来。"

当伟大的诗人开始谈论他的艺术和文学遗产，尤其是独白式地谈到他的伟大作品的时候，年轻人似乎就没有多少对话的谈资了，但是特劳伯至少对惠特曼的诗作像对他的政治一样感兴趣，因此在那个特殊的下午，也就有很多讨论的内容。在他的报箱中，惠特曼收到了一份英国的激进杂志《今天》，这是一份自称为"科学社会主义的拥护者，而且对现代所有形式的野心勃勃的无政府主义加以无情攻击"的杂志。乔治·伯纳德·萧尔、埃莉诺·马克思（卡尔的女儿和民众领袖）、安尼·伯桑特，以及1924年成为英国历史上第一个工党领袖的詹姆斯·罗姆塞·麦克唐纳，这些人都是《今天》的投稿人。惠特曼的文章和诗作与最崇拜他的英国人、社会主义煽动者、诗人和争取同性恋权利的先锋——爱德华·卡蓬特一起出现在《今天》上。1888年7月的一期杂志以一段对马克思《资本论》的冗长摘录为特色，另外有几篇英国散文，以及同时代作者威廉姆·摩尔斯、瑞吉纳尔德·A.贝克特的文章，题目为"作为一个社会主义诗人的沃尔特·惠特曼"。

惠特曼读过这些文章吗？特劳伯问他，"是的，我读过它们的每一个句子，但也可以说没有读过，因为它的文学性（虽然它是富有文学性的）不足，我看这些文章就像看一个从社会主义立场看待一切事物的人。当然，我发现我比自己想象的更像一个社会主义者，按我的理解，这也许不是技术上的，不是政治上的，而是本性上的"。

"比自己想象的更像是一个社会主义者？"

惠特曼知道他在说什么吗？作为《草叶集》的作者，惠特曼被批评家拉里夫·爱默生评论为"一个无可争议的美国人"，被约翰·布拉福斯欢呼为"我们的民主诗人"，并且影响了从卡尔·山德伯格（被人们认为是一个社会主义者，但在他的眼中，美国是一个从燃烧着的上帝的创造之手中诞生的，处于冉冉升起的太阳之红色光亮中的国度）到伍迪·格斯里（被人们认为是另一个社会主义者，也是美国第二国歌的作者）的美国诗人。惠特曼也是被罗纳德·里根和爱林·金斯葆，以及任何一个在校学生作为珍贵历史资料引用的人。但惠特曼可能是一个红色的社会主义者，或者接近于社会主义者，这一点让人们在叙述美国的历史时感到有些苦恼。

我们所知道的关于美国的一切告诉我们，美国是一个与社会主义完全不同的国家。任何与美国有关或者曾经有关的人都必然是真心的拥护者——拥护自由企业制度，拥护不受限制的资本主义，拥护爱国主义，这种爱国主义把美元作为国旗的标志，一方面宣扬侵略石油资源国的必要性，另一方面不顾及保护国内资源的必要性，因为按照据说是智者的两位布什总统的说法——"美国的生活方式没有商量的余地"。

如果我们不加思考地相信目前的流行说法，那么，就会承认一个基础性前提：美国是建立在资本主义制度上的国家，社会主义是危险的国外的东西，最好把它拒之于国门之外。按照即使没有被全盘接受也是不断盛行的"智慧的观念"：公共事务与私人事务相比是次要的；公司总是好的，工会总是坏的；进步税收本质上就是邪恶的，最佳的经济模式是避免糟糕的平等，允许极端富有的人们先留出他们的股份，然后把剩下的再分配给美国的广大民众。正如历史学家拉什·林伯格正式声明的，建议对像他这样的人征税，以便给生病的孩子必要的医疗救治，给失业的人创造工作机会，这是"违反美国建国原则"的。作为反对奥巴马的阵营的最大发言人，林伯格认为总统奥巴马在摧毁美国，其程度就像开创者们建设美国时一样。

最刺耳的声音来自林伯格的奉承者和模仿者，福克斯新闻频道的塞恩·汉尼提，他指责奥巴马提出的温和建议——以较为人性化的手段建立一个私人医疗制度，他认为这个建议"使宪法破碎和受到损害，法律规则被丢弃"。汉尼提在当天的节目中宣称宪法被那些只关心自己的人所损害，他的说法并没有被他的嘉宾——美国众议院的前发言人纽特·金里奇所反对，金里奇认同地说："这是一个准备从根本上违反宪法的群体。"这个前任国会议长把自己想象为未来的总统，批评奥巴马政府"为30%的穷人谋福利实际上是有利于左翼的世俗社会主义制度"。然后，作为补充，金里奇把奥巴马比作委内瑞拉总统乌戈·查韦斯——一个真正的、狂热的社会主义者。显然金里奇没有注意到最近的一篇报道，其中查韦斯发表言论，认为奥巴马总统是一个"可怜的不学无术之人，他应该多读些书，多做些研究，以便真正地理解现实"。金里奇夸张地感叹奥巴马竟然曾经是一个教授宪法学的教授。"他教的是什么样的宪法？委内瑞拉宪法吗？"金里奇说道，"我的意思是，你知道，我无法想象他是一个教过宪法的教授，无法想象教过宪法的教授还经常犯这样的错误"。

前发言人金里奇不止一次发过誓言，要没有任何保留和没有任何托词地支持和捍卫美国宪法，他应该知道，宪法文献中并没有提到经济体制、资本主义、自由企业，或者公司、生意等事项。不幸的是，就像詹姆斯·麦迪逊所警告的，过分的党派之争甚至会使原西乔治亚大学的历史学教授失去他们的根基。这同样也可以用来描述金里奇，这位曾经的瓦什拉中学基督教运动员团队的领袖。

虽然萨拉·佩林在格林·贝克的要求下，非常努力地去搜寻一个美国历史上"好的创始人"，虽然她发表的关于副总统的言论在全国电视辩论中挑起了人们对她是否读过宪法文献的质疑，但这些并没有阻止2009年的春天，这位阿拉斯加的前任州长进行关于宪法的争论，这一次是关于奥巴马一个建议的争论，奥巴马建议建立通用的建筑规范以促进能源的使用效用。"我们的国家可能发展成为一个令人陌生的国家，当然也与我们国家的创始人所期待的相差甚远。"佩林的严重担忧得到了塞恩·汉尼提的点头赞同。

关于奥巴马将带领美国人走向何方的问题，塞恩·汉尼提有自己的一番见解。塞恩·汉尼提在最近的慈善活动中自愿遭受水刑，但此时他眉毛挑起，身体前倾，以"本人是电视台节目主持人"的姿态，用一个词的发问打断了佩林的话。

"社会主义？"

"说到社会主义，"这个由美国第二大传统政党直接任命的副总统提名人接过话茬说，"这是我们正在前进的方向。"

当然，这不是真的。

佩林关于能源效用的危机问题的看法是错的，她对奥巴马的看法也是错的。

这不是在为奥巴马做辩护，这本书写作的目的不是为了反驳对奥巴马做的各种指责，事实正相反，在本书的最后章节将探讨奥巴马的问题。在此最需要介绍给读者的是，总统自己说他不是一个社会主义者，而美国那些公开承认自己是社会主义者的人也真心地相信这一点。实际上，认为奥巴马有着即使是些许社会民主主义倾向的人是学者、政客，以及一些别有用心的人，这些人关心的是共和党的利益，他们或者是不真诚的，或者是被误导的，或者为了竞争激烈的选举的需要，认为经常提到社会主义这个词会引起美国民众的某种逃避反应，就像"吸血鬼"出现在节目主持人的面前一样。

奥巴马是否比佩林对"社会主义"更感到恐惧，如果我们认真地看待奥巴马自己对此的回答，答案是有争议的。

2009 年 3 月，在"空军一号"的九十分钟访谈节目中，当《纽约时报》的记者问奥巴马，他的国内政策是否表明他是一个社会主义者，就像右翼选区的电台和议会的哈利路亚唱诗班所传言的那样时，奥巴马微微笑了一下，"这个问题的答案是否定的，"他轻松地回答，并说他做好了被批评的准备，因为他不得不在预算上"作出艰难的抉择"。（事实上，奥巴马避开了"艰难的抉择"，错误地走上了妥协的道路，一方面想要赢得共和党支持他刺激经济的计划，一方面为了这种妥协最终就要花更多的钱为共和党的税收方案埋单，而不是按照民主党的提议创造更多的就业岗位。）

当奥巴马面对他的那些高度警惕的政治顾问时，他无论如何都没有那么轻松了。奥巴马无疑是比富兰克林·罗斯福以来的美国最高统帅都熟悉社会主义理论和社会主义者的总统，也是有史以来在新闻、广播和数字传播方面拥有最先进监控技术的总统，无论如何，他还是担心了，担心他自己是否在社会主义话题上的言论太随意了。他从白宫的椭圆会议室给《纽约时报》的记者吉夫·兹兰尼打电话。"我很难相信你在关于社会主义的话题上是持认真态度的，"奥巴马说。从他与吉夫的对话看，以下几句至关重要："我们国家购买大银行的股票不是从我开始的，在没有财政资源的情况下通过了大量的新津贴令和整治毒品计划，这些也不是在我的统治之下这么做的。"

"我们所做的一切事实上是完全与自由市场制度一致的，"奥巴马总结性地对吉夫说："恰恰是一些抛弃社会主义一词的人不能这么说。"

非常漂亮的转折语，而说这句漂亮话的人显然表达了不止一个核心观念。

实际上，奥巴马为了处理他面前的"艰难的抉择"，正在避开考虑社会主义，正在避开哪怕是最温和的社会民主主义。他把单一支付制的"全民医保"置之不理，开始着手进行医疗改革的讨论，并且拒绝了其他国家的好办法，这些办法能够为市民提供较好的医疗保健，同时又能避免花费过多。他对陷入困境的汽车工业倒可能是"社会主义"地对待的，因为他为通用和克莱斯勒以及一些跨国公司提供了几百亿美元的紧急救助资金，这些跨国公司用这些钱解雇了本土的汽车工人和机械师，却在墨西哥和中国开设新的工厂，这些国家得到了社会民主主义的最大好处，借助其扶持工业的政策创造新的就业岗位，促进落后的城市和荒凉的地区得以发展。而当英国石油公司的"深水地平线"石油钻井平台爆炸，威胁到整个沿海地区的时候，奥巴马不是派有经验的工程师团队及其他政府机构去负责修复井盖，而是任由国外的公司按照对自己有利的方式去解决问题，而不考虑居民的利益和环境，结果连最基本的任务都没有完成，反而导致更大的污染。

在任何场合，奥巴马都拒绝了社会主义或社会民主主义的一些好方法，而采取了有利于私有部门发展壮大的措施。因此我们似乎可以用奥巴马自己说的话来评价他，"走与自由市场原则完全一致的道路"。当然，这是有问题的，他在这方面的僵硬立场使他忽视了一些观念，这些观念比由自私自利的私营部门提出的"自由市场方案"更好。从社会主义者那借用来一些观念和方法并不能使奥巴马比亚伯拉罕·林肯、泰迪·罗斯福、富兰克林·罗斯福，或者德威特·艾森豪威尔更像一个社会主义者，这些人都频繁地从马克思的著作中吸取过有价值的东西，都采纳过社会主义政党纲领中的内容，甚至1954年《纽约时报》周刊刊登了总统竞选人，一个坚定的社会主义者诺尔曼·托马斯的侧面像，并在其注释中写道："他为传播先进的观念作出了很大的贡献，这些观念现在赢得了两个重大党派的支持。"这些列入《时代》中的观念包括："社会保障，公共住房，公共权力发展，对集体契约的法律保障，以及其他对公共福利起促进作用的观念，40年前，当托马斯先生离开长老教会部门，转而成为争取和平和社会改革的信徒的时候，这些观念还是民主党人和共和党人所诅咒的观念。"

奥巴马倾向于使自己与"自由市场原则"相一致，为这些原则甚至不惜拒绝更好的办法，拒绝由当代社会主义和社会民主主义思想家提出的先进理念，其中的许多人是我们这个时代最有远见和创造力的学者，政治分析家，脚踏实地的活动家。从奥巴马的这种倾向来看，奥巴马是与先前的一些总统非常不同的一位——这些总统阅读过马克思，并且了解《共产党宣言》的作者的事业，这些总统咨询过社会主义的候选人和作家,这些总统邀请突出的社会主义者进入政府共事,这些总统根据社会主义者们写的书打造了整个政治理念,这些总统认识到拥护和实施好的社会主义或社会民主主义方法并不会使他们陷于违背美国的传统和宪法的不义境地。

虽然这本书既不是为奥巴马作辩护,也不是为社会主义作辩护,但它仍然是一本作辩护的书,是为美国历史作辩护,是为了展示美国历史的全部亮丽色彩,其中的一些是红色的。

美国总是受那些持愚蠢之见的人所拖累,在这些人的拖累下,我们国家的可选择范围日益缩小,以至任何争论的开始和结束都是右派占上风。但是,真正的美国历史,美国历史上有价值的部分往往是因为它赋权人民,而不是因为压制人民,这一点告诉我们,当今的美国在美国历史上的特殊之处是它彻底地受愚蠢之人的影响,甚至善良的美国人,不仅包括茶党或者罗丝·林伯格的响应者,而且包括广大的中产阶级人士,都可能把萨拉·佩林的话当真,认为她借助建筑规则法案责备和批评社会主义违反了美国精神是对的。

佩林不是这类人中的第一个。的确,建筑法案问题以前从来也没有被如此认真地当作是对国家的威胁,但是,对总统的指责却并不新鲜,人们常常认为,一个致力于领导庞大政府而不是侵略和占领别国的总统是一个社会主义者。真正值得注意的新动向是越来越多的严肃公民对愚蠢之人和散布恐怖心理的人的信任,这些严肃的公民抛弃了托马斯·潘恩对美国人的设想,在托马斯·潘恩的想象中,美国人是目光远大的人,"他们关注的领域广阔,也采纳广大知识分子的意见,因此他接近于了解整个宇宙,他们的思想境界是广阔的,他们的胸怀容纳广袤的空间"。

1964 年,林顿·乔纳森和他的民主党政府把当时美国社会主义者的最大代表米歇尔·哈林顿请来,帮助设计一场"旨在消除贫困的战争"。2009年春天，就在奥巴马和民主党议员任职一个月后，以该党自1964年以来实施的这项压倒一切的授权为由，23个最高级别的政治专家，共和党委员会的成员提议由民主党成员奥巴马、国会议员南希·波拉希和参议院长官亨利·里德共同组成一个新的"民主社会主义党"。

由美国各区的共和党高层，包括瑞·卡夫曼——老乔治·布什的白宫政治顾问、小布什的最高政治顾问，共同制订了共和党国家委员会决议，建议把佩林的"逻辑"应用到共和党的实践中，而且作为延展，应用到国家的政治话语中：

鉴于美国遗产辞典把社会主义定义为一种社会组织制度，在这一制度下，物质的生产和分配的权力掌握在政府部门手中，政府制订计划来控制经济；

鉴于民主党阐述了他们对银行、财政和医疗公共卫生行业实施国有化的规划；

鉴于民主党提议对抵押业和汽车业进行大规模的政府救助；

鉴于民主党通过了上亿美元的新的政府支出计划，并且有附加条款，用以控制几乎美国人民生活的方方面面；

鉴于民主党及其领导致力于一个新的税收目标来重新分配财政收入，增加一个社会群体的税收，以现金转移的形式直接转到另一个群体的手中，而这一群体根本没有交纳任何税收给中央政府；

鉴于美国人民急切地需要政治方面的真理、诚实和正直；

因此，作为回应，共和党国家委员会的成员一致承认民主党通过联邦宪法提议、通过和实施社会主义纲领的良苦用心；

因此，作为回应，共和党国家委员会的成员一致认为民主党是致力于用社会主义观念来重建美国；

因此，作为回应，共和党国家委员会的成员一致认为民主党对美国人民是诚实和正直的，因为民主党已经从一个征税和花钱的党转变成一个征税和国有化的党，因此，我们同意民主党把自己重新命名为民主社会主义党。

一副头脑冷静的架势。很像那么回事。

在共和国国家委员会的一个紧急会议上，包括前共和党国家委员会主席和传说中的总统候选人，密西西比州的州长希拉里·巴比赫等人在内的共和党的高层认为，把一个新名称加在民主党头上，这有可能使"共和党显得迂腐和过于纠缠于党派之见"。共和党国家委员会的紧急会议可是大有来头，它的历史可以追溯到1856年的第一次共和党国家委员会，在那次会议上，法国社会主义者查尔斯·傅立叶的追随者，卡尔·马克思著作的编辑及其废奴主义同事共同发起了美国历史上最激进的政党重组。

作为一种妥协，共和党应该同意民主党"自我更名为民主社会主义党"的文字被删除了，但是"向着社会主义前进"的字样还保留着。因此，共和党国家委员会现在正式地"承认民主党是致力于用社会主义观念来重建美国"，认为"民主党在借助联邦宪法提出、通过和实施社会主义纲领方面是目的明确而清楚的"。

为了使他激愤的同僚更加冷静，共和党决议委员会主席，密西西比州的共和党领袖亨利·巴比赫（希拉里的侄子）在接受《纽约时报》的记者采访时，"否认最终决议与当初提议的版本有显著的不同"。年轻的巴比赫解释说，这只是语调上的微小转换，"我们既希望表达我们的尊重，也希望表达我们的坚定"。

事实上，认为民主党在把国家引向社会主义，共和党在此问题上的立场甚至比20世纪50年代，约翰·麦卡锡的"红色恐怖"时期更为坚定。当时威斯康星州的议员指责另一个民主党领袖包庇联邦政府中的共产党成员，这位民主党领袖就是哈里·杜鲁门，他认为联邦政府有权利在各州实施反对私刑法，杜鲁门还提出了一项真正的国家医疗改革计划，这引起了保守派分子的极大愤怒。（最终，杜鲁门甚至走得更远，在行使领导权力的过程中掌握了国家重大行业——钢铁行业，这种权力可能会让乔治·布什都嫉妒得流口水。）但是真正让1950年的共和党人烦恼的是，这个被认为会在1948年竞选中失败的杜鲁门不但赢得了竞选的胜利，而且还使民主党重新控制了议会和参议院。

为了对抗民主党节节胜利的趋势，俄亥俄州参议员罗伯特·塔福特领导下的共和党在1950年初就宣称他们本年的竞选口号是"用自由主义对抗社会主义"。出于对抗的宗旨，他们起草了1950字的文件作为全国纲领的附录。附录文件的大多数内容是奉行麦卡锡主义对社会主义的责骂，开头写道："今天美国国内最重要的任务就是用自由主义对抗社会主义。"这份声明接下来指责杜鲁门的公平交易计划是听命于少数相信社会主义的有权势人的结果，这些人根本就不知道什么才是美国进步的基础，他们的建议与美国工人、农民、商人的真正的利益和愿望是完全背道而驰的。

但是冷战时期共和党的这一"用自由主义对抗社会主义"的政治纲领却在杜鲁门的驳斥面前败退了。杜鲁门提醒他的批评者，他的公平交易计划是根据1948年的民主政纲阐述的，这个计划得到了选民的热烈拥护，这是被充分证明了的。"如果这个计划像民主党说的是听命的结果，那么它是听命于1948年11月的投票结果，它听命的'少数人'是2400万个选民。"杜鲁门补充说："我认为这些选民比共和党国家委员会的人更懂得什么是工人、农民和商人的真正愿望。"

杜鲁门并不惧怕使用"社会主义"这个词,在当时,"社会主义"这个词在大多数美国人的头脑中是与苏联时期斯大林的"社会主义"极为不同的,杜鲁门作为一个冷战时期的斗士,极力同苏联的"社会主义"作斗争。与他的主要政治同盟,如大卫·杜宾斯基、雅克·波特福斯基和沃尔特·瑞德一样,在并不遥远的历史中,杜鲁门也与社会主义事业结盟,很多时候与尤金·维克多·德比和诺尔曼·托马斯的社会党有过关联。杜鲁门既不惧怕使用"社会主义"一词,也没有指责社会民主主义的罪恶,而是幽默地说:"我们国家取得了巨大的进步,人民的福利大大提高,作为世界领袖的地位日益巩固,但是共和党的领导并没有从国家的巨大进步和光明前景中领悟到什么东西,他们唯一做的事情就是阻止社会主义。"

在一次次的挫折面前,共和党人也悟出了一些道理,他们抛弃了"以自由主义对抗社会主义"的运动。共和党面对现实的转折是由缅因州参议员玛格丽特·凯西·史密斯发起的,她担心这一运动不仅会损害共和党的选举前景,而且会损害美国的利益。1950年的春天,史密斯发表了她的《良知宣言》,这是第一次在共和党内发出的对麦卡锡主义的正式挑战,在这份宣言中,她驳斥了当时歇斯底里的反共情绪,声明:

> 我们中那些把美国精神挂在嘴边却致力于人格损毁的人,经常就是共和党中在语言和行动上蔑视美国精神的基本原则的人,这些基本原则包括公民权利、少数人群的信仰权利、受保护的权利、独立思想的权利。

共和党人可以坚决地结束民主党在议会中的统治,史密斯在她的宣言中暗示:

　　然而用共和党的统治来取代民主党的统治富有某些哲学意味，这意味着缺乏政治上的正直和知识上的诚实同样会为国家带来灾难。美国当然需要一个共和党的胜利，但是我不想看见共和党依靠污蔑他人的四骑士：恐惧、无知、偏执和诽谤去赢得政治上的胜利。

　　我怀疑共和党是否能取得胜利，原因很简单，因为我不相信美国人民会支持任何一个把政治盘算放在国家利益之上的政党。

　　大多数共和党人缺少直接面对麦卡锡的勇气，但是史密斯却不害怕，因为她的智慧要在共和党国家委员会、共和党参议院委员会、共和党议会委员会的领导之上。大多数共和党领导人丢开"用自由主义对抗社会主义"的口号，转而把塔福特的1950个字的宣言压缩成了99个字的概述，用华盛顿记者的话说，这个概述是胡乱地拼凑在一起的，用来缓和"用自由主义对抗社会主义"这一整个事件的危机。宾夕法尼亚国会委员詹姆斯·福尔顿，像当时其他的共和党温和派一样，了解社会党的成员以及其他各种激进组织，并与其组织如世界联盟有过合作，他的说法更为直截了当，他认为"用自由主义对抗社会主义"的廉价口号使他所在的党偏离了正道，战后共和党的根本问题是：我们是应该返回到陈旧的道路上，还是应该在平衡的财政框架内为社会进步提供另一个选择方案？

　　想象一下，在今天，如果一个杰出的共和党人发表这番言论，林伯格、汉尼提、佩林和茶党成员们的愤怒将会把他淹没。增长俱乐部将会组织反攻，攻击"名义上的共和党"，肃清林肯、罗斯福、艾森豪威尔、史密斯等人为代表的共和党内的错误观念，无疑这种攻击和肃清将会加大。我的一些民主党朋友也会非常乐意看到这样的情形，既然如今的共和党走向了极端化的悬崖，这种极端化即使在约翰·麦卡锡时代也是尽量避免的，我的民主党朋友们认为这将为他们这一类候选人扫清竞选障碍。但是 2010 年 11 月的中期选举却使这种想法变得令人怀疑。即使这种想法最终在选举结果上得到了验证，它也还是忽视了对民主党和民主党治理上的危害。当公共讨论被破坏了，当思想屈从于人格和口号，当唯一现实的斗争存在于自身边缘化的党和一个自身稍微接近于 21 世纪的党之间，那么，后一政党的情况也并不令人乐观，这正是民主党面临的情况。为防止这种情况，大多数民主党策略专家认为，民主党要在选举中赢得胜利，就要打出保护老的主流共和党人权利的牌子，然后假定对极权主义权力的恐惧将会保证每个站在左边的人都支持民主党。

如果一般建筑法规和对未出世儿童的保护可以被当作对美国价值和法律规则的诋毁证据，如果对此进行报道的主流媒体不顾新闻应保持中立的承诺，转而借口传播无聊新闻，那么争论就已经被扭曲和堕落了，以至右派实际上已经取得了胜利，不管今天的选举结果如何。一个建立在反抗封建主义斗争上的国家，一个孕育了反对奴隶制的激进共和党的国家，一个用新政和对贫穷开战来面对经济危机和不公正的国家，一个产生了公民权利运动的国家，一个依然用 1892 年伟大的社会主义倡导者爱德华·布莱梅所起草的《忠诚誓言》来治理的国家，为争取每个人的自由和正义而努力的国家，不仅丧失了向有意义的未来前进的可能性，而且丧失了在我们的历史中经常被当作进步力量的核心因素。

这些核心因素包括：一个社会民主主义的批判，通常伴随着积极的社会党和共产党的压力，以及独立的社会主义者的活动，如争取劳工权利、妇女权利、种族和少数民族权利、移民权利、男同性恋或女同性恋的权利、残疾人的权利等，这些因素从美国建国之初就是我们的公众讨论和公众生活的一部分，它影响、塑造，并促成了一个更加完善的国家进程。人们应该认识到社会主义者对美国的贡献，即使他不是一个社会主义者，或者不是任何有左翼政党倾向的人。如果没有社会民主主义者、社会主义者、共产主义者以及他们的信奉者们的正面影响，也就没有美国的今天，甚至连这种可能性都没有。伟大的社会学家特里斯·鲍尔提醒我们："在冷战的高潮期，一种有限的社会主义医疗形式——医疗保险通过议会克服了美国医疗协会和保险公司的反对，直接被送到了总统约翰逊的办公桌。"

当然，这种进步事件的发生不是偶然的。米歇尔·哈林顿——一个年轻的作家，在冷战中期就认识到，既从马克思那里学习，信奉一种民主社会主义，同时又避免苏联及其附属国的极权主义是完全可能的，他离开了多罗西·戴伊的基督教工人运动而加入了社会主义青年团。米歇尔·哈林顿试图改变关于美国贫困的话题的性质，他的假定发人深省或者说具有先见之明，他认为只有让自己从属于曾经强壮而在当时却病弱的美国社会党，他的想法才是可行的。1959年，在为美国的犹太委员会所写的，当时发表于自由主义刊物——《评论》杂志的文章中，他试图用他的传记作家莫里斯·艾瑟曼的话说："推翻那种认为美国已经进入中产阶级社会的传统观念。以四口之家年收入3000美元为贫困与否的基准，计算出，大概有三分之一的人口是生活在贫困线下的，我们知道，只有在这条线上，才能提供衣、食、住、行和健康的最低保障，才能过上体面的生活。"

米歇尔·哈林顿的成功超过了他的大胆设想。

他的文章最后成为了一本书——《另一个美国：贫困在美国》。这本书成为美国政策制定者的必读书，当年的销量即突破了7万册。"据说，约翰·肯尼迪也是这本书的读者，1963年秋他开始考虑提出一项反贫困的立法。"艾瑟曼回忆说，"在肯尼迪被暗杀后，林登·约翰逊接了这项事业，在1964年的新年致词中，他呼吁'无条件地向贫困开战'。萨金特·施莱佛被任命负责立法的起草工作，哈林顿被邀请到华盛顿当立法顾问。"

哈林顿与他的朋友和酒友丹尼尔·帕崔克共同制订的方案旨在改善基础设施建设和社区居住环境，缓解失业问题，重新分配财富，但他们的方案从来也没有被完全采纳。美国没有消除贫困，但是哈林顿以及其他一些认同他的人建议——作为世界上最富有国家的政府应该也有能力关注那些无养家糊口之能力的人们。这种建议为哈林顿所说的"完全社会保障"法案的快速实施奠定了必要基础，这是一项为老年人提供医疗保健的法案。法案的通过鼓励了约翰逊政府的"伟大社会"计划，包括实施 1965 年颁布的社会保障法建立医疗保险制度。约翰逊遭到他的 1964 年参加竞选的对手——共和党人贝瑞·弋登怀特的质问："既然善意地给人们提供医疗保险，那么为什么不给人们提供免费食品、提供公共住房、提供休假胜地，为什么不给吸烟者提供一定量的烟，给饮酒者提供一定量的啤酒呢？"然而，这种质疑是无效的，美国人民认同他们的总统（也认同米歇尔·哈林顿）："肯尼迪总统所努力实现的社会医疗保险保障计划是美国道路，是可行的，是以人为本的，是公平的，是正义的。"

一项被美国医药协会描述为"社会主义医疗"的计划，事实上确实是"社会主义医疗"，还能否成为真正的"美国道路"？从实践上来说，当然是的，它正是美国道路。在 20 世纪 60 年代早期，在关于医疗保险的争论期间，得克萨斯州的候选人乔治·H. W. 布什可能会把这项方案贬低为可怕的社会主义，而罗纳德·里根则可能会警告人们，如果该方案成为现实，那么自由可能会丧失，美国公民将"不得不告诉他的孩子，以及孩子的孩子，美国人的自由状态曾经是什么样的"。即便如此，布什和里根在他们当总统的时候还是致力于发展医疗保险，而且现在，茶党也出现在市政会议上，威胁议会中的男士和女士不要妄加修改他们所钟爱的医疗保险。

如果没有哈林顿和他之前的社会主义者,从社会党总统候选人如尤金·维克多·德比和诺尔曼·托马斯,到社会党组织者如玛丽·马西和玛格丽特·桑格尔,以及共产主义者伊丽莎白·格利·弗林等人长达十年的努力,突破了关于医疗保险的讨论的局限性,使它按照左翼的想法实施,那么,美国人将不会享受医疗保险的福利。正如已故的议员,医疗保险法案讨论的主要参与者爱德华·肯尼迪所表达的:"在我看来,米歇尔·哈林顿是在美国的山峰上布道。"没错,同样的情形出现在废奴运动的日子里,当时马克思的朋友们,那些在1848年革命失败后移居到美国的社会主义者发起了反对奴隶制的运动,并以共和党的形式赋予这一运动以政治上的表述;同样的情形也出现在20世纪早期的岁月中,当时激进的编辑,尤其是社会主义者维克多·贝尔格尔对危及公民自由发起战斗,并且定义了现代意义上的演讲的自由、出版的自由、为纠正冤情而请愿的自由;同样的情形还出现在为工作和自由在华盛顿游行的时候,当时是由一个终生的社会主义者,A.菲利普·伦道夫发起的,他还邀请一个年轻的牧师马丁·路德·金发表了著名的演讲"我有一个梦想",马丁·路德·金甘愿听从社会主义者的建议。

一次又一次,在美国历史的苍穹上,在我们国家事业发展到关键的时刻,信奉社会主义的公民、思想家和活动家,在社会主义的候选人和中选的官员(联邦、州,以及地方各个层次的)的支持下,驱动和激励美国沿着正确的方向前进。尽管有这些人的不懈努力,美国并不是一个社会主义国家,至少不是任何正式意义上的社会主义国家。历史学家帕翠克·艾利特认为,"成千上万的美国人,包括那些批判奥巴马政府的人,都是热诚的社会主义支持者,即使他们不知道什么是社会主义,即使他们并不使用社会主义这个词来描述'走社会主义路线'的组织形式",如学校和高速公路系统等公共服务机构,也许他的看法是对的。事实上,当今的美国社会主义者也许和茶党不期而遇地,当然也是不情愿地达成了一致,他们都认同艾利特所说的"社会主义作为一种组织原则在美国仍然是有生命力的,就像世界上一切工业化国家一样",尽管在这是否是好事上,他们的看法并不一致。

虽然按照社会主义方案来组织社会并不能使一个国家成为社会主义国家,虽然美国与社会民主主义的关系比其他国家都更具有微妙的差别,也更具有复杂性,但美国过去是,而且未来仍将是听从社会主义者的有益建议,接受某些社会主义观念,并在公共政治领域为社会主义批判保留一席之地的国家。

上述观点可能会被一些人认为是激进的说法。

但实事并非如此,至少对于那些选择真实地面对我们国家历史、现在及未书写的未来的人来说,这种说法并不激进,而是符合事实。

我们生活在一个复杂的年代,在这个年代,经济、社会和环境方面的深刻挑战要求方方面面的回应,仅仅盘算着使经济发展有利于极少数富有的男人和女人是不够的。这些富人在过去的四分之一世纪,通过贡献给共和党和民主党政府的一系列竞选资金、大肆游说、操纵媒体使公共政策的制定虽然借着美国人民的名义,但却没有经过人民的同意,并且事实上损害人民的利益。当然,虽然民意调查显示,在今天有更多的美国人比过去的几十年里都多地被"社会主义"所吸引,但社会主义不可能解决美国人民面临的所有问题。事实上,具有不同的社会主义倾向的社会主义者自身也存在矛盾。这本书并不推崇任何一种特殊的意识形态逻辑、策略和历史的争论,本书所要做的是开拓理解的空间,使人们认识到,没有社会主义观念,没有进步的思想和认识,就不可能有足够的力量去制衡政府,政府所做的就是更多地操纵政治讨论，这些讨论被不想受管制、征税和以另外的方式被管理的大公司操纵，而在维持经典的自由主义方面政府反而无所作为。

讨论到这里，我们需要再一次回顾沃尔特·惠特曼的思想。惠特曼坚定地宣称，"美国精神，大多数时候并不在它的管理部门和立法机构，不在它的大使、作家，不在它的大学、教堂或富丽堂皇的大厅，甚至不在它的新闻从业人员或者发明家那里，而是在普通的美国人那里。"

就像美国不是一个社会主义国家，惠特曼也不是一个社会主义诗人——至少不是严格意义上或者政治意义上的社会主义诗人。尽管在后期，惠特曼的好友动员他加入社会党，但他并没有听从，他从来也没有正式成为一个社会主义者或者表明自己具有社会民主主义倾向。这是一个在本质上喜爱各种各样的美国音调的诗人，他宁愿让自己成为一个包容各种矛盾观念的人，也不愿意固执于某一种观念。但惠特曼确实下决心成为一个平等主义者，一个狭义的民主人士，他用毕生的时间来扩展自己对平等与民主这些词的理解，不仅从一个长岛的白人妇女的儿子的角度来理解，也从一个奴隶的儿子，从所有的妇女、所有的移民，以及第一代美国人的儿子的角度来理解。作为一个有良知的诗人，他把心目中的美国与其他国家对比——"其他的大陆把它们的活力寄托在少数人和某个阶级的手里，而我们国家却寄托在广大人民的手里"。所以在他的晚年，惠特曼认为他自己比原来想象的更像一个社会主义者，这并不令人吃惊。说这话的诗人在生命的后期与社会主义者有过广泛而深入的接触，这些社会主义者在他的诗里读到了他们所信服的真理。其中的一些人，如贺拉斯·特劳伯就是美国本土人，事实上，他就是卡姆登本地的人。另外一些人则来自世界各地。关于惠特曼晚年的传记性著作中有几本是英国的社会主义者所写的，这些人专程来美国拜见他们心中的圣人。从 19 世纪 80 年代末期到 90 年代早期，在经常采访惠特曼的人中，有一个叫 J. W. 华莱士的人，是一个从英格兰北部曼彻斯特附近的波尔顿来的建筑师，他在惠特曼对同志情谊和民主的赞美诗中发现了可以用来表达社会主义使命的罗曼蒂克般的语言。1891 年，华莱士专程到卡姆登"朝见"惠特曼，一年后另一个波尔顿的激进主义者，约翰·约翰逊博士像华莱士一样来卡姆登拜见惠特曼。这两个人一起写了一本生动活泼的书，记录 1890 至 1891 年对惠特曼的拜访。激进改革者爱德华·卡蓬特的充满着惠特曼风格的诗作激励并影响了英国的社会主义运动和争取同性恋权力的运动，他是另一个惠特曼的拜访者，像奥斯卡·威尔德一样，后者在 1891 年写了一本小册子《社会主义人的灵魂》，在这本小册子中威尔德表达了一种自由社会主义的理念，而且作者似乎把惠特曼和克鲁泡特金混同起来，这本书中有这样一句话，"随着私有财产的废除，我们将拥有真正的、美好的、健康的个人主义。没有人会浪费时间去积累财富，争夺名利。人们只是生活着。生活本身就是世界上最宝贵的，众多的人存在于世界上，这就是全部。"

惠特曼被爱默生称为"美国贡献给世界的最富有才华和智慧的作家"，这么多的社会主义者在这个作家的诗中发现了什么东西令他们激动不已？

这些社会主义者在《草叶集》中所寻找到的其实是惠特曼从青年时起就能理解的道理——是美国人民天然的反抗精神，是独裁统治可能降临时人们对国家的最好保护，这一点首先是被美国的创建者们所表达出来的。托马斯·潘恩在他的小册子《世界公民》中呼吁革命和最终的经济公正，19 世纪早期欧洲和美国的社会主义者都受到了这本书的激励，作为潘恩的拥护者，惠特曼对潘恩的推崇无人能及。虽然潘恩受到了 19 世纪中期的政治和知识界精英的广泛排斥和蔑视，但当时还是年轻人的惠特曼却找到认识潘恩的纽约人来了解潘恩，尽可能地吸收潘恩的思想。在潘恩诞辰 140 周年纪念日，老年惠特曼发表了公开声明：

> 潘恩的努力为美国在诞生之初奠定了坚实基础，为美国的发展播下了良性的种子，对此我深信不疑。我不敢说美国今天所拥有和享受的独立、对信仰的热诚、维护人权的具体实践、政府与教会和迷信领域的分离，种种进步在多大程度上归功于托马斯·潘恩，但是我想说其中很大一部分肯定是潘恩努力的结果。

这本书的第二章将专门讨论潘恩。潘恩在打造社会民主主义方面所发挥的重大作用已经被格林·贝克一类的人完全认同，事实上，潘恩的思想也激励了贝拉克·奥巴马。在这里值得一提的是，惠特曼把潘恩与"激进人权"事业联系起来，范尼·怀特也是如此，范尼是潘恩的苏格兰助手的女儿。范尼·怀特在 19 世纪 20 年代至 30 年代被诋毁她的保守派们称为美国激进主义的"伟大的红色娼妓"。作为一个热诚的废奴主义者和女性主义者，范尼是第一个创办言论类美国杂志的人，第一个在众人面前发表系列公开演讲的人。她影响的人群非常广泛，那些拥护她的乌托邦社会主义观点的人，在正式参加劳动工人党的竞选时经常被人称为争取"范尼·怀特的选票"，劳动工人党在当时是一个自称为工人阶级的代言人的党派。

惠特曼崇拜范尼，范尼发起了激进的公众医疗运动，当时惠特曼还只是一个小文人，先是在长岛、布鲁克林，而后在曼哈顿报社就职。五十年后他对贺拉斯·特劳伯叙述说：

> 在那段日子里，我经常到纽约的反奴运动大厅去，聆听不同的人不同风格的演讲，非常有趣，也非常富有启发性。我也是在

那里听到范尼·怀特演讲的……一个有着高贵装容的女人，她的势力范围很广，以至于被那些热衷于诽谤他人的人，那些无所事事的人长时间地不能容忍。她是历史上最伟大的人也是最为人所不理解的人。我对她的回忆是围绕着纽约展开的。范尼每个星期天都到坦慕尼大厦去演讲。她的思想非常广泛，涉及众多主题，也有许多非正式演讲和聊天式谈话。当时她出版了一本书《自由探索者》，我父亲买了回来，我经常阅读。对我来说，她永远是美好记忆中最美好的一个：我们都爱她，都为她倾倒，她端庄的外貌迷住了我们所有人。

怀特并不是青年惠特曼遇到的唯一一个社会主义者。在 19 世纪 40 年代至 50 年代，惠特曼在纽约广泛接触了众多的激进改革者，当时霍勒斯·格里利的《纽约论坛报》由卡尔·马克思撰写专栏，专栏中的生活话题范围非常广泛；一个纽约的年轻律师艾尔文·伯瓦尔，发起了一个反对奴隶制的运动，鼓动被赋予了选举权的工人"为自己选择工厂"，之后他设想成立一个新的政党，他和他的同伴把它命名为"共和党"。

年轻的沃尔特·惠特曼接受他周围的各种激进主义主张，他曾去新奥尔良考察，在那里他亲眼目睹了奴隶被拍卖的情景，他感到不安，这促使他在 1848 年回纽约后创办了《自由人》报，支持反奴隶制的自由国家党，并几乎成为反对奴隶制和经济公正运动者的言论载体，这些人最终被重新确认为共和党人。但是更多的时候，当惠特曼置身在充斥于曼哈顿的无所不知的、先知式的人们中间时，他努力使自己成为一个保持好奇心的人而不是做道德评判的人。用《纽约时报》的犀利评论员罗尔菲·汤普森的话说，惠特曼或许是作为"一个在本质上拥有开阔的社会、政治、道德视野的人"而出现。就汤普森认为惠特曼是复杂的，不能简单地对他进行 A、B、C 的分类来看，他是正确的。同样正确的还有 20 世纪中期的伟大的文学史家牛顿·艾尔文，他用惠特曼的诗和散文中的话来表达自己的观点，认为惠特曼"留下了比足够多还多的东西，激励我们时代的作家和那些与黑暗的野蛮势力作斗争的人们，并鼓励和激发后来人努力建造一个公正的社会"。

惠特曼不是一个社会主义诗人，但却是一个为社会主义留下了广阔发展空间的诗人，像所有的美国人一样，惠特曼为本书的核心内容提供了比足够多还多的验证：美国历史上的社会主义因素多得令萨拉·佩林，甚至令她的愤怒的反对者们都不敢想象。尤金·维克多·德比曾说到他怎样地从惠特曼受益，"老沃尔特的精神之泉使我醍醐灌顶"。这并不是胡言乱语。正如牛顿·艾尔文告诉我们的，"我们从《草叶集》中得到的关于民主和兄弟情谊的启发是从其他任何地方所得不到的。"

因此，像所有的美国历史叙事一样，我们从托马斯·潘恩、范尼·怀特和沃尔特·惠特曼开始。《草叶集》散发的能量在一个世纪前曾激励了德比，激励了迄今为止的激进主义者，时至今日，《草叶集》中的诗句不仅被当作个人的宣言，而且以语言文字的形式出现在政治纲领中：

> 这是你应该做的：爱我们的地球、太阳和生物，尽管你并不富裕，但请给每个需要帮助的人以援手，为智力低下的人和疯子而站立，为他人贡献你的财富和劳动，去痛恨独裁统治，为上帝的存在而争辩，对人宽厚和仁慈，对认识或不认识的个人和群体摘帽致意，轻松自在地与富有魅力但没受过教育的人、孩子们和家庭主妇们交往，在你生命中的每一年、每一个季节，在户外读

每一片树叶，审视你在学校、教堂或者在任何书中受到的教育，抛弃那些有损于你的灵魂成长的东西；你的身躯应该成为一首伟大的诗歌，不只用语言谱写出流畅的诗句，而且用身体，用嘴唇、脸、双眼的睫毛，用每一个你身体的活动和每个关节来谱写诗歌。

第二章
"广义的爱国主义"：托马斯·潘恩和红色共和主义承诺

社会主义的沧桑面孔，布满了贫富悬殊的愁容，这表明它经受了极端的破坏，急需用公正来挽救。

——托马斯·潘恩，《土地的公正》，1797

信奉社会主义的潘恩的追随者们，他们在这块土地上与各种激进主义的联合，对我们共和党来说是大展宏图的不祥预兆。

——《纽约时报》，1856

托马斯·潘恩说："一个公正的人比一群乌合之众更值得尊敬。"只有落后分子才会反对人民反抗的权利。

——菲德尔·卡斯特罗，1953

托马斯·潘恩经受过贫穷，职业生涯颠沛流离，他遭受过失业、各种疾病、婚姻的失败，他经历了作为一个移民的困顿——背井离乡，而且一次又一次地背井离乡；被逮捕，在他出席或缺席情况下被审讯；坐过牢，还被宣判过死刑。他被有影响的媒体指责为威胁社会文明，对妇女和儿童产生了不良的影响，被教堂责骂，被有地位的革命同志所抛弃，而且，最使他屈辱的是，他还被剥夺了在这个国家的投票点进行投票的权利，这种权利正是他为人民争取来的。

经历了上述遭遇，按理说潘恩死后不应该再遭受名誉损失了，但对潘恩来说，不光彩的死亡和冷清的葬礼后更加严重的名誉损失接踵而至。

潘恩死于纽约格林威治村格罗威街道 59 号租来的房子里，时间是詹姆斯·麦迪逊就任总统第一年的春末。50 年前，当麦迪逊在大革命时期的法国当美国大使的时候，他曾经为潘恩授予了美国公民身份，并把他从卢森堡监狱中解救出来。大约是从监狱出来后，潘恩出版了《理性年代》一书，批判各种迷信的罪恶、政府体制的败坏、神学信仰的荒谬。书中断言："所有的国家教会组织，不论是耶稣的、基督的还是土耳其的，在我看来都是人为杜撰出来的，用来恐吓和束缚人类自身，以使某些人独占权力和利益。"约翰·亚当斯，当时他需要借助捍卫旧观念来维护自己的事业，攻击潘恩是"对神圣和超越的事物的傲慢无耻的亵渎者，致力于诽谤所有好的事物"。他对潘恩的攻击与大规模地反对托马斯·杰斐逊的运动息息相关，是其中的一部分。托马斯·杰斐逊与潘恩保持着友谊。亚当斯咒骂潘恩是"公猪和母狗所生的猪和狗的杂种"。亚当斯和他的同伙对潘恩的攻击甚嚣尘上，潘恩作为革命的指南手册《常识》的作者，开创了一个时代的精神——"76 精神"，而美国正是从"76 精神"中得到滋养，不断发展的，当然从潘恩的标准来衡量可能是不断退步的，但是潘恩却被亚当斯一伙人重新定义为不受欢迎的人。用约翰·亚当斯的曾孙子亨利·亚当斯的话说，"在潘恩的最后岁月中，他被主流社会，包括联邦党人和共和党人当作一个避之唯恐不及的人，一个令人害怕的人。"即使是麦迪逊，一个在年轻时代曾经目睹了"教会组织惊人的无知和腐败，往往促使迫害活动的实施"的人，也选择为了政治野心而牺牲与《理性时代》的作者潘恩的关系。用伟大的激进共和党人、自由思想的劝导者、人文主义者罗尔夫·恩格索尔的话说，在潘恩奄奄一息的日子里，"他受到来自各方面的憎恨、诅咒、遗弃和厌恶，他的美德被宣布为罪恶，他的贡献被遗忘，他的人格被侮辱。他是人民的牺牲品，但是他所信奉的思想却坚如磐石。他依然是以自由为武器的战士，依然试图启发和教育那些迫不及待地看到他死去的人们。即使那些能够爱敌人的人也全心全意地恨他，恨这个实际上是他们的朋友，是整个世界的朋友的人。"

白宫和国会大厦没有对潘恩的去世发表官方的正式公告，没有对他的死降半旗表示默哀，非正式的讣告也没有表达多少敬意。流传最广的是《纽约公民》杂志刊登的寥寥数语，半是肯定，半是否定——"他活了很长一段时间，做了一些好事，也造成了一些负面影响"。在潘恩的葬礼上，最多不过六个悼念者出席，包括一对非洲和美洲的自由民，据称"他们充满了对潘恩的感激之情"，感谢潘恩力排众议为争取奴隶制的废除所做出的努力。

不用说，潘恩的遗体不可能被安放在基督教堂墓地，而是被埋葬在了他所居住的纽约的新罗谢尔农庄的一个角落里，1819 年，英国的激进主义者威廉姆·考伯特和他的同事把潘恩的遗骨从这里移走，并准备重新埋葬在英格兰，以此激励人民的反抗，但这一计划落空了，因为考伯特严厉谴责在彼得罗对国会改革拥护者的大屠杀，他被指控为犯有诽谤和威胁罪而被关进了监狱。1855 年考伯特死后，潘恩的遗骨也不知去向了。

年迈的杰斐逊曾经警告说，在美国，政治体制的建立是第一重要的事情，"这使得牺牲'76'一代人"，指控他们"背叛了世界的希望"变得不再重要，如果不是这样，潘恩可能会被人们彻底抛弃。

事实上，就像马克·吐温所说的，"在内战爆发之前，一个阅读过《理性时代》的勇敢的人是需要忏悔的。"

但是历史总是以独特的方式奖赏那些站在正确立场上的人。当一个国家有意去寻找那些在历史上曾被侮辱的高贵灵魂时，这段历史当然也是国家不堪回首的历史，例如，采纳奴隶制的时刻，往往最不起眼的人物也会被塑造成为伟大的奠基者。这正是潘恩所遭受的命运，20世纪比他所处的19世纪对他更加慷慨仁慈。作为一个英国移民，潘恩的头部塑像在费城安家，并在几个月后成为一个美国革命守望者的象征。甚至在动荡的1968年他的头像还被用在了邮票上发行，比其他美国创建者享受这一殊荣的时间要早得多。历史最终会发现那些有贡献的好人，并使他们在死后得到荣誉，这是历史令人欣慰的一面，但是不幸的是，在历史为好人恢复名誉的过程中，无法清晰地展示事实，一些细节被遗忘了，我们再也无法看清历史人物之所以成为历史人物的原因。可怜的潘恩虽然最终被承认为美国开国元勋中的一个，但是在当代的历史光荣榜的聚焦点下，他的贡献被简单地描述为一个47页的小册子——《常识》，及一些"考验人的灵魂的时刻"的名言警句的作者。相应地，人们在提到潘恩时也是相当简短的，在潘恩冷清的葬礼过去了171年后，即将接受共和党提名为美国总统的罗纳德·里根，提到了潘恩和20世纪伟大的自由主义总统富兰克林·德拉诺·罗斯福，如果说这是不明显的出人意料之举，应该说是令人振奋的：

> 我们在各地都能看到来自各个阶层、各种身份背景的成千上万的民主党人、自由人士和共和党人，他们聚集在一起，分享共同的家庭、工作、邻里，以及和平与自由的价值观。他们是小心的，但不是胆怯的，他们是忧患的，但不是沮丧的，他们是潘恩

在黑暗的美国革命时期写下"我们有能力去创造一个新的世界"时心中所想到的善良的男男女女。

在潘恩写下这句话的 150 年后，一个美国总统告诉大萧条时期的一代国人，潘恩的这句话"与我们命运相汇合"。我相信这句话也适用于今天的美国人。

让我们假设，如果罗斯福的墓地被重新整理的话，潘恩也同样可以得到这样的待遇，假如他最终有一个安放遗体之处的话。

里根至少是在 20 世纪 30 年代至 40 年代成长起来的前自由民主党人，当时的激进主义者，如霍华德·法斯特——二次大战期间美国共产党成员，致力于重新恢复人们对潘恩的记忆，写下了一本畅销书《公民潘恩》，其中虚构了一个英雄人物，对本·富兰克林说他要去美国写出"人们因为没有勇气说出的一切"。作为未来总统的里根当时曾阅读过潘恩的著作，他也是一位比他的诋毁者，比那些对潘恩漠不关心的朋友更加博学多才的历史系学生，他无疑多少认识到了反讽的力量，以及用潘恩来激发保守性"革命"的力量。他甚至正确地引用了《常识》结尾中的话，这是不小的功绩，这方面他比奥巴马要好些。奥巴马作为另一个引用潘恩著作的总统，与大多数人一样在引用时常常把潘恩富于文采的表达打了折扣，只会用"有能力更新世界"作为结束语。

如果说潘恩可能不喜欢自己的语录被用来服务于里根的政治（以及，最终是区域政治的）野心，那么他至少能够在一定程度上理解，甚至可能尊敬奥巴马在 2009 年 1 月 20 日就职演讲之前，也就是在奥巴马把《危机》中的句子随意加以挪用之前，在 2008 年竞选过程中对他的语录的按部就班的引用。

至于格林·贝克运用潘恩来破坏奥巴马当总统则另当别论，这是他在福克斯新闻节目作主持人时的事，当时他就贝拉克·奥巴马是反基督教者这一怪事进行推测和评论。当然，贝克的真正目的是想说明奥巴马是一个"反美国者"。这比推测奥巴马的出身问题更有内涵，贝克的追随者们如此热衷地议论奥巴马的出身问题，其实是一个已经尘埃落定的问题：总统是否可以拿得出一个夏威夷的出生证明。贝克宣称奥巴马对美国有蔑视情绪，因此奥巴马也不会尊敬美国的宪法，虽然他在法学院当指导老师时曾对学生传授过宪法的细节。贝克告诉他的听众，奥巴马和他的同僚制订了"几乎是完善的规划"来"破坏宪法，不遵从开国元勋的精神，摧毁我们的信仰"。

而这样一个外来总统和他的忠实追随者们将会用什么来取代正统美国道路呢？当然，用社会主义。

贝克说，奥巴马"有意把美国从麦迪逊转到马克思"。

奥巴马是怎样做的呢？

"除了他的少年时代和青年时代与激进主义、马克思主义和共产主义者交往，之后二十年，又在一个马克思主义牧师的指导下出入于接纳马克思主义的教会，他最近又做了哪些事情？"贝克提问后接着告诉他的福克斯听众：

接管汽车工业是小事一桩，实在不足挂齿：GM 只占被接管的 61%，现在，唠叨小事的政府开始控制大多数的银行业了。这我们已经知道。

接下来，当然就是 AIG 保险公司了，这个保险业的巨头。我们的政府也将它接管了。这些真是不可思议。

是的，他已经向社会主义迈出了第一步——对医疗保健体系实施完全的政府控制。我今天见了我的医生，他对此感到震惊。控制所有的医疗保健工业，它只占 1/6，不必担心。

他还努力去控制学生贷款，这只是把行业的控制内容加大而已。

不但不赞同资本主义和资本主义制度，他在开始竞选的第一天就把财富当成了魔鬼……

虽然上述提到的政府管理错误很多是在乔治·布什和迪克·钱尼执政的时候犯下的，而且他们是把联邦的钱花在了公司上，而不是相反，从公司拿钱用在政府上，贝克却仍然把账算在了奥巴马的头上，说这些是"奥巴马可能是一个社会主义者的理由"。

显然，这是一个无所不用其极地挖掘例证来兜售自己观念的主持人，而他所挖掘的例证在事实上和逻辑上都是有缺陷的。

那么格林·贝克与托马斯·潘恩的关联在哪里呢？

2009年3月，就在奥巴马就任总统不到两个月的时候，贝克在他的广播节目中透露他发现了一个自己喜欢的开国元勋，这个人至少在目前是他十分喜爱的。

"我可以告诉你们，我正在重新写《常识》这本书。我重新写了托马斯·潘恩的《常识》，而我从12月起就开始研究它，说实话，我从第一次阅读就开始认真地在研究它，我想，噢，我的天，我不可能重新改写它。我确实是这样认为的，我只是觉得我需要理解《常识》，再多读一些托马斯·潘恩的东西，这样也许我可能重新改写它。"他解释说。

可能有人会认为贝克颠倒了顺序，先决定重新改写一本经典小册子，然后再开始阅读它不符合常理，但是让我们忽略贝克的逻辑错误，从理论上说，任何一个推销潘恩思想的人最终都会对人类的事业有所贡献，不管他们是有意的还是无意的。这项人类的事业以人类整体的完善为目的，正如《人类权利》的作者所写的："在世界的任何国家说起它的时候，都可以宣称，我们的穷苦人民是幸福的，他们既不是无知的，也不是沮丧的；我们的监狱中没有犯人；我们的街道上没有乞丐；老年人不会缺衣少食；税收不是压迫性的；理性的世界是我的朋友，因为我是它的快乐的朋友；当所有这些实现的时候，这个国家或许可以夸耀本国的宪法和政府。"这是一个激进的目标，这个目标与贝克等人所追求的目标存在差别是一目了然的，贝克等人的世界观是带着泪痕的、过度紧张的、感情用事的，通常会导致矫揉造作的焦虑，担忧民主的危机，害怕所有进步的事物，对用计划的手段寻求"可怕"的社会公正全盘蔑视，这是显而易见的。同样一目了然的是，一个电视上的公众人物即便承诺将"娱乐和启蒙相融合"，他所表达的历史的精确性也是有局限的。

让我们回顾 2009 年春天，贝克在广播中说的一段话：

一天，三个我非常敬佩的人给我打电话、发邮件，对我说："格林，你知道，我在想你是否考虑过重新改写《常识》。我们正在办书展，说不定我们到一下个书店的时候，可能有你们这样的人会到这里来挑一本托马斯·潘恩的《常识》。"于是我读了这本书，这是一个人可能读到的最有影响力的书，它的确是令人惊奇的，绝对令人惊奇。但是真正出人意料的是这本书中没有任何不好的东西，这一点我可以毫不犹豫地肯定，尽管这个党派这样说，那个党派那样说，我真看不出来这本书有什么蒙羞的。这就是《常识》。而人们说，"噢，你要当一个民粹主义者"之类的话。不，民粹主义情感是《常识》！我们已经超越了《常识》，而且我们需要再回头看它。我们需要温习它。所以在我们的免费通信邮件中，我们把它发给你……希望你把它发给你的朋友，然后相互交流。请相互交流。请登录 912Project.com，与其他与你有共同思想的人交流。真诚希望你能这样做。《常识》会告诉你我们处于困境之中，会告诉你我们人民有责任改变它，只有人民能够改变目前的困境。不是华盛顿那些依靠我们为生的民主党或共和党，而是我们这些普通百姓。

2009 年 6 月，也就是茶党来到国会大厦讨论医疗保健改革的时候，格林也带来了他的书——《格林·贝克的常识：被托马斯·潘恩所激励的反对失控政府的例子》，我们不要把这本书同贝克与愚蠢被害人的争论相混淆——怎样去阻止一个无头脑的大政府；或者用贝克的说法，向社会主义前进的美国——只要一小步就会导致一个压制人们的大政府，只要一大步就会导致大规模游行示威……

我正好刚写了几本书，探讨的是真诚的保守派和自由派的贡献，尤其是老右派，反干涉主义者和立宪主义者，如霍华德·巴菲特，约翰·弗莱恩和穆瑞·罗斯巴德等人关于战争与和平、总统的责任、大众传媒在民主中的作用方面的演讲。虽然我是站在左派的立场，我仍然很自豪参加了自由派卡托研究所的论坛，也很高兴在国家电视节目中与富有思想的保守派人士如布鲁斯·菲恩合作。因此我隐约地期盼能读到贝克的书。而且，正如这些年来有的人所说的，由于这本小册子的作者太过超前于他的时代，21 世纪可能才是真正属于"潘恩的世纪"。想到右派中的领头人物会致力于弘扬潘恩的遗产，我觉得很兴奋。

但是贝克并没有致力于研究潘恩。他几乎没有认真研读潘恩的作品。虽然我并不太相信亚马逊书评的可靠性，也不习惯依赖于它作出判断，但是当我第一次在网上看到关于格林·贝克的《常识》的评论，我还是感到震惊。这篇评论写道："作为一个托马斯·潘恩的粉丝（尤其是《常识》和《理性时代》的粉丝），我非常高兴地阅读贝克的书。但是读了开头几章后，我不得不说，这与潘恩的著作根本没有什么关联。看起来这更像是挂在潘恩名下进行的营销策划，是借助潘恩一本激励美国的名著的名字来打开销路……这本书应该叫作贝克的常识。"

贝克的常识是关于右派的。书中有大段冗长的关于"进步主义病症"的反思，有一章还是专门探讨百万富翁作者的免税代码问题。总之，贝克的常识重点是在写他自己，只有很小一部分涉及潘恩。即便是涉及潘恩的部分，也与真正的潘恩相去甚远，潘恩本来是一个传统宗教的伟大质疑者，在这里却成了一个"理解我们的权力和自由是上帝的礼物"的少数人中的一个，这是一个根本不存在的潘恩。而且贝克还对写过"世界是我的国家，所有的人类都是我的同胞"的潘恩进行了重新定位，把他塑造成了一个自我孤立的美国人，对"跨国主义"保持警觉。但是这些论断隐藏在书中，你得仔细寻找才能找到，因为这本书的大部分都是自说自话，没有多少提到潘恩的内容。如果说这本书与潘恩有多少联系，那么也是在题目上，一个并不高明的掩饰，还有对经典小册子的再版，外加一个声明，自称受托马斯·潘恩的启发。有形的书本上和无形的智力上的一揽子兜售可能不仅会影响贝克的粉丝，而且也会影响不太具有福克斯倾向的美国人，当他们偶尔路过机场书店时，会把潘恩当作一个对所有政府事务进行批判的自由主义先驱，与走得还要远的罗诺克的约翰·鲁道夫同道，后者是来自弗吉尼亚的传统议员，他在 19 世纪早期宣称，"我是一个贵族，我喜欢自由，我痛恨平等。"

但是潘恩绝非这类人。

潘恩不喜欢政府，但他认为政府的存在是必要的，政府可能是坏的，也可能是好的，这取决于精英的权力和人民的权力之间的对比。他是一个征税倡导者，尤其倡导有利于进步的税收，主张对富人征税以便将财富重新分配给穷人和无资产者。他关于收入保障、国家医疗保健、社会福利计划的观点为他赢得了美名，他被认为是第一个伟大的老年退休金倡导者。事实上，潘恩也被认为是提议为老年人、青年人和残疾人提供政府津贴的人，正如社会保障部所回顾的，"第一个提出退休保障计划的人，被认为是现代社会保险业的先驱的人，是革命战争时期的著名人物托马斯·潘恩。"

杰出的历史学家和潘恩传记的作者哈维·凯耶已经在广义上驳斥了当代保守主义者们对潘恩的一些言论，如下：

在他们所引用的潘恩的著作和话语中，保守派没有也不可能真正地拥护潘恩及其主张。在资本主义的支撑下，在共和党及其一代传人的领导下，保守主义者起草和制订的政治纲领从根本上与潘恩的观点和诺言相矛盾。他们使共和国、公共事务、联邦、公共利益屈从于市场和大资本家。他们把大公司和富人们的利益凌驾于劳动人民以及他们的家庭、单位、社区之上，还把财富和权力的集中称为镀金时代，事实上这已经损害了美国的民主生活和政治制度，使其衰落。他们实施的文化战争导致国家的分裂，也使宗教与国家的分立受到威胁。不仅如此，他们追求的内政外交方针既使国家丧失了自由，也使政治、经济、环境、军事上的安全越来越没有保证。尽管他们宣称要促进自由，赋权人民，但是他们却试图消灭或者限制美国人对民主的冲动和信心。他们虽然引用潘恩的话，但事实上，他们以及他们的御用文人已经暴露出他们真正的用意和倾向，因为他们再一次宣传"历史的终结"，他们追随的是另外的开国元勋，如约翰·亚当斯和亚历山大·汉弥尔顿，他们与潘恩截然不同，蔑视民主并害怕"人民"。

虽然凯耶已经做了驳斥，但是为了探讨潘恩这一目的，思考茶党主席对潘恩的惊人误读仍然是必要的，因为它表明我们的讨论已经被无知窒息到了什么程度，考虑到当前的美国是美国历史上知识最丰富的年代，这种无知可能是非人为的也可能是人为的。这一点既是重要的，也是有趣的，因为在他们试图把自己的狭隘世界观与潘恩的宏大世界观联系起来时，贝克和他的同伙与一个被认为是真正的社会主义开创者联系起来了。引人注目的是，当英国工党在施政纲领中提出一个充满活力的社会主义计划时，这一计划即使是在 20 世纪后期也仍然被认为是激进主义社会话语之一，它的信奉潘恩的领导米歇尔·福特说："国际仲裁、家庭津贴、生育福利、免费教育、监狱改革、全民就业，这些被后来的英国工党所实行的一切都是由一个英国好人——潘恩最早提出的。"

福特与伯特兰·罗素和历史学家 E. P. 汤普森、克里斯托福·希尔共同创建了英国的托马斯·潘恩社团，并从那时起担任社团主席 47 年，在他指导我阅读潘恩的小册子之前，已经研读潘恩 60 多年了。他一直保持警觉，注意不把潘恩归入"典型的社会主义者"这一类别。这其中的区别是微妙的，我们知道，潘恩在表达先进的理念方面，比合格的社会主义者更有能力，这也使格林·贝克致力于推翻潘恩作为社会主义者的形象。但是福特是明智的，因为他承认潘恩的多方面贡献，把潘恩作为一个激进地响应其时代需求的人，由于潘恩的表达天赋而有能力成为一个超越时代的榜样，激励后来的社会主义造反者和改革者，在 19 世纪至 21 世纪担负起挑战财富权贵的任务。

潘恩的言辞如此犀利深刻，一个激进主义者怎能不把潘恩的话语当作格言——"让他们把我称为反叛者吧，来吧，欢迎你们这样做，我不在乎。如果我出卖自己的灵魂，宣誓效忠于那些粗鲁的、愚蠢的、顽固的、无价值的、野蛮的人，我会更加遭受魔鬼的折磨。"谁不希望把自己和自己的事业用潘恩激动人心的话语来描述——"阳光下从未有过如此伟大的事业，这不只是一个城市、一个县、一个省、一个国家的事，而是一个洲——至少占地球面积八分之一可居住地上的事情。它不仅关系到一天、一年或一个时代，子孙后代实际上也卷入了这场斗争，直到世界末日人们都或多或少受到当前行动的影响。现在是这个大陆团结、信心和尊荣的播种期。"或者，"政治的新世纪带来了新的思想方法。4 月 19 日前，也就是战争爆发之前的所有的计划、提议都有如上一年的年鉴，当初哪些适用的东西，现在将被超越变成无用的呢？"或者是最为当代人所推崇的段落——"我们的前方存在着机会和激励我们的事物，让我们建立地球上最高尚、最纯洁的制度。我们有能力创造一个全新的世界。从诺亚方舟的时代到现在，情形与现在相似，全新的世界没有建立。现在一个新世界马上就要诞生，人类，或许是欧洲大陆的众多民众，将会从几个月后的事件中获得他们应有的自由。"尽管历史事实并未证明《理性时代》所宣称的事件真正地发生了，但特定时代的改革、反抗和革命的诱人前景仍然会最终引发乐观主义和热情的大融合，并为如下宣称提供佐证——"当今时代将会被后人称为理性时代，而当今时代的人们将会被后人们当作创世纪中的亚当。"

算上我一个，把我们都算上。

不仅是因为他的英文表达水平高，潘恩之所以比他同时代的作家有着更深厚、更有智慧和更有感情的写作方式，是因为他更加坚信，或者至少说是希望我们可以"把专制政府当作错误的垃圾清除掉"，着手建立一个新的代表制度，在其中"每个人都是政府的主人，并把思考国家大事当作自己分内的事情"。直到差不多两个多世纪后，1999 年，在西雅图召开的世界贸易组织的部长峰会外，"政府的主人们"才最终触及了这一主题，打出了"这就是民主的样子"的口号，这是潘恩所开启的讨论。而潘恩用这种语言所阐述的话题在 1848 年、1932 年、1963 年、2008 年与 1776 年一样是急需的、鲜活的。潘恩积极参与其中，不是出于知识分子随意而孤单的个性，而是出于直率的性格和发自肺腑的本能。历史学家凯瑟琳·希尔提醒我们，在"社会主义者"或者"共产主义者"进入公众的话语之前，在卡尔·马克思和弗里德里希·恩格斯没有出生前，"是托马斯·潘恩的著作和自由、平等、博爱的革命观念激励人们建立激进主义和反抗的新传统"。

研究激进主义运动的历史学家，从 E. P. 汤普森到艾里克·霍布斯鲍姆，再到霍华德·金，从潘恩去世后历经数十载，到现在已经数百年的时间里，都把潘恩作为清楚地鉴定左派的试金石，不管这种左派被称为"自由派""进步派"，还是"社会主义者"。就像希尔所说的，"潘恩式的激进主义是为争取劳动人民的政治权利而斗争的核心理念……通过强调完全的平等主义、对过去传统的拒绝、对一个不同未来的确信、对自然权利和理性力量的信仰、对现有制度的质疑、对政府应该代表人民等观念的坚持，它为激进的要求提供了驱动力。"正因为如此，当潘恩去世 22 年后，威廉姆·利奥德·加里森创办了他的激进废奴主义报纸——《自由人》。他不仅宣称"我是真诚的，我不会含糊，我不会找借口，我不会后退半步——我必蒙垂听"，他还明确地把潘恩的名言"我们的国家是世界，我们的国民是人类"作为这份报纸的永久座右铭。19 世纪末 20 世纪初，尤利乌斯·韦伦的作为社会主义"宣传单"的报纸《理论的诉求》据说也打出了潘恩的名字，这份报纸刊登厄普顿·辛克莱的《丛林》，乔·希尔的诗，和母亲琼斯的号召行动的文章。韦伦的《人民的口袋》系列以每本 25 美分的价格，按照 18 世纪流行的 $3\frac{1}{2} \times 5$ 平装本来发行，共发行了好几万本。当时的年代是一个"所有革命的事物都能吸引我"的年代，也是一个年轻人自我教育的时代，年轻的尤金·维克多·德比也来拜见了潘恩。正如经常被提名为总统候选人的社会主义党所说的："美国和法国革命的历史深深地激励我，革命时代的英雄和烈士成为我的偶像，而托马斯·潘恩远远超出他们中的任何一个。"

潘恩的语言，"不听命于热情而是听命于人道主义"，这不仅提供了E. P. 汤普森所描述的"一个关于激进平等主义的修辞学"，而且在潘恩后期的著作和小册子中，尤其是《人的权利》和他后期最主要的著作《土地的公正》中还有比修辞学更多的依据。这两本书中的内容都提供了足够多的依据，说明潘恩的思想即使不能说成是社会主义党派的纲领，也大致可以说是社会民主主义回应不平等的大纲。

我们的朋友格林·贝克在一次斥责呈上升趋势的社会主义运动时宣称，"我不要求你跟我一起去冒险，我只要求你自己去发现它，我要求你做好自己的事情，我要求你大胆地提出问题，我要求你'阅读它'，自己亲自阅读这些句子……我要求你去从中发现真理。"

足够了。

让我们阅读潘恩所写的东西。

让我们承认，《常识》是推翻世袭君主政体的革命号召，不管这政体是贵族的还是传统的，《常识》下列指责激发了对现在制度的反抗："长久以来缺失对事物是否错误的思考，造成了事物表面上正确的印象，也导致对传统的盲目维护。"

让我们承认，《危机》是潘恩将美国革命进行到底并履行其承诺的号召——"我们不仅为废除奴隶制而斗争，我们还为建立一个自由的国家而斗争，我们要在地球上建立一个适合正直的人们居住的地方"。

　　但是这些男人和女人们，以及任何国家的男人和女人们怎样才能开展革命，组织他们的日常生活？他们怎样才能使潘恩所设想的不是听命于少数权威，而是反映多数人意愿的政府变成现实呢？虽然潘恩经常批判政府，但他并没有设想一个没有政府的现代国家。就在美国将要颁布宪法的时候，潘恩提出，"有问题的不是政府，而是公众意愿和智慧被一个'错误的政府体制'所否定"。在他的最后岁月，潘恩对政治学作出了伟大的贡献，尤其是《人的权利》这本著作，对政府形式作出了解构，这即便不是先驱性的，也是精确性的。他担心政府在"行使权力过程中变得麻木不仁"。"当一个政府的意见被任何政治迷信所左右，如世袭继承权力，它就会在很大程度上失去处理各种主观与客观问题的能力。"潘恩根据观察得出结论，"要求盲目忠诚，或者要求'我们的国家正确或错误'式的空洞的'爱国主义'的政府都是不可容忍的，需要加以拒绝。"潘恩轻蔑地写道："像顺从智慧一样顺从无知，或者一旦头脑对愚蠢和智慧无区别地加以崇拜，它甚至会降低到正常智力水平之下。它只会为小事操心，在行动上自欺欺人，它把明察秋毫的知觉需求扼杀了。"

　　潘恩对上述政府的反对并不意味着他把个体遗世独立的自由生活浪漫化，相反，它是代表制政府的契约，在潘恩眼里，这种政府"总是与自然的秩序和永恒法则相一致，在各个方面与人的理性相一致"。"像国家一样，它拥有一种永恒的活力，无论是身体还是头脑都是有活力的，它在世界的开放舞台上以公正和强有力的方式呈现自己。"潘恩在《人的权利》中写道："无论这样的政府是杰出的还是有缺陷的，它都是透明可见的。它不是靠骗术和神秘而存在；它处理事物不用伪善和诡辩的方式，而是鼓励一种它能感觉和理解的以心换心的语言。"

　　潘恩不是一个纯粹的民主主义者。他相信要用宪法、规则和结构去取代权势拥有者和财产拥有者们的幻想，在他看来，"法律是国王"。但是建立起这些宪法、规则和结构的目的（在这里我们不妨引用自称对潘恩百读不厌的美国总统的话），不是让民主的威力受束缚，而是为了管理民主的权力，让民主有一个具体的方向，使民主致力于追求一个更好的国家。

潘恩追求公民权利的热情过去是，现在仍然是激进的。他比其他开国者更早地完全认同和赞美全民选举的优点和效果。"选举代表的权利是最高的权利，这种权利是行使其他权利的保证。"潘恩在他的《政府的第一原则》中写道："取消这项权利相当于把一个自由的人变成奴隶，因为奴隶意味着服从他人的意愿，而一个在选举代表时没有投票的人就是如此。"潘恩以同样的热情拒绝阶级划分，即使是启蒙时代的自由主义者也是接受阶级划分的，在潘恩的《致演讲者的信》中，他论述道："当投票资格随着时间而不断得以规范，它就可能有了一个坚实的基础。因为资格是不会随着时间而死亡的东西。而平等的权利，作为一个原则，是在规范操作的过程中被承认的。但是当权利建立在，或者依赖于财产，它们就始终会是最危险的。'富人使自己插上了翅膀，而且可以飞翔'，而权利也随他们一同飞走了；而当他们成为富人后他们便失去了人之为人的东西。"

但是潘恩并没有就此打住。从写早期的著作起，如在《常识》中，他就认为，在君主政体中真正阻碍和反民主的症结是"首先把人排除于信息渠道之外"，就像杰斐逊和麦迪逊在他们最为民主的时期那样（应该认识到，他们统治的时期并不总是民主的），潘恩不仅痛恨国王和独裁者们行使权力的不透明，而且也痛恨宦官们的做法，尽管他们可能参与了某些特定的革命，但最终都是致力于制造出为富人和权势者服务的规则。约翰·亚当斯攻击潘恩的事业是邪恶的，认为世上再没有比小册子的作者"更恶劣的无耻之徒"了，驱使他这样做的目的并不仅仅因为个人恩怨。亚当斯依附于英国的政体和实践,他提议美国的行政长官应该被尊称为帝王,如"总统陛下"或者"尊贵的殿下",总之他不相信民主制度,并且不掩盖他的观点,认为人类中存在着天生的贵族。既然亚当斯提出美国应该建立一种能让贵族这一国家的荣耀享受最好社会待遇的制度,他也就成为害怕经常性选举和民众运动的上层代言人。作为总统,他用惩治煽动叛乱法案来限制出版自由,法案规定凡是针对政府及其官员的错误、丑闻、罪恶的出版物都是违法的。这与潘恩所提出的完善民主和公民权的基础完全相反,潘恩认为:

> 代表制度在全国传播关于政府的这些大量的共识,以利于摧毁无知,阻止把意见强加于人。这样,政府的诡计也就失去了立足之地。这里没有暗箱操作的空间,没有地方去实施这样的做法。那些不在代表中的人,与作为代表的人一样知道事情的真相。笼罩在神秘面纱下的威严和矫揉造作将会被揭穿,国家可以没有秘密。而政府的秘密就像个人的秘密一样,永远是它们的缺陷。
>
> 在代表制度中,做任何事情的原因都要向公众表明。任何人都是政府的主人,理解这些事情是他的分内之事。这些事情包含他的利益,因为会影响到他的财产。他就要盘算代价,对比优缺点。最主要的,他不会出于惯性盲从于政府称为"领导"的人。

亚当斯害怕被他嘲讽地命名的"潘恩的时代",他的确应该害怕。正如潘恩的追随者尤金·维克多·德比在1904年参加社会党总统竞选之初所解释的,信息公开与在信息公开基础上行动的权利,这两者的结合是对旧秩序的强大威胁。"无知本身就是对社会主义成功的阻碍，资本主义政党知道这一点，他们用他们的资源来阻止工人看见光明。智力的黑暗是工业时代奴隶的本质。"德比接着宣称，"一旦工人有了自己的思考，他就能够理解什么是最重要的事情，理解资本主义政治的部分内容，能够在政治战场上认同他自己的阶级。"

十四年后，在向陪审团致辞时，德比搬出了潘恩的名字，用一段珍贵的记忆来为自己辩护，当时陪审团认定他犯有违反新煽动叛乱法之罪，这项法令无论在修辞学上还是观念学上都要归功于亚当斯。德比在致辞中说："一个半世纪前，当美国殖民地尚处于外国统治时，仍有一些人相信普通民众，认为没有国王他们也可以自己管理自己，在当时，反对国王的说法会被判定为叛国罪。如果你阅读班克罗夫特或其他历史学家的著作，会发现当时殖民地居民中的大多数都相信国王，他们真诚地认为国王拥有神圣的权力来统治他们。他们被教导接受一些道德观念，说反对国王的话，质疑国王的神圣权力，会充满犯罪感。有些大臣翻阅圣经来证明人民忠诚地服从和支持国王是爱国的表现。但仍有一些人说：'我们不需要国王，我们自己可以管理自己。'于是他们开始煽动叛乱，而他们的行为成为历史上不朽的篇章。"

这位时代的杰出的社会主义煽动者接着解释说：

我相信美国的宪法。今天只有我们社会主义者站在这里来为美国的宪法辩护，这难道不是一件奇怪的事情吗？当初在国王法令压制下的革命奠基者都能理解言论自由和集会自由是民主政府的基本原则。宪法的第一修正案写道："国会不应制定关于建立宗教机构的法律，不应该限制宗教信仰的自由，或者限制言论自由、出版自由、和平集会自由，和为申请救济补偿请愿的自由。"这是完美而简洁的英文，就连儿童也能理解它的意思。我相信革命奠基者所意欲的正是宪法中所写的——国会不应制定法律限制言论自由、出版自由、和平集会自由，和为申请救济补偿请愿的自由。

去年六月我在坎顿所做的正是履行了宪法规定的自由（发表反对战争的演讲），但是为了这一行动我却不得不在此接受指控，为自己做辩护。我认为无论战争时还是和平时都应该有言论自由。在任何情况下，我都不可能堵住我的敌对者的口；在任何情况下，我都不可能去限制他人的言论自由。与废奴主义者、社会改革者和'虔敬共同财富'的道德倡导者温德尔·菲利浦相比，我走得并不远。温德尔·菲利浦认为自由人的荣耀正在于他们把不正义的法律踩在了脚下，他们为什么要这样做，如果一个人被迫不能开口说话，像仆从一样保持沉默，他也许会拥有其他的东西，但他仍然缺乏人之为人的基本特质和高贵之处。

现在，尽管有国家法律保护自由的基本条款，社会主义者在全国的集会仍然被驱赶得四分五裂。上百个社会主义演讲者被逮捕，并投入监狱，他们中的许多人现在已经病倒了。在一些案例中，甚至没有任何罪名就抓捕社会主义者——他们没有犯任何法律，所犯的只是试图实行美国宪法赋予他们的权利。

我已经告诉过你们，我不是律师，但是我完全知道如果国会实施任何与宪法中的条件相冲突的法律，这种法律就是无效的，对这一点我有充分的把握。如果间谍法案最终成立，那么国家的宪法就完了。如果这种法律没有与宪法的任何基本条件相冲突，那么，看来我是没有能力理解英文了。

无须感到奇怪，信奉工业组织原则和以投票谋求激进变革的社会党领导人，如德比，赞美潘恩是以小字母 d 开头的民主党的先驱。当他们为扩大穷人、妇女和少数民族的公民权进行倡导时，都会以潘恩为例，因为潘恩认为"选举代表的权利是最高的权利，这种权利是行使其他权利的保证"。

这与格林·贝克对潘恩的引用是不同的。格林·贝克在完成了"修订《常识》"后，在电视节目中一而再，再而三地宣称"民主已经失效"。2010年6月，贝克在宣告民主失效前称"我们不是一个民主党人"，不幸的是，"我们是在进步人士的一致要求下才成为民主党人的"。

保守派评论员马修·坎提奈特，也就是《萨拉·佩林的起诉：精英媒体如何击落一颗新星》的作者，把贝克的阶段性叫嚣描述为"狂妄情景剧"中的"无聊的废话"，这种情景剧是由"原来的前40名电台节目主持人策划出来的，这些人在走出低谷之前沉溺于烟酒，之后皈依了摩门教。不仅如此，他们还使贝克转变了他的电台主持风格，变成了一种新的形式——保守主义论坛"。贝克作为一位正在上升的右翼杰出"思想者"，让他的观众认为伍德罗·威尔逊（第一）和富兰克林·德拉诺·罗斯福（第三）位于"史上十个大混蛋"的名单前列，比钉死耶稣的古罗马犹太总督彼拉多（第四）、阿道夫·希特勒（第六）或者柬埔寨红色高棉总书记波尔波特（第十）还要靠前，《旗帜周刊》的副主编对此有充分的理由担心。但是坎提奈特，像其他思想保守派一样，却也赞赏贝克"把新的思想家介绍给读者"，并且认为"通过攻击进步主义，贝克从事着伟大的思想事业。他促使人们质疑他们的思想前提"。

让我完全接受坎提奈特对贝克的评价是不可能的，这不仅是受头脑中的托马斯·潘恩的影响。我可以同意这位电视名主持是"促使人们质疑他们的思想前提"，或者"把新的思想家介绍给读者"，或者，用贝克自己的话来评价贝克"承担历史责任"。但是这样的评价似乎太大度了。我怀疑贝克对美国历史的了解并没有超出文学作品类小册子的水平。我甚至不敢确定他的水平能超过维基百科对潘恩的概括。贝克书中对潘恩的引用只有很少部分来自《常识》，通常只限于标题的内容"常识在美国完全消失了吗"，或者"常识仍然在我家，是时候它再一次适用于华盛顿了"！或者在权利部分，"常识告诉我们这是国家性自杀"。

如果贝克再深入一点阅读潘恩的原著，他应该马上会认识到，潘恩像任何一个伟大的思想家一样，思想是不断发展的。这位小册子的作者在1776年写道："随着我们对世界的了解不断进步，我们克服了区域性的褊狭，就一般标准来衡量，这是令人高兴的。"通过两次成功的革命经验和几次失败的经验，即"革命的道德原则是教育，而不是摧毁"的失败经验，潘恩的思想发生了变化。换言之，他认为反抗"坏国王"的暴政比幻想一个新的专政可能会更好。

潘恩是一个深刻的革命家。但是他之所以成为一定历史阶段唤醒群众的领袖，在于他区分了不同的群众运动。他拒绝老式的叛乱，认为那是无意义的。像两个世纪前的皮特·汤森一样，潘恩更"倾心于新式革命"：

> 之前世界上发生的革命之中并没有多少人民大众的利益，它们只是去改换了某些人和某些方式，但并没有从根本上改变特定的时代。我们现在所看到的革命也许更合适叫作"反革命"。原来的征服与暴政，剥夺了人的权利，而现在这种情况又被恢复了。这就像人类的事情三十年河东，三十年河西一样，这种革命也是如此。建立在道义论、普遍和平，以及不可剥夺的人权之上的政府，原来是受刀剑的驱使由西转向东，现在是由更强大的冲动驱使，由东转向西。它所感兴趣的不是个体的人，而是国家的

进步，还有一个为人类带来新世纪的承诺。

潘恩于 1791 年写出了精华著作《人的权利》，指责了谨小慎微的改革者艾德蒙德·伯克的小册子《法国革命的反思》，潘恩反对政府由少数人组成，为少数人服务，尤其是君主们，以及贵族"共和制"和军事政体。在这里尤其需要我们关注的是他关于革命的意义和目标的论述。"如果不是为了更伟大的国家利益之目的，进行变革或革命是无意义的。"潘恩如是说。

为了哪一类国家利益呢？

如果说格林·贝克没有阅读，尤金·维克多·德比肯定是读了《人的权利》的最后一部分，在这一部分，潘恩开始描述福利国家，与这种国家相联的即使不能说是成熟的社会主义，也可以说是开始为人所知的社会民主主义。通过结束君主、贵族和国立宗教在经济上的挥霍，通过削减军队的规模，以及与其他建立在外交而不是军事权力上的共和国之间的联系（"使迄今为止敌对的国家团结起来，使恐怖的战争实践就此灭绝……"），通过取消庞大的房产和遗产的贵族体制，潘恩认为，共和国可以获得大量的财产用来帮助穷人。

说到财产的重新分配，格林·贝克可能会说："我们的祖先早就对此提出了警告，他们反对这样做。他们认为把财富均分并不是一件好事情。"但事实上，我们的祖先认为财产均分是好事情。正如 1783 年国父富兰克林写给罗伯特·莫里斯的信中所说的：

为了维持个人生存和种族的繁衍，拥有对一个人来说的所有必需品，这是任何人都不能被剥夺的人的自然权利。但是当公共利益需要的时候，所有超出了上述必需品的物品，在法律上的生产者和处置者都应该上交给公共部门。不喜欢这种文明社会的人，就让他退回到野蛮时代去生活。不向自己的社团缴纳维持会费的人，没有权利享受这个团体的好处。

贝克选择潘恩作为自己与之建立关联的开国者，并想在 21 世纪重新书写潘恩，而事实上，潘恩在财产分配的主张上甚至比富兰克林走得更远。尤其是潘恩赞同"征收进步税的计划，以终结不公正又违反自然规律的继承法，以及贵族体制的种种不良影响"。他也概括了征收继承税的范例，认为"对通过继承得来的财产或财产的积累应该予以限制"。他提议征收"奢侈品税"，这样做的理论基础是，"假设年收入为 1000 英镑对一个家庭来说就足够或有余的话，那么，额外的 1000 英镑就是奢侈品的费用，在此基础上另外 1000 英镑就更加是奢侈品费用，我们就会得到一个财产总数，这个总数称之为不应有的奢华并不为过"。另外，他还提出对投机、投资和利息收入进行征税的计划，认为"这会是一个好的政策，股票拥有者自己也会认为这种财产像其他财产收入一样，应该交纳一部分税款"。

格林·贝克可能会警告说"社会正义和经济公正"之类的说法是外国人构想出来的，这种构想，用他在有线电视节目中手里拿的卡片上的话说，是用铁锤和镰刀得到的。他可能会建议反对与这样的人联合起来，因为这些人"谈论经济公正、工人的权利、财富的再分配，以及令人吃惊地谈论'民主'"。但是，潘恩晚年的大多数作品都是在传播贝克提到的"对公正的呼吁"，而且他这样做很大程度上是依托于一个社会话语背景，尤其是依托于社会—民主主义的话语背景。

毋庸置疑，富兰克林·罗斯福回应经济不平等的新政是从社会主义政党的纲领中得到启发的，这一纲领由德比传给了诺尔曼·托马斯。但是罗斯福作为一个在壁炉旁聊天时经常会引用潘恩语录（"1776 年的美国人是这样说的，今天的美国人仍然是这样说的"）

的潘恩的终生读者，同样也从潘恩这位革命者的著作中得到了灵感。

在《人的权利》的结尾，潘恩在当时的时代背景下设想并勾画了
一份预算：

> 社会保障："所有的穷人、破产的商人，以及50～60岁的老
> 年人（假设7万），每人每年发放六英镑。"此外还有，"所有的
> 穷人、破产的商人，以及其他人（假设7万）60岁以上的老年
> 人，每人每年发放十英镑以维持生活。"
>
> 儿童福利计划："按照每个14岁以下儿童每人四英镑的水
> 平，为242万穷困家庭提供物品；另外，拿出455万英镑，用来
> 为130万儿童提供教育费用。"
>
> 公共建筑计划："将实施下述计划：第一，建造两个或更多建
> 筑物，或者用已经建造好的能够容纳至少六千人的建筑物，用这
> 些地方来创造尽可能多的就业岗位，好让每个人都能找到适合自
> 己的工作。"
>
> 公众工作计划："接纳无论是谁或者是从事什么职业的人。唯一
> 的条件是在很长时间、大量工作后，每个人都将得到有益健康的食
> 物，至少像营房一样温暖的住所。每个人的一定工作量都应该记录
> 下来，在他或她离开的时候给予一定报偿。每个人都应该自愿地选
> 择工作时间的长短，或者在上述条件下选择来工作的次数。"
>
> 收入税收抵免："通过免除穷人的税负，他们将会卸下生活的重
> 担……"

做上述设想的目的，潘恩解释说，是为了达到一个最合理定义下
的"社会公正"。事实上，他只是刚刚开始走上一条指导世界的共和
之路——"让我们用公正来为革命争光，让我们用祝福来传播革命

的道理"。

在整个 18 世纪 90 年代，潘恩扩大了经济方面的讨论，继续关注富裕和贫穷、收入分配公正，以及建立一个接近于被 19 世纪末 20 世纪初的社会主义者称为"合作联邦"的国家等事情。他考察了经济的不平等，并认为这种不平等绝非"上帝的安排"或者"命定的"。恰恰相反，潘恩断言："社会主义的沧桑面孔，布满了贫富悬殊的愁容，这表明它经受了极端的破坏，急需用公正来挽救。"这位老革命家出版的著作和讲演的巅峰之作是 1797 年广为流传的小册子《土地的公正》。

《土地的公正》比《人的权利》更为详尽和激进，其中提议对富人征税以设立基金：

固定的支付——数额达到可以支付大约 2/3 农业劳动力的年工资——可以供养每个农村人口，男人和女人直到他们成年（21 岁）。

支付每个年龄超过 50 岁的人年退休金。

一般性残疾津贴，给那些既需要社会保障又需要国家医疗保险计划的"跛子和瞎子"等人。

潘恩用他早期呼吁重新打造一个世界的热情和语言来致力于上述经济改革。作为激进的小册子的典范，他解释《危机》，勾画《常识》的解决之道，号召他的觉醒的同志们为理性和《人的权利》而战斗。

潘恩首先写出的是控告书，这次不是针对国王乔治或者教会腐败的，而是针对允许贫富悬殊存在的违反自然的经济秩序：

一个国家是否自豪地或者被错误地称为文明社会，是否提升了人们正常的幸福生活，还是损害了人们正常的幸福生活，这是一个大可质疑的问题。一方面，一个旁观者会为表面的繁荣而感到眼花缭乱；另一方面，他却为极度悲惨的生活景象而震惊，这两种景象都已经产生了。人类的极端富裕与极端贫穷在这个被称为文明社会的国家都能看到。

要理解什么样的社会状态是应该的，我们有必要考察一下自然状态下和原始社会中的人类。就像今天美国北部的印第安人一样。在那里我们看不到任何在欧洲的城市和街道上随处可见的贫穷和匮乏这样悲惨的人类景象。

因此，贫穷是被称为文明生活的事物所创造的。它在人类的自然生活状态下是不存在的。但另一方面，在自然状态下也没有来自于农业、艺术、科学和制造业的先进事物。

与一个贫穷的欧洲人相比，一个印第安人的生活可以说是持续的假日生活；另一方面，与一个富裕的欧洲人相比，一个印第安人的生活就是可怜的。因此，所谓的文明在两条路上运行：既使社会中的一部分人更加富裕，也使社会中的另一部分人更加贫穷。富裕和贫穷都大大地超过了自然状态。

从自然状态走向文明状态永远是可能的，但是从文明状态返回到自然状态则是永远不可能的。因为，在自然状态下的人通过打猎为生，这要求十倍于文明社会的土地供他捕获维持生计的物品，在文明社会中，土地是被耕种的。

因此，当一个国家通过耕种技术而变得人口稠密，这个国家就会限制打猎，因为如果不耕种土地，就没有足够的食物来养活或许多出了十分之一的居民。现在需要做的是补救文明带来的恶果，同时保存从自然状态走向文明状态为社会带来的好处。

在此基础上行事，文明社会的第一条原则应该，而且永远应该是，一个在文明社会开始后来到这个世界的人，他的生活不应该比他在此前来到这个世界的生活更差。

但事实上，在欧洲各个国家，成千上万人的生活状况都比文明社会开始之前差，也比今天的北美的印第安人差。

潘恩认为，那些拥有财富的人，是欠社会的钱财，这些钱财应当收集起来，然后重新分配给那些缺少财产的人。也就是说：

> 这应该是无可争辩的，土地在自然的、未被开垦的状态下，是所有人的共同财产，这过去是，以后也仍然是应该的。在这种状态下，每个人都生来拥有财产，他与其他人一起拥有土地上的财富，以及自然产品、蔬菜和动物。

> 但是前面已经说了，土地在自然状态下只能养活少部分居住者，只有在耕种农业条件下才能养活更多的居住者。把通过耕种土地得到的进步与土地分开是不可能的，因此，土地产权的观念正是从这种联系中产生的。但是不可否认的是，耕种收获的价值不仅仅是土地本身的价值，也是个人的财产。

> 因此，每个耕种土地的人，都应该为他所拥有的土地给公家缴纳租地费（我还不知道用什么样的词语来更好地表达这一观念）。而正是从这种租地费中，这项计划提到的基金才有了来源。

潘恩不是傻瓜，也不是一个乌托邦论战者，在这一点上他像从前一样，他曾经用他在殖民地环境下的冷静判断鼓舞无论在人数与装备上都不占上风的大陆军队奋勇战斗，以至于本杰明·富兰克林对他说："你，托马斯·潘恩，在建立美国的过程中，比这块大陆上的任何人都要负责任。"这位曾经靠"简单事实、平实论证、相信常识"

来激励反封建革命的作家，如今在激励反对经济不平等的革命中运用同样的思想武器：

> 我所呼吁的不是慈善，而是权利；不是赠与，而是正义。目前的文明社会是不公正的，它令人厌恶。显然它应该是另一种样子，而且应该通过一次革命来达到。富裕和贫穷的巨大对比持续地映入人们的眼帘，挑战人们的道德感，就像尸体与活人被捆在一起一样。虽然我像大多数人一样并不关心富人，但我是富人的朋友，因为他们都是有能力的好人。

> 如果富裕并没有带来悲惨的后果，我并不关心一些人有多富裕。但是当一些贫穷悲惨的景象同时存在时，以快乐的心情享受富裕是不可能的。看到穷困的景象，以及由此引发的不愉快的感觉，虽然这种感觉可以被压制，但不能被消除，这使富裕的快乐大打折扣，即使再增加10%的财富，也抵消不了这种不快。一个人如果不能用前者来摆脱后者，他就没有仁慈之心，即使对他自己也没有。

> 每个国家都有由个人创建的动听的慈善机构。但是考虑到解决所有的穷困问题，任何个体所做的慈善都是有限的。个人做慈善可能会满足他的道德感，但无法满足他的良心。他可能会拿出他的所有，但这些只是有帮助，却不能从根本解决问题。只有通过社会有组织地发挥滑轮系统的作用，穷困的悲惨景象才能从整体上得以解决。

> 这里提出的计划正是为达到这样的目的。它将立竿见影地解决和消除盲人、跛子和老年穷人这三种人的悲苦，它将为下一代提供必要的手段阻止他们成为穷人，按计划做的时候并不会扰乱或者打断国家的任何措施。

为证明这一点，将仔细考察它计划所涉及的所有过程及效果，保证它所提出的建议的实施是出于自愿的，就像每个人都自愿地按照他的意愿处置他的财产一样。

但这是实施正义，而不是做慈善，这一计划的原则就体现在这里。所有这类伟大的事业都应该有一个超越慈善的普遍性的原则。从实施正义的角度看，它不应该把决定权交给孤立的个体，无论这个个体是否愿意做正义的事。考虑到这一计划建立在正义的原则之上，它应该是从革命原则中直接产生出来的行为，它的名誉应该是国家的，而不是个人的。

从正义感中产生的能量将使建立在正义原则基础上的计划有益于革命。它也将使国家资源增加数倍。因为财富，像植物一样，通过修剪而不断生长。当一对年轻人开始在世界上成家立业，他们一无所有的状态和每人拥有 15 英镑的差别是非常巨大的。用这笔钱，他们可以买一头牛，买一些工具用来耕种几块土地，当他们的孩子长得非常快以至于他们供养不起的时候，也不至于像常见的那样，成为社会的负担，而是成为对社会有用和有所贡献的公民。如果用金钱来资助小份额的土地耕种，那么国家的土地也会很好出售。

这是一个不公正地获得了文明成果的国家，在使一些人开始变得贫穷和悲惨的时候就进行补救的实践。即使从经济的角度看，这难道不是一个阻止人们变得贫穷的非常好的手段吗？通过让每个达到了 21 岁的人拥有一定的物品，这项计划将得到很好的结果。

这是下一次革命的语言，这个接下来的革命，潘恩并没有见证它。身患疾病的潘恩与乔治·华盛顿失和，他在 1795 年指责华盛顿是一个"变节者","放弃了可能拥有的最好的原则",同时潘恩也与杰斐逊疏远了,后者在宗教问题上与潘恩的观点一致,但对潘恩在《理性时代》中提出的观念并不感兴趣。即使认为《土地的正义》是他们的"护卫者"的法国立法者,也指出,"这本书不适合于特定的国家:因为它使用的原则是普遍性的",他们不再追随潘恩了。

潘恩在极度恶劣的环境中死去,也可以说这是件好事。他的名字和他的大多数作品都不再被精英人士看好。在他的旧友中,只有杰斐逊,也许是在他晚年的长期对话者、年轻的乌托邦社会主义者和潘恩追随者范尼·怀特的激励下重新回归到激进主义者的阵营。这位前总统指责谨慎的当政者们即使不是表面的也是暗中的妥协,并把指责的语言当作自己的墓志铭,称自己是"'76'一代"。杰斐逊即使不能算是潘恩的永恒支持者,也算是潘恩作品的持续阅读者,他理解潘恩作品所传达的信息,以及更为煽动性的内容,尤其是《人的权利》中的思想,在 18 世纪 90 年代早期,他曾经以直截了当的方式指责约翰·亚当斯,后者反对潘恩这个"跳起来反对我们的在政治上充满异端邪说"的人。最终,在病床上,杰斐逊再次引用了潘恩的作品,按照他的传记作者威拉德·斯特恩·兰德尔的话说,既在他"最后的书信中"引用了潘恩,也在他"肯定"自己年轻岁月的思想时引用了潘恩。1826 年,在纪念反对殖民主义、反对国王神圣权利的美国革命 50 周年纪念会上,建国文献的作者,已是 83 岁高龄的杰斐逊被邀请参加 7 月 4 日在华盛顿举行的纪念活动。但杰斐逊终究没有离开他的故里蒙地塞罗前往华盛顿。杰斐逊是因为年老体弱没有出席庆祝活动,具有讽刺意味的是,这使得他(和亚当斯)成为值得欣赏的开国者中最富有传奇色彩的人。但是参加庆祝活动的邀请也给了杰斐逊一个最后的机会,向他和潘恩所努力锻造的国家表达自己的想法。

在发表于《国家情报员》报纸的公开信件中，杰斐逊敦促不仅要保留"76精神"，而且要下一代美国人更高地举起自由的旗帜：

> 我相信，或迟或早，7月4日对所有这个世界的人来说，都是一个象征，它象征着觉醒的人们奋起烧毁束缚他们的无知和迷信的锁链，这种无知和迷信捆绑住他们的手脚，夺走了他们自我管理的幸福和保障。
>
> 我们取而代之的政府形式，恢复了无限制地运用理性和自由表达的权利。
>
> 所有的目光都投向或正在投向《人的权利》。

杰斐逊接着引用潘恩关于人们不应该"像动物那样被管治，以取悦于它们的主人"的话，并且评论道："科学之光的普及已经在每个人的眼前展开一个可感知的真理，那就是劳苦大众生来是不受束缚的，也没有来自上帝恩典的少数人拥有天然的权利来统治他们。"

这个作为平等原则的可感知真理并没有很好地为上层美国人所理解，他们仍然接受南方的奴隶制和北方新兴城市不断扩大的贫富差距。旧农场主和新商人们可能会认同潘恩青年时代追求革命事业的历史目的，但他们也惋惜他对宗教的质疑，害怕他对经济争议的影响，以至于19世纪中期的《纽约时报》发表社论，评论"众多社会主义的潘恩追随者"用他们的"错误自由主义的理论之梦"，以及"他们对这块土地上任何一种激进主义的拥护"所带来的危险性影响。

追随潘恩思想的核心群体，是被伯克轻蔑地称为"几个小阴谋团体"的经济民粹主义，它超越了美国和英国，继续传播《人的权利》和《土地的正义》中的激进观点。1856年，保守的《纽约时报》害怕它"会成为我们共和党大展宏图的不祥预兆"。尽管潘恩《理性时代》对自由思考产生了深远的影响，自然神论者和无神论者运动也在潘恩死后产生了，但历史学家如艾里克·弗尼尔和哈维·卡耶都注意到潘恩更大的影响在经济和政治领域。虽然在关于潘恩的当代讨论中，《土地的正义》很少被提及，但它对广义的土地改革争论有着巨大和持久的影响，这一争论与欧洲和美国的公开的社会主义者和初期共产主义运动息息相关。

潘恩的同时代以及其后的拥护者都不同程度地改变和扩大了他的思想，如法国乌托邦社会主义者查尔斯·弗罗尔宣称，"人的第一权利是工作的权利和收入最大化的权利"。英国激进的土地应用改革者托马斯·斯潘把潘恩的主张修改应用于他自己的小册子中，如1793年出版的《人的真正的权利》和1801年出版的《使社会恢复到自然状态》。即使那些不同意潘恩所提的具体建议的人也愿意接受潘恩的影响，比如19世纪20年代，威尔士乌托邦社会主义者罗伯特·欧文，在印第安纳进行和谐实验前在美国国会发表演讲，阐述了他关于共产主义生活的理论，其中提到了潘恩。美国劳工组织者和社论撰稿人托马斯·斯卡德摩尔，是雇佣劳动理论的阐述者，激进工人党的创建者，虽然反对潘恩在革命年代与商人和银行家合作，但仍然在他写于1829年的战斗性著作《人的财富权利》中借鉴了潘恩的基本理念。

斯卡德摩尔在纽约的政治活动与著名的女性潘恩主义者范尼·怀特有交集之处，后者由于所持的激进的社会和政治主张而削减了在欧洲大陆的投资，转而投身美国。怀特1795年出生于苏格兰的一个信奉潘恩的家庭，她继承了可观的财富，先是用来旅游，接着写了一本受欢迎的游历故事书。这使她与拉菲特侯爵建立了通信联系，拉菲特侯爵是美国革命时期的法国英雄，也是潘恩的同事，他无论到哪总是带着一本已经翻破了的《常识》。在美国革命胜利大约50年后，拉菲特侯爵邀请怀特和他一起荣归美国，他们还一起去蒙地塞罗拜访了杰斐逊。在那里，年轻的怀特女士与年老的《独立宣言》的作者杰斐逊讨论了奴隶制的问题，就像当初杰斐逊与潘恩曾探讨的那样。几个月后，杰斐逊去世了，但怀特继续广泛参与讨论，讨论的内容有奴隶制的问题，以及其他当时的主要社会和经济问题。

作为一个女权主义运动的先驱，怀特在 1858 年召开的国际妇女权利大会上被誉为"在美国呼吁男女平等的第一人"，用奥纳达乌托邦社会实验的创建者约翰·汉弗瑞·诺伊斯的话说，怀特也是 19 世纪 20 年代社会改良主义者中的重要人物，是那个时期共产主义运动的女性领袖。怀特在废奴运动中从不妥协，她为美国没有在 18 世纪 70 年代采纳潘恩的建议废除奴隶制而感到遗憾。在成为美国公民后，她把自己所有的财产都投到了田纳西，在那时进行了几个并不成功的共产主义农庄实验，后来她来到了纽约。在纽约她开始为争取经济平等进行广泛呼吁，声称，"平等是自由的灵魂；事实上，没有自由是无平等的。"她的呼吁如此深入人心，以至于她的主张被命名为"范尼·怀特主义"，并且成为了一个大众词语。

特别值得一提的是，1829 至 1830 年怀特加盟了纽约工人党的竞选活动，在宣传潘恩思想的新闻周刊《自由追求者》中写道："今天的斗争明显地、公开地、众所周知地是阶级斗争，这是它区别于以往任何一次人类奋斗事业之处，而且今天的阶级斗争具有普遍性……"借用潘恩的话语和杰斐逊死前发表的言论，怀特大声疾呼："全世界被压迫人民正在摆脱脚镣和皮鞭，进行着推翻压迫者的斗争，这些压迫者使被压迫人民忍饥挨饿，使他们工作到老死的特权一去不复返了……"

虽然被保守派媒体攻击为是携带"该隐记号"的"污言秽语党"，工人党最终成为在选举上具有强大力量的党。该党派木工协会的主席来到国家立法机构，并由一项旨在唤醒工人阶级意识的运动而获得了纽约工人阶层的众多选票，这一运动的开创者之一，《工人宣传》日报的有战斗力的编辑乔治·艾文斯在一段话中重新阐述了《独立宣言》和《常识》：

一个社会中的阶级不得不反对其他阶级以维护他们自己的自然的和不可剥夺的权利，一个相当于源自自然法和自然的上帝的政治的平等权利，以及他们被赋予的政治契约的原则，他们应该享有对人类意见的充分尊重的权利，他们对他们的同胞的至高无上的责任，"在人类历史的进程中，这成为必要的措施"。这种必要性要求他们承担一项事业，迫使他们采取痛苦的，同时也是必要的方法。

人生而平等，我们认为这是不言自明的真理。每个人都被造物主赋予了不可剥夺的权利，这些权利包括：生活的权利、自由的权利、追求幸福的权利。为保障这些权利要反对其他社会阶层的过分干涉，同时谨慎地自我辩护，有必要听从于一个党组织的必要安排，这个党代表人民的利益，阻止威胁和破坏人民不可剥夺的权利的所有因素。"所有的经验"在一般意义上，我们作为一个阶级在特殊意义上都证明，当忍受恶而不去争取权利时，人类更容易遭受痛苦，这种痛苦来源于对立阶级自负和自私的不人道的政治野心，他们可能把不人道的热情和宗教偏执任性地发挥出来。当政治上的领导滥用职权和侵害他人权利的行为发生后，总是不可避免地导致一个社会中的阶级遭受压迫和地位下降，而另一个阶级被不自然、不公正地提升到一个过高的地位。用各种宪法的手段改革政府的不公正，为受压迫阶级的未来生活提供新的行政保障，"这是他们的权利，也是他们的责任"。这个国家政党的历史，也是政治不公正的历史，这个历史倾向于制定和施行压迫性、不平等的法律。检验一下法律在事实上是否对所有的党派、所有的公民都是公正的和公平的，我们就可以看到是否如此：

1. 所有的税收法律都是建立在错误原则的基础上，因为它压迫性地对一个阶级征税，而另一个阶级几乎感觉不到它。

2. 关于陪审团、证人、自卫队训练的责任法，是更加的不平等和富有压迫性。

3. 私人公司法在实施中都是有偏向的；以没有平等参与的阶层的损失为代价，换取另一个阶层的利益。

4. 通过鼓励富人建造豪华的公共礼拜场所，排斥其他阶层，不让其他阶层模仿，宗教合作社团法具有不良而有害的倾向；其后果是引发了宗教神职人员在精神上的优越感，并由此制造了恶劣的社会差距，损害了社会的安宁与幸福。

5. 建立在和屈就于神学知识的法律是不平等的，对富人有利，使不公正永存，这是自然因素造成的，也是明智的法律应该而且能够予以补救的。

6. 除上述列举之外的法律、市政条例和规则，一般而言，迄今为止也是建立在不平等原则之上，因为它们剥夺了政治共同体中的 9/10 的穷人的权利，使他们没有平等的手段来享受"生活、自由和追求幸福"，只有富人们独自享受；但是联邦契约却倾向于无偏向地保护所有这些法律和规则。留置权法对地主有利，对佣户和有信誉的租户不利，在上述提到的无数个类似的不平等的法律中，这是其中的一个证明。

我们曾经相信政治领导者受正义的影响和他们拥有的良知，能够使他们阻止这些持续性的权利滥用，这些权利滥用损害了平等的天然纽带，而这种纽带对获得道德上的幸福是至关重要的，但是他们对正义的声音和同胞的诉求充耳不闻。

因此我们作为纽约这座城市的工人阶级,"向世界的最高法官请求",向所有党派的公正的理性和良知请求,为达到我们在精神上的正义之目的,通过政治的自由曾经许诺给我们的与其他人一样平等的权利,正式发表声明,并邀请所有受金钱压迫的人们,邀请每个拥有自由的头脑的人们加入我们,"我们拥有也应该拥有获得德性幸福、享受社会发展成果的平等的手段,为达到这些目标,所有的法律的和宪法的手段都应该采纳。为支持这一声明,我们宣誓要在信念上互相帮助",直到生命的终点。

由于艾文斯把他的注意力转向了土地改革运动,忙于审视不平等的法律、秩序和规则,这些法律、秩序和规则"剥夺了政治共同体中的9/10的穷人的权利,使他们没有平等的手段来享受'生活、自由和追求幸福',只有富人们独自享受",虽然工人党没过多久就解散了,但它的影响却扩展到未来的几十年。

艾文斯和他的同伴大胆地借用了潘恩后期的著作中的概念和思想,成为知名的"农业改革家"。他们发起运动,用潘恩的语言来倡导"人对土地的权利",吸引和影响了一代年轻的激进主义者,包括豪里斯·格瑞里,他在作为国会议员的时候用立法来使土地免费分给穷人;也包括亚伯拉罕·林肯,作为总统,他签署了一项法律,即1862年的宅地法,这是艾文斯倡议的温和版本。农业改革家的自由土地运动被北方的保守派指责为"红色共和主义",南方的农场主们也对这项改革颇有微词,他们害怕在西部各州让人们自由地在土地上生产粮食和农作物会威胁到奴隶制是发展经济必须采纳的制度的断言。早在1846年,艾文斯就预料美国最终会出现两个对立政党,这两个政党将在美国所有的经济和社会问题上进行斗争——"进步的伟大的共和党和反动的渺小的保守党"。

　　尽管预见并不总是容易的，但我们可以预见地说，艾文斯的土地改革和正在兴起的废奴运动找到了共同的基础，以及共同的追随者，在这些追随者中有一个人是艾文斯国家改革和工业代表大会计划的组织者，阿尔文·布瓦尔。布瓦尔参与了民粹主义的"为自己投票建农场"运动，这一运动号召城市工人和他们的农村盟友组织一个独立的政治运动，以达到控制立法机构和国会之目的，然后颁布激进改革的立法。由于参与这一运动，布瓦尔成为19世纪40年代至50年代的激进改革运动的杰出领袖，到处发表演讲，撰写了流传较广的文章，发表在艾文斯办的《工人的呼声和年轻的美国》报纸，以及格里利的国家级报纸《纽约论坛报》上。

　　19世纪50年代早期，当布瓦尔来到威斯康星后，他定居在里彭村庄，这里在不久前建立了乌托邦社会主义社区，这个社区是按照法国信奉潘恩的社会主义者傅立叶所设想的模式建立的。艾文斯的威望开始吸引这一地区的激进主义者聚焦在一起。经过与格里利和艾文斯磋商后，布瓦尔筹划建立一个新的激进党，包括不同的、资格较老的党派和运动。1854年初，随着国会关于是否允许奴隶向西部扩张的争论日益激烈，布瓦尔看到了他的机会。他在里彭的公理教会教堂召开了一个公众集会，集会参与者们通过了一项决议，决议称如果国会中辉格党和民主党不阻止这一最具争议的立法——《堪萨斯—内布拉斯加法案》，那么是时候该"抛弃旧的党派，建立一个新的旨在解决奴隶制的党派"了。当国会通过了《堪萨斯—内布拉斯加法案》后，布瓦尔和16个负有责任心的激进主义者聚焦在当地的学校，同意创建一个新党，这个党被称为"共和党"，它既是大约十年前艾文斯提议的响应，也是一个与潘恩、杰斐逊联系起来的名字，这个名字包含了作为不同以往的美国政党的希望。

把南方的奴隶从压迫下解放出来的运动同把北方的工人从"工资奴隶"中解放出来的运动相结合，这是早期的共和党人不可避免地触及的宗旨，这也使得被格里利欢迎的新运动不但改变了国家的政治，而且改变了国家本身。布瓦尔对共和党的贡献是巨大的，即使在今天他也仍然被美国的共和党参议院举行的共和党历史会议所赞颂——"布瓦尔把他组建的党命名为共和党，这是因为这个名字与平等具有相同的意义"。历史学家约翰·R. 考门斯在他的经典文章《共和党的工人阶级起源》中写道："不管布瓦尔是否是共和党的唯一创建者，早期从艾文斯和工人群众中发展出的关于土地的自然权利的观念，成为共和党之为共和党的标志，这一点具有重要的意义。"事实上共和党在北美兴起，并在几个月内赢得了至关重要的国家和国会的选举，他们竞选的口号是，"自由土地、自由劳动、自由演讲、自由的人"。到了 1856 年，共和党的总统候选人约翰·C. 弗里蒙特为方便起见，把竞选口号扩展为"'自由土地、自由劳动、自由演讲、自由的人'和弗里蒙特"。此时，共和党已经在 11 个州扎根，为 1860 年林肯竞选总统铺平了道路。作为伊利诺伊州新塞拉姆的一个青年人，林肯像他同时代的其他激进主义者一样，开始阅读和追忆潘恩的著作。林肯的法律合作伙伴，W. H. 亨顿回忆说："从 1834 年直到去世，潘恩成为林肯生活中的一部分。"16 位总统的传记作者卡尔·桑伯格评论潘恩之于林肯，"从哲学的角度看，除了杰斐逊，18 世纪没有任何作家像潘恩那样更接近林肯后期的思想的本性的宗旨。"即使《纽约时报》也认为《常识》的作者潘恩是危险的"红色共和主义"的护民官，林肯将会宣称，"我对阅读潘恩从不厌倦"。

60 年之后，尤金·维克多·德比，这位引用第一任共和党总统的话与引用潘恩的话一样多的人，在庆祝（也许有些夸张）伊利诺伊激进主义时称："林肯是一位革命家，但是现在他却被人质疑。"

当德比准备发动他的最后一次社会主义总统竞选时，他反思道："现在杰斐逊或许同意自己加入执政的民主党，而林肯在今天也许不再属于共和党了。"德比认为这两个主要政党现在是"同一个掠食大鸟的两个翅膀"，他尤其遗憾地认为林肯曾经领导的党转向了经济保守主义。回顾了艾文斯、格里利、布瓦尔以及其他人如何在一个珍贵世纪的中期创建了一个激进的潘恩主义政党，德比指出，"共和党曾经是红色的"。现在新世纪的众多社会主义的潘恩追随者有了自己的政党，但他们的领导人却因为反战的自由言论而遭到起诉，被指责为在应该信奉国家主义之际宣称自己是国际主义者，事实上，尤金·维克多·德比拒绝承认自己与美国步调不一致。

德比没有任何歉意，面对可能长期坐牢也毫无顾忌地承认——是的，他是一个对统治阶级把军事和经济政策强加于人民的批判者；是的，他提出要改变这些政策以使美国发生变化；是的，他是与其他国家的激进主义者有许多共同之处。但是他的思想不是从国外进口来的，不是像格林·贝克可能会设想的是从国外传染来的"国外的疾病"，实际上，德比面对他的起诉者所陈诉的美国观念早就被潘恩所表达出来。在革命时期，潘恩的这些观念是乔治·华盛顿要求弗吉山谷的士兵们所必须阅读的。德比进一步辩论说：

这是因为我今天站在你们面前碰巧成为一个少数派而被定罪。这是因为，就像国家创建者在他们的时代所相信的一样，我相信，一个以人民的利益为本的变化必将到来，一个更好形式的政府、一个改进了的社会制度、一个更高级的社会秩序、一个更高尚的人文精神、一个更伟大的人类文明必将到来。这个被广泛误解、被恶毒诬蔑的少数派与进化的力量是一致的，就像我今天站在你们面前是确定的一样，这个少数派成长为一个占统治地位的多数派，在世界开创一个伟大的新纪元只是时间早晚的问题。你们可能痛恨这种变化，你们可能会阻止它的到来，但是你们终究阻止不了它，就像阻止不了明天太阳会升起一样。

我们朋友，副检察长不喜欢我在讲演中不得不提到的国际主义，为什么要反对国际主义？如果我们承认国际主义者，那么我们就不可能发动战争。我相信爱国主义。我从来没有说过任何有损国旗的话。我爱国旗因为它是一个自由的象征。我所反对的只是国旗在爱国主义的名义下，堕落为卑鄙的目的、恶劣的目标服务，让人民处于从属地位。

无论如何，我相信一种广义的爱国主义，托马斯·潘恩曾经说过："我的国家就是世界，我的宗教就是做好事。"

第三章

亚伯拉罕·林肯解读马克思：乌托邦社会主义者、德国共产主义者和其他共和党人

在剥削人民方面，资本家们的行动通常是和谐与步调一致的……

——亚伯拉罕·林肯，摘自他作为伊利诺伊州法官的

第一次演讲，1837 年

每个人都或多或少是一个社会主义者。

——查尔斯·达内，《纽约论坛》的执行编辑，

林肯战时的助理秘书，1848 年

欧洲的工人坚信，正如美国独立战争开创了资产阶级统治的新纪元一样，美国的反奴隶制战争将开创工人阶级统治的新纪元。他们认为，由工人阶级忠诚的儿子阿伯拉罕·林肯来领导他的国家进行解放被奴役种族和改造社会制度的史无先例的战斗，是即将到来的时代的先声。

——卡尔·马克思和支持林肯的

第一国际工人联盟，1964 年

1861 年 12 月 3 日，林肯作为第十六位美国总统，发表了他的第一次演讲。林肯之前只担任了一届国会议员，过去几十年他一直在研究不同于主流观点的经济理论，并对政治秩序提出挑战，提议采取更为激进的行动来回应美国的危机。

自从八个月前担任总统职务以来，这位新总统进行了艰苦的努力，首先试图去恢复分裂的联邦，接下来试图避免动荡的内战，但这些努力并没有获得成功。如今，南方采取蓄奴制的 11 个州开始公开并且用武力来反抗他所领导的政府。

去年春天林肯在就职演讲中，以对永久和平愿景的辛酸沉思来作为结束语，设想有一天美国能够再次"被人们天性中的美好的天使"所触摸。然而，现在，在一年的最后一个月里，美好的天使似乎遗弃了这块大陆，这是沃尔特·惠特曼称之为"悲哀的、四分五裂的一年"，"是炮声轰轰的一年"。任何恢复共和国的努力都被挫败了。美利坚共和国实现和平的余地已经没有了。萨姆特堡已经被攻打，南方叛军的旗帜飘扬在查尔斯顿港。弗吉尼亚，这个总统的摇篮，这个曾经是华盛顿、杰斐逊和麦迪逊总统所在的州，现在却已经加入了叛乱的行列，并在华盛顿北部 100 英里外组建了一个南部联邦首都。在首战布尔河战役中，上百的联邦士兵死亡，成千的联邦士兵受伤。人们认识到这已经不是小的冲突，因此军队被重新组织，将军也更换了人选。这是一次延伸的战役，它迫使所有的美国人"不再袖手旁观，而是穿上军装，准备战斗"。

12 月的这一天，在剩下的，只占国会大厦部分席位的国会议员和参议员面前，作为新总统的林肯认识到，他应该就当前的形势发表自己的观点，任何意义上的统一的国家都已经不复存在。此时的林肯已经不是当初那个提到"美好的天使"的人，而是一个被激怒的和气愤的美国人，斥责"那些损害国家的不忠诚的美国公民"。他严正地警告说："一个内部派系林立、四分五裂的国家不会被其他的国家所尊重，而且，迟早会招来外国的入侵。"他为吃紧的联邦预算而焦虑，希望制服叛乱所需要的费用不会超过忠诚的公民们所能承担的范围。他注意到临时被关闭的最高法院的三个空职需要补充，提出，"当前叛乱的一个不可避免的后果是在许多方面损害了政府的日常管理职能，政府人员依现存法律开展的民事司法管理不能正常进行"。

林肯所发表的是战争状态下的国情咨文，它与其说是出自一个总统，不如说是出自一个总司令。在加入叛军反对新任命的政府后，南方州的议员大批离开了，林肯此次演说的目的是凝聚所剩不多的国会议员和参议员。同时，林肯的演说也是为了说明斗争的目的不仅是为了维护政府体制，而且是为了维护民主本身。"形势越来越明显，叛乱如果不能说完全是，也在很大程度上可以说是一场针对政府第一原则——人民权利至上的战争。"林肯郑重地说："在多数正式而完善的相关文献中，同时也在叛乱者的一般性表达中，我们可以发现这一点是确定无疑的。这些文献显示出人民的选举权利被删减，除了法律明显规定并着重表达出来的以外，人们参与政府职员选举的所有权利都被否定了，这说明在政府中实施对人民权利的控制是所有政治邪恶的根源。某些时候，君主专制本身就暗示着一个躲避人民权力的庇护所。"

下面一句话如果不是林肯在乞求他的听众的谅解，就是在为他的演说画上句号，"在我的总统任职期间，如果我默许这种重新回归专制的行径，没有提出反对的声音，那么我这个总统就是不称职的。"

还有一些林肯想对美国人民说而没有说的事情。他本应提到另一种分离，另一种斗争。林肯"努力在政府结构中把资本放在一个适当的位置，如果资本不是劳动之上，它与劳动就应该是平等的"。这也是他所担心的事情，在没有把主要精力转移到这些事情之前，作为一个语言谨慎的人，他没有拆除掉心中设定的哪些能说，哪些不能说的围墙。

在如火如荼进行着的内战期间，亚伯拉罕·林肯并不掩饰他对一种流行假设的不安。这种假设认为，"劳动只有在与资本相连的时候才存在，如果不是某些人拥有资本，那么也就没有人进行劳动。资本家是否应当雇佣工人，是否是在工人同意的情况下诱使工人劳动，还是购买他们，在不经他们同意的情况下驱使他们劳动，探讨这两种情况哪一种更好是次要的事情。在这种假设的前提下，会自然地得出结论，所有的工人或者是雇佣工人，或者是奴隶。而且更进一步还可以推出，在一定的生活条件下，不论是谁，一旦成为了雇佣工人就会终生固定下来。"

林肯总统认为，这种错误的假设是不允许在一个自由国家存在的，它必须得到纠正，林肯总结说："劳动优先于而且独立于资本。资本只是劳动的结果，如果不是先有劳动，资本是不可能存在的。劳动在资本之上，它应该得到更多的重视。"

事实上，林肯把上述观点与内战带来的一个扭曲的问题联系起来——"少数人拥有资本，用他们的钱或者雇佣或者购买其他少数人为自己劳动，这些人自身躲避了劳动。而大部分人不属于这两个阶级中的任何一个——他们既不为他人劳动，也不雇佣他人为自己劳动。在南方的大多数州，人群中的大多数既不是奴隶也不是奴隶主，在北方的大多数州，人群中的大多数既不是被雇佣者，也不是雇佣别人的人。"

但是林肯此时是在更大层面上考虑这些问题的：他担心这些拥有资本的少数人可能会在战乱期间扭曲法律规则，使之对自己有利，而对那些为工资而拼命的大多数美国工人和农民不利，这样，林肯心目中的英雄潘恩所提出的人的权利，就得不到应有的历史性尊重，就被人为地削弱了。"没有比那些从贫穷中奋斗出来的人更值得敬重了，这些人当然不包括那些四体不勤，不进行诚实劳动的人。"林肯总统警告说，"应该让他们（不进行劳动的人）知道要交出他们拥有的政治特权，应该把对他们有利的特权之门统统关上，直到他们失去自由，失去特权，同样地承担生活的重负。"

林肯坚持认为，劳动是阻止资本的政治特权的守卫者，这是他担任总统之前就阐明的，也是他在整个任职内不断重复的重要一点。但与林肯的其他言辞相比，这一点却没有受到多少重视，关于国家，人们记得他说的"一个自我分裂、自我反对的房子"，"人人生而平等的主题"，或者一种模糊的希望"一个依靠人民，为了人民的人民的政府，是不可能从地球上消失的"。

然而，我们怎么能够忽略总统的富有启发性的话语呢？这是他在第一次总统致辞中用如此尖锐的批评来让人们记住的内容。

关于劳动与资本的话语，经济学、社会学、政治修辞学的学者们大多是把它与林肯的同时代人、启蒙精神的继承者、在普鲁士出生的卡尔·马克思联系起来，马克思的学说在大西洋两岸都引起了震动。但却很少有人把这种话语与美国的第十六位总统林肯联系起来，我们怎么能够不认识到这一点呢？其实就在马克思的学说广泛传播的时候，林肯也正在寻找一种描述经济驱动力的语言，这种经济驱动力把美国从农业社会带到一个从未有过的工业社会。

难道卡尔·马克思没有对劳动和资本倾注了极大的兴趣吗？难道不是他在与恩格斯合写的《共产党宣言》中提出："资本的条件是雇佣劳动"吗？难道不是他认为："资产阶级生存和统治的根本条件，是财富在私人手里的积累，是资本的形成和增殖"吗？

卡尔·马克思当然对劳动和资本倾注了极大兴趣，同时可以肯定的是，没有多少人把小木屋出生的、做过轨道分离工、19世纪的典型美国人、共和党的元老——林肯与卡尔·马克思，这位长着大胡子、好沉思的、典型的欧洲人、伟大的社会主义策划者联系起来。

　　然而，如果我们不怕麻烦，仔细考察在林肯从默默无闻的小人物走向总统之路的那段时间里，马克思的解放理念在美国产生回应的历史文献，还是会发现两者的联系的。《纽约论坛报》（以下简称《论坛报》）是 19 世纪在美国最具持续性影响的报纸。事实上，正是这份报纸以意想不到、在许多方面超出人们直觉的方式，在至关重要的1860 年，把共和党的候选人的机会送给了林肯，这位两年前在自己的家乡失去了美国参议员竞选席位的伊利诺伊人。《论坛报》在今天人们的记忆中被认为是伟大的共和党报纸。它对南方的奴隶制提出批判，同时，它也发表与林肯在第一次国会致辞中同样的话语——"我们的观念是，劳动不需要同资本去斗争，它需要去控制资本"。

　　七年前在议会与林肯共事的时候（他们每个人都在国会有过单独的任期），霍勒斯·格里利，或者说是"朋友格里利"，这是林肯在他们的通信中对格里利编辑的称呼，创办了《论坛报》，并在开办宗旨中宣称，"要以诚实和无畏的批判为大众服务"。在创办了一份不仅是报纸的报纸方面，19 世纪中期的格里利比他之前和他之后的任何美国编辑都要成功。在克莱伦斯·达罗对《论坛报》的记忆中，格里利的发行于全国的《论坛报》是任何一个改革者、激进主义者和共和主义者大家庭的"政治和社会的圣经"。《论坛报》当然也是林肯进行政治和社会活动的圣经，林肯对这份报纸的参与持续了将近四分之一世纪之久，并最终发展到他与格里利就何时发表《解放黑人奴隶宣言》而产生争执。林肯的参与不仅表现在与格里利打交道上，也表现在与《论坛报》的副主编和作者查尔斯·达内打交道上，他与达内的交往如此之深，以至于这个共和党第一位总统提名达内，这位格里利最激进的中尉，受傅立叶和蒲鲁东影响的社会主义者，马克思的欧洲通信的长期编辑，作为自己在战争期间的助理秘书。

格里利的新闻是《论坛报》的煽动源，它打造了共和党及其在1860年总统竞选中的成功。林肯评价《论坛报》的编辑："他的每一句话都掷地有声。"

这就是格里利，一位名垂美国新闻史的人物，一位政治和社会的改革者，他的才能不仅在于新闻报道上，而且也表现在有意识地改变了历史的方向上。

在佛蒙特州的小镇普尔特尼的《北极星》杂志学习过印刷业务之后，格里利于1831年来到了纽约。当时，范尼·怀特和她的同伴正在纽约公开创建社会主义政党，组织社会主义运动。格里利来到这里是为了赚钱，在这一点上他成功了，同时也是为了这个新国家的政治进程掌舵。威廉姆·苏华德，一位激进的共和党人，在格里利转向与林肯结盟后，他当总统的梦想遭受了挫折，但仍然称颂年轻的报纸编辑格里利是一位惠特曼式的人物——"在他的政治观点和理论中，可以看出他对社会习俗相当不在乎，但极为清醒，有创造性，有奉献精神"。

格里利曾被英国人称为"竞选编辑"，他把报纸作为宣传竞选观念的平台。举例来说，《杰斐逊主义者》就是为帮助辉格党的斯沃德成功地战胜民主党领袖威廉姆·摩西而创办的，摩西是地位最高的难对付的竞争者，他信奉的信条是，"胜利者属于掠夺者"。两年后，格里利编辑了一份国家级报纸——《小木屋》，作为另一个辉格党人威廉姆·亨利·哈里森竞选的工具，并使他几乎赢得了总统席位。

利用《论坛报》，格里利不再为竞选者而斗争——虽然他有自己中意的竞选者，而是宣传可以用来定义什么是辉格党的观念，这些观念也是他和林肯在许多方面所共同真心信奉的。当辉格党不再能够有效地面对和解决奴隶问题、城市化和经济转型等问题的时候，

《论坛报》开始承担起宣传新的和更加激进的一系列政治观念的任务，《论坛报》也因此被认为是"建设性的叛国者"的首要倡导者，去反对"神圣的国王的权利"，并使拥有资产的"共和制"处于有利位置。

"反对《论坛报》成为一项当务之急，因为'它对任何新观点都宽容接纳'，对这种反对声调我们应该感到高兴，无论为此可能牺牲什么。"19世纪40年代中期，当《论坛报》的激进主义观点开始撼动了某些政治基础的时候，格里利写下了这样的话。"这个世界仍然充满了错误与痛苦，一些观点虽然未经检验，但它们可能会提高人类的道德、智力，推动社会进步，我们承受不起拒绝它们的责任。"

格里利践行的是一种宣传式新闻事业，这种事业在当时并不害怕站在争论的哪一边。格里利解释说，他作为编辑的第一要务，"就是准备出耳朵，要聆听那些受委屈与受痛苦的人的声音，虽然他们没有钱来报答，要聆听那些大体上支持报纸却被报纸所烦恼和曝光的人的声音；准备出心灵，要用心去感受大街上那些受压迫的人和受侮辱的人的生活，把他们当作是生活在巴西和日本的人一样地好奇；准备出一支笔，要去揭露和谴责人间的罪恶，在这个国家，财富大量地积聚在少数人那里，他们享受着荣华富贵，就好像他们只是在几个世纪前的亚洲被土耳其人和异教徒所谴责一样。"

格里利在他的宗旨中提到的最后一项要揭露"财富大量地积聚在少数人那里，他们享受着荣华富贵"，这在今天的经济学家和自由主义信奉者那里可能是不受欢迎的，这些人执掌着今日共和党的政治方向。但是格里利可能并不会承认今天的共和党就是他和他的同事们共同打造事业的继承者。

格里利赞同那些对自由市场制度高于工人阶级的利益提出挑战的人，他认为工人阶级既包括南方受压迫的奴隶，也包括北方生活条件日益恶化的工业劳动者。在格里利逝世后的 1872 年，为纪念他为总统竞选所写的充满激情的"自由的共和主义者"，《论坛报》举办了纪念专栏，其中回顾了格里利的生命历程：

> 如果说有哪个特殊的阶级得到了这个平凡的人拥护，他用自己所有的能力、热情和影响来为其服务，那么，这个阶级就是穷人和被压迫阶级，就是那些被社会所遗弃的人，被他们的同胞所虐待和责骂的人。没有哪个人能像这位《纽约论坛报》的编辑一样为推翻这个国家的人民所受的压迫而作出如此巨大的贡献，这是清醒而客观的历史评价。如果他不是出人意料地离开了人世，像其他改革者一样把手中的斧头丢到了树下，那么，他会不停地砍它的枝和蔓，直到摧毁这棵树的内在生命，同样会把这棵树砍倒。破坏旧的压迫人的社会，这是他所希望和乞求的，对此谁能怀疑呢？他是任何形式的社会谬误和不平等的敌人，对此谁又能怀疑呢？

> 你无法想象这个人会为任何损害人、使人变得野蛮、使人变得腐败的社会惯例和交易去作辩解和接纳。不是为一个人，而是为众多的人，他付出了自己的精力和心血去进行道德改革。去教育人们，在彻底而普遍的意义上；去使他们变得有节制，在喝酒时如此在吃饭时也如此；去使人们变得更纯洁，用他近乎虔诚的信仰；去使人们变得更有人文精神，文明地对待人，也文明地对待动物；去为移民们留出房子；去热情地欢迎那些从其他大陆被驱逐，到这个岸边来寻求庇护的人们；去解放那些在压迫中挣扎的人们。人们什么时候需要他的话语和同情？当弱者面对强者的时候，当人们成为被遗弃者的时候，他的心就会与之站在一道，而他所给予的远远多于正义。正因为这样，他成为匈牙利人、波

兰人、爱尔兰人的朋友，甚至成为反抗基督教的异教徒的朋友。当弱者和有需要的人召唤他的时候，他欣然前往，从来不问他们是否与他有共同的政治或宗教信仰，或者他的种族和政党可以从这些友善行为中获得什么。他遵循神圣的召唤，并常常为出自本能的热情而做出牺牲。他的智慧之名声也受他富有同情心的无保留的热情所牵累。

格里利同情他人的热情直接来源于 19 世纪的社会改革者，当美国的创建者们看到现实与他们最初坚信的真理不符的时候，这些人不满足于仅仅改变社会的细枝末节，他们始终认为这是不言自明的——"每个人都被造物主赋予了不可剥夺的权利，这些权利包括：生活的权利、自由的权利、追求幸福的权利"。像林肯一样，格里利对如何保持经济平等予以深切的关注。他认识到不但南方的农场主为社会带来财富，北方的银行家和商人们也为社会带来前所未有的巨大财富，在这样一个时代，寻找一种保持经济平等的办法非常重要。对这一问题的关注使格里利把目光转向了法国乌托邦社会主义者查尔斯·傅立叶的思想，认为他的思想是可取的。傅立叶对现实提出批判，"从前的人们谈论的是教皇如何绝对正确，现在的人们谈论的是自己所要创立的商业"。在傅立叶看来，除非给予广大工人阶级以经济保护，否则对平等的承诺只能是空谈。这位法国社会主义者认为：

> 当人们站在为文明社会引进平等权利的立场，抽象而荒唐地谈论平等权利的时候，这种权利的平等只不过是另一种虚构的自豪之物。人的首要权利是平等地工作和获得最低生活保障的权利。而这恰恰为所有的宪法所忽视。宪法所关注的只是那些不需要工作的优越的人们。

通过艾伯特·布里斯班，傅立叶的著作在美国流传开来。布里斯班是一个 19 世纪 20 年代在法国游历的美国人，他在那里学习了哲学，然后回到美国传播社会主义者傅立叶的思想。在格里利县，布里斯班遇到了一个志同道合的人，把傅立叶的思想在《小木屋》中宣传，并在《论坛报》中发扬光大。格里利任命布里斯班为报纸的专栏作家，当新报纸因为传播如此激进的思想而遭受攻击的时候，格里利写道："不要站在那里对构想和采纳新观点的人指手画脚，对他们的观点你可能认为不合理、不可操作，但是请你们设计一个更好的出来。请相信，我的朋友，如果没有发现和采取一些办法来维护劳动的权利，以及从中得到快乐和相应报酬的权利，以便穷人和没有多少财富的人得到生活保障，那么这一代人将无法使生活继续下去。"

历史学家罗伊·马文·罗宾斯认为，在 19 世纪 40 年代中期，"格里利以布里斯班的社会主义观念为基础，宣传一种新的社会秩序"。虽然有社会改革者如布里斯班以及他的同道布朗森·奥尔科特的积极努力，但是傅立叶的乌托邦思想在实践中被证明很难实现。尽管如此，格里利还是发出自己的倡议，用《论坛报》发起了土地改革运动，这一运动综合了傅立叶的社会主义观念和开国先驱的理念。格里利的口号"年轻人，到西部去"是这一运动的广义版本的实践性表达，运动的主要内容是把闲置不用的土地分给穷人，当然，在当时，它忽略了土著人对西部土地的拥有权，格里利和林肯都没能充分认识到这一点，没有给予土著人以平等的尊重和保护。

詹姆士·瓦斯顿·韦伯的报纸——《国际快递》是《论坛报》的竞争对手，用记者和历史学者弗朗西斯科·布朗的话说《国际快递》是"一份华尔街报纸"，"迎合商业、金融、航运业的利益，并且以社论的形式……宣传商业阶层的保守主义观念"。《国际快递》攻击格里利是"傅立叶主义者，一个农民，一个异教徒"，针对这一攻击，格里利回应说：

> 我们承认并坚持认为荒地的拥有者有自己的权利，他们可以长久地占有无人涉足的土地，但是当土地变得稀少，是没有土地、没有稳定收入的人的生活来源时，荒地拥有者的这种权利就没有道义上的正当性了……是的，一定要采取措施来改变这种情况，虽然有人愚蠢地认为，这样做会导致"异教徒"和"农业主义"的出现，但我们还是要这样做，以此来确保未来的一代人去反对土地被少数人占有的错误观念。

格里利的勇敢立场使他在纽约激进的辉格党中成为一个大受欢迎的人，在早期的"自由土地"运动中，他也同样是一个出众的人物，他倡导"保证每个人都有……一个真正的自由土地！——尤其要从可憎的投机者那里夺回土地"。在1848年的特殊选举中，格里利代表纽约来到了国会。格里利在那里只工作了几个月，但是他利用在国会这仅仅几个月的时间提出并完善了宅地法的初期版本。西部保守派指责格里利作为一个城市人为什么这么热衷于农村土地改革，格里利回应说他"比国会中的任何其他人都更能代表无土地的人"。这是一个很好的回应，但是国会中的这些人对这位主编的激进主义并不感兴趣，这一回应也不能令他们满意。在格里利为数不多的同伴中，有一个来自于伊利诺伊，首次来此担任职务的年轻的辉格党议员，这个人被格里利称为同志，他们都认为"奴隶问题是未来几年务必要长期面对并回答的问题"。格里利和林肯在首都担任职务的交汇期每天都探讨问题，他们建立了牢不可破的友谊，一直持续了17年，直到林肯遇害。

　　当然，格里利和林肯的相识并不仅仅是个人事件。到了 1848 年，格里利的《论坛报》已经成为新闻界和政治界的一件大事。弗兰克·W. 斯科特在他的 19 世纪美国报纸研究中回忆说："1844 年格里利被认为是最有影响的辉格党编辑，到了 1850 年他已经成为在反对奴隶制上最有影响的编辑，不仅仅作为辉格党的发言人，而且作为北方强烈而彻底反对奴隶制的广大群众的代言人。"随着奴隶问题日益升温，《论坛报》的影响不断加大，以至于它不仅成为在纽约受欢迎的报纸，而且成为发行广泛的全国性报纸，以斯科特所说的"美国人闻所未闻的有力而尖锐的观点"脱颖而出。在 19 世纪 50 年代早期，《论坛报》周刊在全国的周发行量翻了三番，超过了 11 万份，用另一个历史学家詹姆士·福特·荷兹的话说，《论坛报》成为"农村地区的杰出报纸，在那里，一份报纸有众多的读者。在艾迪龙达克，它成为政治的圣经，众所周知，当地缺乏民主，这更增加了《论坛报》的受欢迎程度。当然，居住在俄亥俄的西部保护区的知识分子是可以自由阅读《论坛报》的"，亚伯拉罕·林肯所在的伊利诺伊州当然更不用说。

　　到了 19 世纪 50 年代晚期，《论坛报》周刊在伊利诺伊的发行量接近 2 万，使得这份在纽约发行的报纸成为这个中西部州发行最广的一份报纸。林肯是伊利诺伊的读者中最热心的一个，这是毋庸置疑的。林肯与格里利的通信证明了他对《论坛报》的倾心和热情，林肯与他的第三任也是最后一任律师伙伴威廉姆·赫顿的通信也可以证明这一点，在与后者的通信中，林肯有时会抱怨格里利的报纸没有能够完全支持他的政治抱负，也正是在显露出烦躁情绪的通信中，林肯首次表达了"格里利的每一句话都掷地有声"的观点。

　　林肯不仅吸收格里利的思想，而且他对《论坛报》周刊的所有内容都如饥似渴地消化理解，任何他能拿到手里的其他报纸他也会仔细阅读。林肯的传记作者约翰·C.沃恩写道："林肯最喜欢阅读的是报纸，与书相比，他更喜欢读报纸"，"另一个朋友说林肯被任命为邮政局长时非常高兴，他从未见过林肯如此高兴过，因为在这些报纸送给订阅者之前，林肯可以阅读这些来自全国各地的报纸"。

在他事业的深入探索期，即从1848年他作为一个失望的辉格党离开国会之后，到他重新在政治选举中胜出，组建未来的共和党的五年中，林肯致力于评阅、讨论和思考所有送到斯普林菲尔德律师事务所的全国各地报纸，尤其是《论坛报》。林肯对欧洲兴起的自由的、激进的、社会主义的改革运动大潮保持着热切的关注，这一浪潮至少从时间上说，在1848年的"革命波浪"中达到了高潮。在其后的余波中，林肯这位年轻的国会议员与其他辉格党员一道，继续关注这一年的"民众的春天"的发展情况，在德国、法国、匈牙利、丹麦和其他一些欧洲国家相继发生了反对专制和抵抗经济、社会、政治特权的起义活动。然而，对林肯来说，这种兴趣并不新鲜。

早在1848年之前，德国激进主义者就来到了伊利诺伊，在那里，他们很快加入了林肯参与其中的法律的和政治的团体。古斯塔夫·科纳就是其中的一位，他是慕尼黑大学的学生革命领袖，在19世纪30年代早期因为组织非法示威被德国当局关进了监狱。被释放后，科纳回到了他的家乡美因河畔法兰克福，根据历史学家罗米纳德·罗恩的叙述，在那里，他"成为五十个策划谋反者之一，策反计划包括攻击城市的两个主要警卫队，以及警察设施和监狱的军械库。这个会集了学生和士兵的活动计划抢夺大炮、毛瑟枪和弹药，解救被指控违反新闻检察法的政治犯，并准备敲响多姆警钟，作为乡下人民进城的信号。正在这次民主革命即将进行的时候，不幸的事情发生了，他们落入圈套之中，由于两边都出现了叛徒，加之普通民众对起义的不情愿，9 个学生被杀死，24 个学生受了重伤。1833 年 8 月 3 日，古斯塔夫·科纳来到了伊利诺伊的贝尔维尔市"。

十年之内，科纳冲破伊利诺伊的障碍，在选举中赢得胜利进入立法机构，并被选派到国家最高法院工作。科纳和林肯的友谊如此坚固，以至于 1860 年 5 月，这位来自法兰克福的学生革命者被林肯任命为 7 位总代表之一，在重要的共和党国家议会服务，该议会促使斯普林菲尔德的律师林肯参加了 1860 年的总统竞选。通过科纳，林肯认识了许多德国的激进主义者并同他们成为朋友，这些人都是在 1848 年革命失败后逃到伊利诺伊以及相邻的威斯康星的。与科纳一起成为林肯任命的 1860 年议会总代表的还有弗里德里希·卡尔·弗兰兹·贺卡尔，一位来自于曼海姆的律师，在领导 1848 年春该地区的起义之前，他曾在巴登州众议院的下议院作一个自由派立法者。在革命期间，贺卡尔领导的起义曾被马克思任短暂主编的《新莱茵报 - 民主党派机关报》赞扬过。

被忠于旧秩序的军队挫败后，贺卡尔首先逃到了瑞典，然后又逃到美国的伊利诺伊，在那里，他与林肯一道打造了新的共和党，并成为林肯在 1858 年州竞选中的主要发言人，在林肯与道格拉斯的争论中给人们留下深刻印象。与其他"48 年人"一样，贺卡尔受林肯之命，在内战期间作为联盟军的旅长。

1848 年革命的失败，以及随后的残酷镇压，迫使很多欧洲激进主义的领导者到美国避难，在林肯支持者的阵营中甚至包括卡尔·马克思的亲密战友和思想辩论对手，如约瑟夫·魏德迈和奥古斯特·维利希。曾与马克思和恩格斯保持长期的通信联系的魏德迈很快就组建了一个遍布全国的共产主义者俱乐部，宣传被《纽约时报》描述为"红色共和主义"的理念。接着魏德迈与新共和党联盟，并参与亚伯拉罕·林肯的总统竞选活动，内战爆发后，这位前普鲁士军官被林肯任命为约翰·C. 弗里蒙特将军的军事技术助手。弗里蒙特将军是1856年共和党的总统竞选提名人，内战爆发后成为西部军的总指挥。后来，林肯还授予魏德迈陆军上校的职务，管理由密苏里自愿者组成的第41步兵团，负责保护圣路易斯。维利希，以"红色中的最红者"著称，是德国左派共产党联盟的领导人，该联盟不满于马克思对煽动革命的相对谨慎态度。作为1849年巴登－普法尔茨起义的激进自由军的主要领导人，维利希挑选年轻的弗里德里希·恩格斯作为他的副官。起义失败后，维利希逃往美国，来到辛辛那提，并在那里成为一份社会主义报纸《共和党人》的编辑，支持1856年弗里蒙特和1860年林肯的总统竞选活动。内战爆发后，维利希招募德国移民成立军团，担任它的第一任中尉，很快上升为陆军准将。维利希拥有一个军中乐队，演唱革命歌曲，如"工人进行曲""为新革命吹响起床号！新革命！"，他也因此而闻名。

林肯不仅邀请"48年人"参与到他的竞选活动中，而且他也投入到他们的事业中。就像卢贺尼评价的："林肯高度关注这些革命者。"在家乡斯普林菲尔德，林肯这位前议员发起集会支持欧洲的革命运动，尤其是拉约斯·科苏特领导的匈牙利人革命。在1852年的《伊利诺伊州记录》和《伊利诺伊杂志》中，发表了一份签名倡议，号召人们进行集会讨论匈牙利革命，在这份签名中，林肯的名字排在了前面。一周后，林肯协助起草了一份决议，写道："我们，美国人民，认为任何国家的人民都有充分的权力争取国家独立，这些国家的人民有充分的权力用革命的方式推翻现存的政府，有充分的权力去建立一个他们自己选择的不同形式的政府，对此我们不能再保持沉默。"

林肯的决议认为：

对这些国家的同情，设身处地地为他们考虑都应该表达出来，以利于每个国家的人民为争取自由而斗争；同时我们在这里集会也是为了表达对科苏特和匈牙利人民的敬意，我们应该把我们的尊敬和赞赏毫无保留地献给爱尔兰、德国和法国的人民，他们进行着爱国主义实践活动，虽然他们为争取人民至高无上的权力的努力并没有成功。

这份决议甚至把大英帝国当作靶子，分析认为：

在把欧洲大陆从专制的束缚中解放出来这方面，英国政府在过去和现在，都没有以任何方式制定出支持本该支持的信念的政策；英国政府对待爱尔兰、奥布赖恩，以及对待米切尔等有价值的爱国者的方式使人们不得不得出结论——英国与欧洲的专制力量一道压迫人民建立自由政府的任何努力，人民所要建立的自由是建立在真正的宗教和文明自由的基础上的。

是什么促使林肯和他的同伴发起这一运动的？

原因并不神秘。

伊利诺伊的策划者只需打开他们的《论坛报》周刊，就能看到上面写着："在被 1848 年伟大革命所激发的起义而推出的众多领导者中，拉约斯·科苏特，这位革命倡导者、辩论者、财政大臣、匈牙利的最新领导人，当然是世界人民所公认的第一位领导者。"研究《论坛报》的意识形态和政治论战的伟大历史学家亚当·特钦斯基认为，"拉约斯·科苏特和中欧的自由解放运动在《论坛报》中是人们所熟知的话题"，以至于来自公报的保守派批判论坛是"科苏特主义、社会主义、废奴主义，以及四十个其他主义"。

格里利相信 1848 年的欧洲革命及其影响向世人揭示出一个"无限的前景"，以及"必将到来的起义"的轮廓。这种预见使他的报纸在报道欧洲的起义时怀有一个意图，即希望在伊利诺伊的斯普林菲尔德这样的地方，激进主义者们能感觉到这是发生在他们身边的故事。伊利诺伊的激进主义者们从头到尾仔细阅读报纸编辑所描述的为"争取更大自由"，为"争取工人的权利和利益、重新组织工业、提高工人阶级地位、重建社会组织结构"而进行的全球性斗争。

《论坛报》当时并没有号召在美国开展街头巷战。格里利和他的大多数编辑仍然对改革怀有期待，虽然他们对他们提到的"奴隶权力"的流行性恶果感到失望，格里利因此也开始思考"革命是否是唯一可能的手段"。无论如何，最终使格里利和他的读者感到兴奋的是 1848 年欧洲革命带来的新的激进观念，以及为这些观念所付出的行动，这可能促使他们实施自己的行动。

在欧洲起义的早期，《论坛报》的欧洲记者亨利·伯恩斯坦在他的专栏中承认，他对法国、德国和其他国家的革命形势感到惊奇。他写道："每天都有新消息，一个比一个更令人震惊。"为了给自己的专栏增添趣味性，他在文章中惊呼："好哇！它的火焰是多么的壮观！"《论坛报》不仅发表消息，格里利还要求有分析，用以"增加我们的专栏消息的厚重性"。伯恩斯坦也赞同这一点，回应道："记者们现在不得不谈论除了政治事件以外的其他话题，因为这些政治事件已经过时了。现在他们不得不关注在欧洲所发生的事件的'更大的画面'。解释这些事件发生的原因，用来补充简单的电报报道。"

特钦斯基认为，记者伯恩斯坦是"《论坛报》与卡尔·马克思及一些怀有阶级意识的激进主义者之间的桥梁，这些人是 1848 年革命和其后岁月的中坚力量"。

作为一个敏锐的观察者，伯恩斯坦用他的"更大的画面"的写作风格为美国带回了关于欧洲内战的报道，但是伯恩斯坦的"更大的画面"的报道风格只是《论坛报》细节报道的最初资源。《论坛报》对国际事件和观点的细节报道为美国的激进主义者和改革主义者重新铺设了道路，他们以之思考他们在特殊意义上反对奴隶制，在一般意义上反对经济和政治不公正的斗争。但是后来他们不再满足于傅立叶的田园牧歌式改革，不再满足于法国浪漫共产主义设想，《论坛报》开始考虑更为激进的方式。

"1848 年革命最终造就了多种多样的法国和欧洲激进事业，因此，《论坛报》对这些社会主义观念的报道也要分门别类。"特钦斯基这样解释，"但是，不仅如此，社会主义这一概念本身也不只是一种变革模式，更重要的是，它也是一种解释事件的方式。傅立叶主义是一个宗派的运动，它失败了，但是通过革命，新的语言和新的政治理念诞生了，通过这些新的语言和新的政治理念，美国的进步知识分子得以理解和批判他们的社会和政治现实。"

为了理解和解释新的语言，格里利又派遣一个记者，查尔斯·达内，来到了巴黎。达内是一个富有理想的博学多才之人，19 世纪 40 年代中期，他是马萨诸塞州西罗斯布雷的布鲁克农场工业与教育协会的核心人物。布鲁克农场是一个试图实施傅立叶观念的乌托邦实验，布鲁克农场实验把当地居民、投资者、赞助者以及具有共同理念的"格里利市民"，包括纳撒尼尔·霍桑，奥尔科特一家，拉尔夫·瓦尔多·爱默生都算作共同生活社区中的成员。对这个实验的前景爱默生认为它将是"傅立叶的、基督教的、人道主义的"，并评论道："在社会实验没有规模、令人失望的年代，这个社会实验却与众不同，它是有道德劝导作用的，以其友善的目标、大胆而慷慨的分配而受到欢迎。这个实验有着知识分子的勇气和力量，这使它具有优越的、居高临下的地位——它使理论上的真理得到现实的验证，现在真理注定会成为现实。"

达内企图在《先驱》中传播"在人间建立天堂"的信条，《先驱》是布鲁克农场的一位创建者——乔治·里普列所编辑的杂志（后来，乔治·里普列成为《论坛报》的编辑），通过在《先驱》上发表文章，达内的写作技巧引起了格里利的注意。这位29岁有才之士的逻辑能力和文风给格里利留下了深刻的印象，当然，可能也因为《先驱》支持《论坛报》，认为它是全国最伟大的报纸，格里利打算推荐达内作《论坛报》的总编辑，但是，这位被推荐者还有更大的目标。"达内希望去欧洲旅行，不仅如此，像《论坛报》的社会主义者团体的其他成员一样，达内认为欧洲革命是一个历史转折点，他急于亲自见证它们。"特钦斯基评论道。特别地，达内希望到新的国家去，在那里能够促使社会主义事业向前迈进，而不仅仅停留在傅立叶的信徒们所设想的罗曼蒂克式的"合作主义"。

达内与格里利一样信奉傅立叶主义，他比格里利还要早几年认为傅立叶的思想是地球上"神圣天意的最后希望"。但是，现在他却期待改革者和激进主义者们能够服从必要性，认识到和谐的农业化理想必须让位于破釜沉舟的战斗，以争取"自由的土地、自由的工作、自由的演讲、做自由的人"。

1848年6月离开纽约后，达内来到巴黎，当时正赶上巴黎骚乱的高潮。他写了一篇纪实报道，报道中称他见证了"从事不朽之事的伟大机遇"。但如何实现不朽尚属未知，达内的观点中存在意识形态化冲动是可以肯定的。他认为，"通过骚乱，社会主义因此在法国是不可战胜，不容忽视的，不仅如此，它还得到了强化。它不再是傅立叶主义的，不再是共产主义的，不再是这种或那种占据法国民众头脑的特定思想体系，而是关于社会主义权利和社会主义认同的普遍观念。现在每个人都是或多或少的社会主义者。"

　　达内个人的天主教信仰，使他能够自由地接近欧洲的不同意识形态，自由地采集不同的观点，广泛地咨询不同人士，使美国的读者能够身临其境地感受到这位年轻的作者所看到的——一个全欧洲大陆推翻"忠于金钱的……资产阶级贵族"的斗争。由于傅立叶的观念对他仍然具有一定的影响，达内倾向于接受法国哲学家和国会议员皮埃尔·约瑟夫·蒲鲁东的自由社会主义说教。蒲鲁东提议围绕"革命纲领"建立一个工人阶级联盟，这个联盟"不再有政府，不再有征服者，不再有国际警察，不再有商业特权，不再有殖民主义者的特殊存在，不再有一个人被另一人控制，一个国家听命于另一个国家的现象，不再有战线，不再有堡垒……"特别值得一提的是，达内受蒲鲁东思想的启发，把《论坛报》亲近贸易联盟的传统转变为更具体地倡导组建工人组织。达内发表社论认为，"我们再也找不到比这种组织方式更能使工人保护自己，反对资本主义的强大权力的组织方式了"。林肯，这位《论坛报》的如饥似渴的读者，不仅在辩论中，在号召国家团结的致辞中，而且在与工人组织的直接交流中，经常表达对这种观念的赞同。1864年，在对纽约工人协会发表的讲话中，总统林肯评论道："人类同情心的最牢固联结，除了家庭关系外，就是所有不同国家、所有不同语言、所有不同种族的所有工人群众的结盟了。"

　　由于达内忙于宣传蒲鲁东关于资本主义疾病的救治方案，尤其是建立一个大众银行的计划（"banquedupeople"）——目的是给工人和农民发放贷款，他不得不为格里利的报纸寻找新的记者。而且，达内也希望找到一个激进主义思想者，他不仅能够为美国读者解释德国、法国、荷兰和匈牙利正在发生的事件，而且能够解释社会的、经济的、政治的新问题，以解决《论坛报》面临的挑战，《论坛报》曾在新年社论中提出，"至今还没有一个理论家能够真正地解决劳工、技术和资本之间协调和互利地融合的大问题，显而易见，这一问题必须被解决，如果不解决社会恐怕会遭受更大损失。"

　　为了寻找其他可替换的社会主义思想，达内来到了科隆，遇见了亨利·沃兹沃思·朗费罗的诗人朋友斐迪南·弗赖利格拉特，弗赖利格拉特当时正在为一家激进报纸工作，他吸引了达内这位美国来访者的注意。弗赖利格拉特所在报纸的另一位编辑不久前与人合作出版了一本发行广泛的德文小册子《共产党宣言》，其中提出，"资产阶级生存和统治的根本条件，是财富在私人手里的积累，是资本的形成和增殖；资本的条件是雇佣劳动。雇佣劳动完全是建立在工人的自相竞争之上的。"为推翻这种状况，作者在1848年2月的《共产主义决议》中宣称，"无产者在这个革命中失去的只是锁链。他们获得的将是整个世界。全世界无产者，联合起来！"

　　这个小册子两年后被翻译成英文《共产党宣言》。上述提到的编辑，当然就是卡尔·马克思。达内与马克思在《新莱茵报－民主党派机关报》办公室共同渡过了一个夏日。无论是达内还是马克思都没有留下关于这次会面的详细记录，我们只知道达内与马克思通过一个中间人——卡尔·舒尔茨相互认识。卡尔·舒尔茨是一个德国编辑和革命者，后来逃到了威斯康星，协助建立共和党，并在1861作为亚伯拉罕·林肯的驻西班牙大使重返欧洲。同样是在1848年那个漫长、炎热的夏季，舒尔茨拜访了马克思，写下如下评论："他被认为是先进的社会主义者阵营的首脑，一个体格结实的男人，有着宽阔的额头，浓密的黑发和闪亮的黑眼睛。我从未见过哪个人的胡须像他的一样显得桀骜不驯。在没有人反对他的意见的时候，他堪称是谦和的、体贴人的。任何人只要反对他，他就会轻蔑地予以驳斥；对于任何他不喜欢的争论，他要么指责对方是不可救药地无知，提这么愚蠢的问题，要么诋毁中伤对方提出问题的动机。我记得他轻蔑地说得最多的话是'资产阶级怎样怎样'。"不管怎样，达内和马克思相遇了。事实上，按照马克思的传记作者弗朗西斯·韦恩的说法，他们是如此志趣相投，以至于达内给这位哲学家提供了一个"他最愿意从事的一份稳定工作"。

这份工作就是做《论坛报》的记者，频繁地在上面发表文章，达内曾在这份报纸担任了12年的主编。回到纽约就任新的职务后，达内与在伦敦的马克思取得联系，邀请马克思为《论坛报》撰写文章，撰写马克思所从事的事情。马克思在德国当局关闭了《新莱茵报》后，被迫从德国逃到了英国。根据韦恩的记录，"到目前为止，《论坛报》是马克思的最大出版商（恩格斯的作品比马克思的少一些）。在50卷的《马克思恩格斯选集》中，《论坛报》上的文章占到了7卷，超过了《资本论》，比马克思在生前和死后以书籍形式出版的著作都多。"格里利的报纸与马克思的令人称道的合作从19世纪50年代早期开始直到达内离开该报，成为林肯的白宫中的一员。历史学家威廉姆·贺尔林详细地研究过马克思与《论坛报》的关系，他认为，"在这段时间中，欧洲的这位极端的激进主义者，被普鲁士官方剥夺了政治权力的人，这位被驻外机构严密注视，以防止其刺杀国王的人，为《论坛报》写了超过500篇不同的稿件，支持亨利·克莱、丹尼尔·韦伯斯特尔，赞同戒酒、改革饮食、西部开发，最主要的是他支持林肯。"官方有记录的发表在《论坛报》上的署名马克思的文章共350篇，恩格斯的文章125篇，两人合作发表12篇。但是，正如这位哲学家马克思自己所说的，许多他写的文章没有署他的名字，而是以《论坛报》官方的名义发表的。"最近，《论坛报》又开始把我的文章据为己有，以无个人署名的社论形式刊登。"在1854年，马克思曾这样抱怨。

虽说马克思没能总是得到他应得到的荣誉（哪一个舞文弄墨的人又得到了应得的荣誉呢？），达内却从来没有吝啬过他对马克思及其文章的赞誉——"你的文章被广大受众所赞同，被大量地再版印刷，这些消息应该让你感到快乐”。达内提到马克思时说他“不仅是最有价值的撰稿人，而且是薪水最高的撰稿人”。

格里利和达内对马克思的稿件如此欣赏，以至于他们把马克思的第一篇稿件刊登在1852年10月25日《论坛报》新扩版的星期六版上。他们在一篇社论中这样评价：“在所有国外撰稿人的稿件中，尤其值得关注的是反思德国的文章，这是来自德国的一位头脑最清醒、精力最充沛的作者写的，无论在政治和社会哲学领域，他所表达出的观点可能遭受怎样的批判，他的稿件都值得关注。”

《德国的革命和反革命》就是一篇值得关注的文章，这篇文章署名为卡尔·马克思（尽管是合著的文章，恩格斯写了大部分）。文章的语言，是典型的马克思主义的：

> 欧洲大陆上的革命剧的第一幕已经闭幕了。1848年大风暴以前的“过去的当权者”，又成为“现在的当权者”了，而那些多少受人欢迎的短期掌权者，如临时执政者、三头执政、独裁者以及追随他们的议员、民政委员、军事委员、地方长官、法官、将军、军官、士兵等等，都被抛到异国，“赶到海外”，赶到英国或美国去了。他们在那里组织起新的“有名无实的”政府、欧洲委员会、中央委员会、国民委员会，以堂哉皇哉的文告宣布它们的成立，那些文告的庄严堂皇，并不亚于真正当权者的文告。
>
> 很难想象还有什么失败比大陆的革命党派（更确切地说是各革命党派）在全战线各个据点所遭受的失败更为惨重。但这有什么关系呢？为了争取社会的和政治的统治，英国资产阶级不是经过了48年，而法国资产阶级不是经过了40年空前的斗争吗？资产阶级不正是在复辟了的君主制以为自己的地位比任何时候都巩固的时刻才最接近自己的胜利的吗？把革命的发生归咎于

少数煽动者的恶意那种迷信的时代，早已过去了。现在每个人都知道，任何地方发生革命动荡，其背后必然有某种社会要求，而腐朽的制度阻碍这种要求得到满足。这种要求也许还未被人强烈地、普遍地感觉到，因此还不能保证立即获得成功；但是，任何人企图用暴力来压制这种要求，那只能使它越来越强烈，直到它把自己的枷锁打碎。所以，如果我们被打败了，那么我们除了从头干起之外再无别的办法。值得庆幸的是，在运动的第一幕闭幕之后和第二幕开幕之前，有一次大约很短暂的休息，使我们有时间来做一件很紧要的工作：研究这次革命必然爆发而又必然失败的原因。这些原因不应该从一些领袖的偶然的动机、优点、缺点、错误或变节中寻找，而应该从每个经历了动荡的国家的总的社会状况和生活条件中寻找。

马克思文章发表的时候，也正好是美国的广大激进主义者"从头再来"的时候。格里利、林肯和具有共同思想的同志们组成的联盟——辉格党的内部出现了分裂，一部分人主张采取进攻性方式争取"奴隶的权力"，另一部分人主张采取谨慎改革的方法。林肯与格里利一道在 1849 年离开了议会，当时正在他的家乡斯普林菲尔德从事法律实践，进入了伊利诺伊县级法院的律师圈子。但是他并没有把政治抛在脑后。若干年后，威廉姆·赫顿这样评价他的律师同伴：19 世纪 50 年代早期的林肯"像一个睡狮……等待着唤醒它的人"。传记作者约翰·沃恩这样描述这位未来的总统："以严格的自律精神，不断磨炼大脑的态度，林肯仔细阅读他认为真正重要的东西——报纸。现在，在一个政治之外的小圈子，他阅读报纸比阅读任何东西都多，他大声地阅读，仔细分析关于奴隶制的不同政治观点的提出和发展趋势，他的律师同伴认为林肯阅读报纸的仔细程度是其他人无法相比的。"

反奴隶制在当时是一个占据一切的话题，但这一话题绝非林肯关注的唯一话题，与他志同道合的交往圈子包括欧洲的激进主义者，即"48 年人"，他们使威斯康星、伊利诺伊和密苏里成为新的革命煽动中心。林肯密切关注着国际事件，19 世纪 40 年代末和 50 年代初的挫折曾使林肯一度感到灰心，在写给赫顿的信中，林肯发出这样的感叹："这个世界已经丧失了希望，并且对这种丧失充耳不闻，曾经的奋斗留下的是众人的哭泣。我们还能做什么呢？还有什么可以做的吗？谁还能再做什么，怎样去做呢？你可曾想过这些问题？"

人们对林肯的研究大多关注于他在国内所做的努力上，但是对他的全球性兴趣，尤其是从他结束议会工作到重返政治舞台这一空白期对世界事件的关注，人们研究得不多。然而，毋庸置疑，林肯仔细阅读了《论坛报》对其他国家的报道，加之《论坛报》有出色的欧洲记者，这位未来的总统对发生在国外的事件保持着很高的关注度和参与度，可以说，这位未来的总统把他从报纸上读到的国外的事件与他对国内事件的认识联系了起来。1852 年，林肯在赞扬他心目中的政治英雄亨利·克莱时提到了克莱对国外的兴趣与参与，指出："克莱先生为南美洲的利益所做的努力，及其后为希腊的利益所做的努力，恰逢这些地区为争取自由而奋斗的时候，这是值得大书特书的，是所有事业中最高贵的，这足以证明我说过的他为这些国家的人民，怀着极大的热情追求自由和权利，无私奉献自己。"林肯讴歌欧洲革命者的奋斗，谴责"所有形式的压迫……皇权的统治者、金钱的统治者、土地的统治者"。他指责他的主要竞争对象，伊利诺伊的议员斯蒂芬·道格拉斯的言辞，认为它是"夸夸其谈的、空洞的，就像拿破仑的公告是从俄国竞选活动中发回来的一样"。当道格拉斯在允许新大陆使用奴隶的问题上作出妥协时，林肯坚持认为，"争取社会的平等与抗击社会的不平等一样重要，无论后者是英国的贵族制度还是国内的奴隶制度。"

林肯于 1854 年写下的上述句子无疑可以证明他处于思想发展的最激进时期。在从斯普林菲尔德的政治落后地区到纽约的库珀联合学院的演讲台，再到为当总统做准备的时期，被他的律师朋友形容为"总是在思考，总是在计划"的林肯，变得更加谨慎。由于道格拉斯不久就发生了背叛行为，林肯的谨慎言辞让《论坛报》及其最激进的作者看来有些过于保守。

1854 年，当林肯从自我放逐中重返政治舞台后，他心中的竞选同盟已不仅仅是奴隶，而且包括那些为实现《论坛报》所倡导的争取自由土地和自由劳动运动的人们。"自由劳动蕴含着希望，单纯的废除奴隶制则没有希望。"这是这位未来总统经常引用的意识形态话语之一。由于重返政治舞台，先是作为旧辉格党和新共和党的竞选胜出者，之后以他自己的名义竞选参议员，林肯响应那个时代最新和最激进的激进主义思想，这当然不是说《论坛报》欧洲记者的所有观点他都拥护，他没有像马克思那样以大胆的方式进行论战。马克思在《资本论》中借用了他为《论坛报》撰写的稿件中的话，在北美合众国，只要奴隶制使共和国的一部分还处于残废状态，任何独立的工人运动都是瘫痪的。在黑人的劳动打上屈辱烙印的地方，白人的劳动也不能得到解放。

但是，现在，正如林肯的传记作者韦恩所描述的，"在经过充分的准备，在阅读了大量的报纸，在经过五年不参与政治活动的沉淀期的研究、思考和分析后"，林肯认识到美国建国时最激进的承诺——"人人生而平等"正在遭受损毁，这种损毁不仅会挫败奴隶解放运动，而且会使白人工人和农民争取自由的运动遭受打击。在 1855 年 8 月 15 日的一封著名的信中，即林肯写给肯塔基国会议员乔治·罗伯斯顿的信中，林肯感叹开国者的信念逐渐被人们淡忘。乔治·罗伯斯顿是亨利·克莱的同伴，旧辉格党的竞选人，旧辉格党希望奴隶制能逐步废除。回顾罗伯斯顿十年前的一次演讲，林肯写道：

> 你不是抽象意义上的奴隶的朋友。在演讲中你提到"和平地废除奴隶制"，并通过其他话语表达出你相信事情总会在某一时刻有一个结果。从那时起，我们又经过了 36 年的努力。我觉得这 36 年的经历显示出，和平地消灭奴隶制的前景对我们来说已经不存在了。1849 年，亨利·克莱以及其他一些伟大而善良的人们所进行的努力的失败，使得在肯塔基逐渐废除奴隶制受到影响，加之其他众多的迹象，都表明逐渐废除奴隶制的希望彻底破灭了。就争取自由而言，从原则上说，我们已经不是原来的我们了。当我们处于国王乔治的统治之下想要争取自由的时候，我们把"人人生而平等"这一格言当作不言自明的真理，但现在，当我们羽翼丰满后，我们不再担心自己会成为奴隶，而是贪婪地想成为主人，我们把人人生而平等的格言当作"不言自明的谎言"。7 月 4 日并没有消失，它仍然是一个伟大的日子，但只是一个燃放烟火的日子！
>
> 伴随着开国时期的革命精神，和平地废除奴隶制的精神需求本身也被废除了。在革命精神的支配之下，几乎一半的州都立即采取了解放的制度。一个明显的事实是，从此以后，没有一个州这样做了。就和平地、自愿地解放奴隶而言，现在黑人奴隶在美国的地位，在自由者的头脑的思考中仍然是可怕的，现在，这种地位却固定下来了，没有好转的希望，就像一群顽固不化的人已经失去灵魂一样。在俄国的贵族将会放弃皇权，宣布他的臣民是自由公民之前，美国的老爷们可能还不会自愿地放弃奴隶制。

给罗伯斯顿写信的时期，林肯认为奴隶制和自由是两个对立的问题。在给他的律师朋友的信中，林肯提出："今天妥协已成过去。两个庞大的观念（奴隶制和自由）只有人为的手段才能把它们分开。它们就像两个互相能看得见的野兽，被分别束缚起来。终有一天，这两个殊死竞争的对手中的一个会挣脱它们的锁链，它们之间的问题也将得到解决。"

当林肯说自由作为一个伟大的观念与奴隶制互相冲突的时候，他究竟想表达什么？他仅仅是在表达在南方农场主控制下奴隶们身体的不自由境况，还是在谴责支持奴隶制的政治和法律结构？或者他是在更广义自由的意义上说的？答案要从林肯从那时起的公众演讲记录中寻找。

林肯与道格拉斯的论争在 1858 年最为集中，但是在 1854 年的选举之前，亚伯拉罕·林肯就与斯蒂芬·道格拉斯进行了系列论战，这是他们的第一次针锋相对，林肯展现出重返政治竞争舞台后的精力和热情，即使在八年前他参加议员选举的时候也未曾如此精力充沛和热情饱满。在道格拉斯提出富有敌意的《堪萨斯－内布拉斯加法案》，重新揭开奴隶制问题讨论序幕的几个月里，这位在任参议员与林肯，当时非常想成为参议员的前议员，在伊利诺伊上上下下展开了激烈的言辞交锋。林肯在那年秋天发表多次演讲，有几次持续的时间超过了三个小时，演讲的内容紧紧围绕着"平等""解放""自由"等词语的意义而展开。在皮奥里亚，一个罕见的炎热秋季，林肯把他的夹克扔在一旁，发表了一次令人难忘的演讲，按照研究林肯的历史学家路易斯·拉贺曼的说法这次演讲是"修辞与文学上的杰作"，"富有戏剧性地改变了演讲者的命运，也改变了美国的历史"。

一位报道皮奥里亚会议的年轻记者，《芝加哥日报》的城市编辑贺拉斯·怀特，回忆林肯当时所说的话及其强烈的情绪时说："随着他的话题的深入，他说得越来越快，他的脸散发出天才的智慧的光彩，他的身体与他的思想保持着和谐的互动。他的姿势是通过身体和头脑表现出来的，而不是通过手臂表现出来的，他的话语深入人心，因为它们是从心灵中产生的。我曾经听过一些高超演讲者的演讲，他们一开始就能赢得雷鸣般的掌声，但他们没有改变人们的观念。林肯先生的雄辩口才是在更高的层次，他说的话具有改变观念的作用，令人信服，因为这些话首先令演讲者自己信服。他的听众感觉他相信自己说的每一句话，像马丁·路德·金一样，他的表达炉火纯青、恰到好处。在这个超凡入圣的时刻，他在我的眼里类似于一个古代希伯来先知，我是在儿童时代的星期日学校知道这一类人物的。"

虽然林肯在当天的演讲中可能像一个古代的希伯来先知，但他所宣讲的"圣经"既不是旧约，也不是新约。他所借助的工具是《几何原本》，这位前议员在远离政治的日子里，一遍又一遍地阅读这本哲学书籍，磨炼出对逻辑结构的敏感，为十年后在浴血奋战的沙场发表令人难忘的演讲奠定了基础。当时，波托马克军与北弗吉尼亚军已经连续奋战了三天，共有7500名士兵在这次战斗中牺牲。就像在葛底斯堡发表的几次令人难忘的演讲中，林肯号召美国人民致力于"人人生而平等"的主张一样，在皮特里奥，林肯借助欧几里得算法，以及更多的当代修辞，再一次号召把"人人生而平等"作为年轻共和国的伟大的凝聚因子。正是在杰斐逊的伟大的平等承诺中，林肯，这位1854年的论争者和1863年的总统找到了自己的道德基础。

特别值得一提的是，林肯提到了如何争取平等：

　　一点一点地，但就像人终究会走向坟墓一样坚定地，我们不断地放弃旧的观念，不断迎来新的观念。大概八年前，我们从宣称"人人生而平等"起步，但现在，我们从这一最初的主张走向了其他的主张，认为一些人奴役另一些人是"自律的神圣权利"，这两种观念是不相融的。它们就像上帝与财神一样是对立的，一个人选择其中的一个必然要放弃另一个。当佩蒂特支持《堪萨斯－内布拉斯加法案》，把《独立宣言》称为"不言自明的谎言"时，他只是迎合了其他一些内布拉斯加人的直接需求，在座的听到他的话的 40 多个内布拉斯加参议员没有人反对他。我不仅是在说内布拉斯加的报纸、演讲家们没有反对，从整个美国看，也没有人反对他。如果这种话对马里斯的人说，虽然他们是南方人，但是说这话的人会得到怎样的对待呢？如果这话对抓捕安德烈的人说，说这话的人可能比安德烈还要更早被绞死。如果这话在七八年前的旧独立大厅里说，看大门的人就会把说这话的人掐死，然后把他扔到大街上。

不要再蒙蔽人们。"76 精神"与"内布拉斯加精神"是完全对立的；前者现在正在被后者所取代。我们是否要像南方或者北方的农村人一样，对此不闻不问？从世界看，全世界的自由党派已经表达出这样的观点，"美国的倒退政府正在破坏进步的原则，最终将使世界上最高贵的政治体制遭受侵害"。这不是敌人的奚落，而是朋友的警告。我们对此置之不理或者采取蔑视的态度是否要付出代价？对我们祖先的最初实践和最初信念丢弃不顾，难道不是对自由本身的威胁吗？在我们贪婪地从黑人那里谋取利润的时候，我们需要小心，以免我们把白人的自由宪章也删除和撕成碎片。

我们共和党的长袍变脏了，拖在了地上。让我们再一次使它变干净，把它从地上拾起来，即使不是在共和党的血液中，也是在精神上，清洗它，使它变白。让我们关于奴隶制的"道德权利"的呼吁转到使它建立在已经存在的合法权利，以及"必要性"的主张之上。让我们转到我们的父辈赋予它的立场上，让它平静地停留在那里。让我们再一次采纳《独立宣言》的主张，以及与《独立宣言》相协调的实践和政治。让北方与南方的人，让所有地方的热爱自由的美国人都加入这一伟大而善良的事业中。如果我们这样做了，我们就不仅拯救了国家，我们也使国家的建立和发展永远是值得拯救的。我们应当去拯救它，使一代又一代自由快乐的人们在全世界站立起来，为我们祝福，直到最后的一代。

当林肯认识到使共和党再一次变干净的必要性时，他自己并不是一个意识形态家或者纯道德主义者。林肯已经从他的辉格党同事那里学习了很多，成为一个"伟大的妥协者"，这位站在正义立场上的总统被指责为是搞破坏的城市自由主义者，不理会土著美国人的愿望和基本人权，情愿为了政治的权宜之计而牺牲原则。林肯不是无缺点的奴隶制的反对者，即使他的最仁慈的传记作者现在也承认这一点。然而，在1854年，即将成为总统的林肯在格里利的压力下，最终签署了《解放公告》，这种说法是合情合理的。林肯在知识上与情感上最终认识到，奴隶制是与其他压迫联系在一起的压迫形式，而他没有站在压迫者一方。他站在争取自由的一方，自由不仅是作为道德与社会结构的自由，而且是作为经济的自由。

通过傅立叶的乌托邦社会主义追随者，通过德国的"48年人"，尤其是通过阿尔文·布封这位激进土地运动的竞选老手，自由这一概念是共和党从产生之日起就植入的一条主线。林肯在1856年的"自由土地、自由劳动、自由的人和弗里蒙特"的竞选活动中强调了自由这一概念。奴隶制是当时人们关注的话题，弗雷德里克·道格拉斯认为在这个特殊的时期，给共和党投票就是给奴隶制以重大的、致命的打击，他这样说当然是对的。但是奴隶制并不是唯一的话题，正如南伊利诺伊报纸《贝里维尔每周呼吁》所注意到的，林肯在约翰·C.弗里蒙特将军和前新泽西参议员威廉姆·达顿（他在当年夏天共和党的第一次会议上以 253 对 110 票击败了林肯，当选了这个新成立政党的副主席提名人）赢得选票的地区做巡回政治演说后，"他坚持认为争取自由劳动事业是'国家头等大事'，用弗里蒙特的话说，'这构成了一个国家的真正的财富，它为民众启迪了智慧，它也是一个自由的制度所依靠的堡垒。'他使可耻的民主党忽视劳动的倾向和目标得以显示，民主党颠覆了一个政府的真正目的，它想要建立的是贵族制、专制和奴隶制"。

两年后，1858 年 10 月 15 日，在林肯与道格拉斯争论的持续进行中，林肯，这位共和党的竞选人，在 5000 名聚焦在伊利诺伊阿尔顿的城市大厅的听众面前，提出了对奴隶制的最大胆说法，把奴隶制与生理的和经济的奴役相联系，认为生理上与经济上的奴役是"相同的原则，无论它以什么形式呈现自身"。林肯大声疾呼，"这是一个真正的问题，这个问题将在这个国家持续，直到胡言乱语的道格拉斯和我都沉默下来。这是全世界关于正确与错误的永恒斗争。""它们在一开始就是彼此对立的两个原则，而它们的对立将会持续下去。其中的一个是人道主义的基本原则，另一个是神圣的国王的权力。后者无论它以什么形式呈现自身，体现的都是相同的原则，它的精神内涵是'你费尽辛苦地工作，换来面包，我来把它吃掉'。无论它以什么样的形式呈现自身，无论是出自一个压迫人民，通过剥削人民的劳动为生的国王，还是出自种族主义者为压迫其他种族而找的借口，它们在剥削原则上都是一致的。"

当林肯为 1860 年的总统竞选做准备时，他与那些认为"劳动优越于资本，极大地优越于资本"的人结为盟友。1859 年 9 月 30 日，林肯对威斯康星农业协会发表了著名的演讲，上述引用的话语就是从这次演讲中摘录的，这些话语在共和党提名的竞选活动中以微小的改动不断被提及。在竞选活动中，林肯在格里利的支持下占据了绝对优势，格里利认为林肯这位伊利诺伊人把争取自由土地与自由劳动结合起来，加之他对压迫奴隶之权利的谴责，为在全国赢得竞选胜利建立了一个正确的综合体，格里利相信在这个综合体中，反对奴隶制只占一部分，就像满嘴的甜味再增加些许一样。不管这是否是格里利的算计，把反对压迫的活动划分为不同部分的事实，使共和党赢得了控制冲突局面的机会。这种划分策略表现在林肯的雄辩中，也表现在卡尔·舒尔茨成功召集迁移到美国的德国"48年人"，以及他们建立的移民社区中，这些社区试图通过大众教育和持续的社会条件的改变，来争取使等级和阶级之间的分界线被消除，总之，在政治上恰当地混合使用不同的策略是共和党成功的手段。

"共和党因此从根本上反击奴隶主的统治"，马克思在他庆祝美国新激进党的成立的一篇文章中这样写道：正如他谴责"北方民主党对奴隶制的纵容"（或者，用他形容这些人的话说"拥护奴隶制度派"）一样。这位专栏作家经常展现出如佛蒙特和威斯康星的竞选人一样的理想主义热情，他认为共和党的迅速崛起提供了"大量明显的证据，证明北方已经聚焦了足够的能量来纠正对美国历史的脱轨，也就是在奴隶主的压力之下，半个世纪的不正确道路，而转到它发展出的正确原则之上"。林肯的胜利在马克思看来是一个象征，象征着北方的工人"不再屈从于三十万奴隶主的寡头政治……"这些观点与南方人的看法并不完全一致，而格里利的欧洲记者向《论坛报》的读者解释他们最应该知道的美国历史的下一个阶段是："共和党在选举中的胜利注定会导致北方与南方的公开斗争"。

内战界定了林肯在白宫的任期。无论如何，美国的第一任共和党总统并不仅仅是一个战士。他试图在总司令与国家政策制定者之间达成一个平衡，这一平衡的必要性他在第一次对全国的演讲中就认识到了，在这一点上他是真诚的，当然并不总是成功的。就像在战场上取得过胜利一样，在关于经济方面的论战中，林肯的论述也取得过胜利。其中主要的一次是1862年《宅地法》的颁布，这是土地改革的一个较为温和的版本，它的提议者是受潘恩影响的农业社会主义者，以及跨越不同阶层的社会民主主义者，乔治·亨利·埃文斯是这些人的领导，他早在18世纪40年代中期就提议把这一运动称为"共和主义"，十年后，埃文斯的助手布瓦尔在威斯康星的里彭召集建立政党时用上了这一名称。《宅地法》承诺把"土地分给无地的人"，允许任何成年公民（或者申请成为公民的任何人）在公共土地范围内拥有160英亩的一小块地。格里利称赞这是"史上最重要的改革之一"，并预言它将会开创一个战后经济平等的新时代，其特征是"和平、繁荣和进步"。

虽然格里利和林肯在宅地问题上意见一致，但他们就何时、何地颁布《解放公告》发生了争执。在这一问题上，格里利加入了弗雷德里克·道格拉斯的阵营，要求林肯把内战继续向前推进，使它不仅仅是维持国家统一的战争，而且是废除奴隶制的战争。正当格里利和林肯在通信中展开交锋的时候，《论坛报》的长期总编查尔斯·达内正在为林肯工作。被正式任命到内战部工作后，达内的真正角色是总统的助手和顾问，涉及的问题被达内称为需要"明智的、高尚的、理性的运用执政权力"，在内战部，达内最终成为助理秘书。在圣徒传记式的叙述中，林肯被人为地美化，人们创造了一个关于这位第十六任总统的完美故事版本，在这个版本中，一些历史片断被遮蔽了，人们无法看到，如，林肯在当总统时阅读来自达内的急件，并欢迎和接纳马克思这位长期编辑的建议；再如，对《共产党宣言》的作者的朋友们，1848年德国革命失败后逃到美国的难民们，林肯授予其军事使命。在林肯死后的几年，他的法律伙伴、政治同事，威廉姆·赫顿抱怨说，林肯的官方传记作者已经试图"编造阶级与民众对立的故事"，这一路径"将导致对林肯的描述失去真实性，使林肯看起来像一个博物馆中的蜡像人物"。

真正的林肯与其说是一个传统的马克思主义者，不如说是一个杰斐逊主义者，尤其更是一个潘恩主义者。林肯反对制定法律阻止人们变为富人，认为这个不切实际的规划"弊大于利"。他设想在劳动"优于"资本的同时，"在劳动和资本之间也许总是存在着一种关系"。但如果说林肯不是一个马克思主义者，那么可以说他也不是一个自由资本主义者，事实上，他与后者的距离更大。尽管他承认在资本和劳动之间存在着关系，但他也详细阐述了这种错误假定，即认为"整个世界的劳动都存在于这种关系中"。

当资本与劳动的关系破裂后，林肯站在劳动一边。他号召工人们联合起来，组织劳动联盟——"联合所有国家，所有说不同语言、不同种族的所有工人"。他希望"自由劳动"能够不折不扣地驾驭资本。他作出这种承诺不是出于一个处于激进阶段的年轻人，而是作为美国的总统。1864年3月，当纽约工人阶级的民主－共和党协会的领导来到白宫，告诉林肯他们把他选为该组织的荣誉会员时，林肯提及了上述内容。林肯感激地接受了会员资格，阅读了相关文件，然后表达了对访问者的感谢——"你知道，正如你的致辞中表明的，现在的反抗意味着更多，也总是能表达出比反抗永恒的非洲奴隶制更多的内容，事实上，它是一场争取所有工人群众的权利的战斗。一方面想说明这种观念引起了我的注意，另一方面我也不太善于表达自己，我来念一段1861年12月在国会的讲话……"

虽然日程繁忙，肩负着制订战争的所有决策的重任，而且面临着即将到来的再次选举，在回顾了他关于劳动优越性的讲话后，林肯还是花了很长时间与工人们一起座谈。在接下来的选举中，林肯的支持者在纽约和其他地区的工人守护区散发传单，宣传这场战争不仅是为了解放南方的奴隶，而且要把北方的工人从工资奴隶的状态中解放出来。最热切的废除奴隶制主义者，如弗雷德里克·道格拉斯经常辩论说："解放奴隶会带来国家的和平、荣耀和繁荣"。但是当时，传单所散发的才是核心内容，是否能在摇摆不定的州争取选民的支持，取决于林肯是否能看清这场战争不仅是"和平地废除奴隶制"，而且是"争取所有人的自由，挣脱所有的锁链"。林肯的支持者认为，解放将使南方的非洲籍美国人"能够体面的生活，这也会使穷困的白人提高劳动工资，而不是像现在一样拿像奴隶一样的低工资"。

"让工人们有这些想法，让他们来到投票点，为亚伯拉罕·林肯，真正的民主的候选人投票，而不是为代表英国贵族的人投票，或者为这种类型的政府投票，为了摆脱这种政府，无数的人离开了自己的故土，这种政府产生了叛军的领袖，他们明显的是为有钱人服务，这种情况在南方有许多例证，在那里除了财富拥有者，没有人可以在政府任职……"以阶级斗争为基础的传单，建立在大多数人利益的基础上，这使得林肯得到了纽约的支持，并以在全国的决定性胜利保住了总统的职位。

远在德国的马克思（在战争时期以及战争之后，他与达内和其他美国同事保持通信联系）对林肯的竞选欢欣鼓舞，在 1864 年 9 月写给恩格斯的信中他写道："如果林肯这次也能闯过去——这是非常可能的——，那只能是在远为激进的纲领的基础上和在完全改变了的形势下。"

马克思和恩格斯在 1864 年秋天非常忙碌，他们忙着建立国际工人协会——共产主义运动和左翼同盟的"第一国际"。当年 9 月 19 日在伦敦召开的第一国际总理事会上，马克思拿出一封庆祝林肯当选的贺信，这封信得到了理事会的认可。其中这样写道：

阁下：

我们为您以大多数票再度当选向美国人民表示祝贺。

如果说反抗奴隶主的权势是您在第一次当选时的留有余地的口号，那么您在第二次当选时的胜利的战斗口号则是：让奴隶制死亡。

从美国的大搏斗开始之时起，欧洲的工人就本能地感觉到他们阶级的命运同星条旗息息相关。难道引出这段悲壮史诗的领地之争，不正是为了决定那辽阔无垠的处女地是应当与移民劳动相结合还是应当被奴隶监工的践踏所玷污吗？

代表着 30 万奴隶主的寡头集团竟敢首次在世界历史上把"奴隶制"写在武装叛乱的旗帜上；不到一个世纪之前第一次出现了建立伟大民主共和国的思想，由此产生了第一篇人权宣言，并给予 18 世纪欧洲革命以第一次推动；而恰恰是在第一次出现建立伟大民主共和国思想的这个地方，反革命势力却得意扬扬全面彻底地推翻了"制定旧宪法时所依据的思想"，说什么"奴隶制乃是仁慈的制度，实为劳资关系这一大问题的惟一解决办法"，并且无耻地宣称，把人当作财产的制度是"新大厦的基石"。在这样的形势下，欧洲工人阶级甚至还在上层阶级狂热地倒向同盟老爷们一边从而发出不祥的警告之前就立即看出：奴隶主叛乱是一场财产对劳动所进行的普遍的十字军征讨即将开始的信号，对劳动者来说，不但他们未来的希望，就连他们过去争得的权益也因大西洋彼岸那场大冲突而陷于危险之中。因此，无论是哪个地方的劳动者，都甘愿忍受棉花危机给他们造成的艰难困苦，强烈地反对那些骑在他们头上的"大人先生"们千方百计站在奴隶制一边进行干涉，而且欧洲大多数国家都有劳动者为正义的事业献出了自己的鲜血。

作为北部真正政治力量的工人曾容许奴隶制玷污他们自己的共和国；他们曾在那些未经本人同意就被收作奴隶或出卖的黑人面前夸耀地表示，自己出卖自己、自己选择主人乃是白皮肤劳动者的最高特权。那个时候，他们不能获得真正的劳动自由，也不能支援他们的欧洲弟兄的解放斗争。但是这种阻碍进步的意识现在已经被内战的血浪涤荡干净了。

欧洲的工人坚信，正如美国独立战争开创了资产阶级统治的新纪元一样，美国的反奴隶制战争将开创工人阶级统治的新纪元。他们认为，由工人阶级忠诚的儿子阿伯拉罕·林肯来领导他的国家进行解放被奴役种族和改造社会制度的史无前例的战斗，是即将到来的时代的先声。

这封信及时地被转交到老查尔斯·弗朗西斯·亚当斯的手里。查尔斯·弗朗西斯·亚当斯是约翰的孙子，约翰·昆西的儿子，从战争爆发时起，他就服务于林肯的驻英大使的权利部门。亚当斯与马克思非常熟悉。作为一个格里利人，亚当斯在1872年竞选副总统，他所代表的是由《论坛报》的副编辑所领导的"自由共和党人"，从1861年到达伦敦之后，他就成为马克思在《论坛报》中大加称赞的对象。他的儿子兼私人秘书亨利，参加了马克思和恩格斯组织的"一个民主主义的和社会主义的会议"之后，曾经向华盛顿写了一篇赞同的报告，认为会议发言人强调"他们的利益与美国工会的利益是统一的，美国宪法的胜利也是英国政治追求的一个深远的结果，而他们不能容忍不利于北方的任何干涉"。马克思、恩格斯和他们的同志们认为，美国总统的伟大的曾孙子，以及另一个美国总统的孙子是林肯及美国工会在伦敦的事业的最好的朋友。

老亚当斯急速把马克思和第一国际领导人的信以外交邮件的形式送到了华盛顿的政府部门。政府秘书威廉姆·斯沃德马上回复"这些有意义的信件已经转交给总统"。后来斯沃德传达了林肯的读后感，并由亚当斯及时传达给马克思和他的同志们：

　　"请允许我直言不讳，您们协会核心委员会写的信函已经通过使节转交到了美国总统的手里，他也已经收到了。"亚当斯以这句话开始，并接着说道：

　　由于这封信的表达充满着人格特征，它们已经被总统所接受，他真诚和急切地想不辜负人们对他的信任，向美国人民和来自世界各地的崇尚人性和进步的朋友们证明自己的能力。

　　美国政府清醒地意识到，它的政策不但不能是反动的，而且要坚持最初的事业宗旨，在任何地方都要放弃非法宣传和入侵。它为所有的州和所有的人争取平等的、同样的正义，它依赖于国内的努力和世界各地的尊敬和良好的愿望。

　　一个国家不是为了自身而存在，而是为了通过与其他国际友好交往、相互学习，促进人类的福利和幸福而存在。在这种相互交往中，美国把当前正在进行的反对奴隶制的事业当作出于人类本性的反叛。他们从欧洲工人的斗争事例中获得了百折不挠的新的勇气，在欧洲工人的启发、赞同和真诚的同情下，国家的精神状态更加振奋。

马克思对"林肯如此有礼貌地答复我们"感到非常兴奋，这种礼貌既表现在林肯对反革命政策的拒斥上，也表现在团结全世界崇尚人道主义和进步的人们的愿望表达上。马克思认识到林肯的表达没有一点糊弄虚伪的成分，正如他在战争期间所写的"林肯的政治行动原则绝无审美上的无聊、逻辑上的缺陷、政治和形式上的不正规，相反……"他没有想到林肯这位总统是一位革命者，更不用说林肯是一个国际主义战士了。然而，基于他多年对美国的经济和政治斗争的跟踪和评论，马克思倾向于认为美国的左派是错误的，同时他肯定地认为，"在美国历史和人类历史上，林肯必将与华盛顿齐名。"因此，马克思作为第一国际的组织者很高兴地广泛报道了白宫与第一国际间的交往，这些报道与其他英国和美国的文章一起，作为《纽约时代》的新闻特稿。"林肯对我们的回答与对其他资产阶级（反奴隶团体，也曾给林肯写过信）的回答如此不同，这种不同在我们这里已经产生了影响，以至西方人士也点头予以赞赏。"马克思告诉恩格斯，"你可以想象我们这些人是多么地高兴。"

在林肯被刺杀后的几十年里，林肯与第一国际交往的故事被广泛传颂，并不断被详细叙述。1908年，尤金·维克多·德比为了到林肯墓地发表庆祝演讲特意放下了他为总统竞选而开展的"特别红色"活动。几年后，在另一次总统竞选中，德比辩论道："共和党曾经是红色的，林肯曾经是一个革命者。"共和党的根基确实有红色的印迹，这是无可争辩的，而说共和党的第一任总统是一位激进主义者，这也并非没有根据；林肯的伟大斗争，根源于共和党的建党理念，即为争取"一个自由的新生"，用历史学家查尔斯·比尔德的话说，这一理念是"第二次美国革命，在严格的意义上，是美国的第一次革命"，这一形容并不为过。林肯在葛底斯堡发表演讲时宣称，这场战斗是为美国建国之初的诺言"人人生而平等"赋予了意义，但并非像19世纪30年代的一些头脑过于灵活的修正主义者们所想象的那样，林肯并没有因此而成为一个共产主义者。把他的葛底斯堡演讲与建国的启蒙理念紧紧联系在一起的林肯坚信"不断地和无所畏惧地扬善去恶，这本身就包含着真理"，正如威斯康星大学校园靠近林肯塑像的、已经矗立了一个多世纪的匾上所描述的。林肯不是一个马克思主义者，但是这位第一任共和党总统属于这样一个时代，在这个时代，他熟悉马克思的著作，以及 1848 年革命后从欧洲流亡到美国的革命者圈子。林肯在他的时代不断地筛选和接受各种激进思想。他从劳动优越于资本的观念中找到了真理，正如他发现在一个特定的时代，与激进主义者联盟是必要的，他们同样认为南方垂死的贵族们制造的战争不仅是维护奴隶制的最后挣扎，而且"事实上，是针对所有劳动人民的权利的战争"。

林肯逝世的一个世纪后，距他自己被暗杀仅仅五周前，马丁·路德·金回顾了上述联系。金是在杜波伊斯诞辰纪念日上发表演讲时提到的，该纪念活动的地点在卡耐基音乐厅，由《自由之路》杂志主办。以杜波伊斯的激进主义为例，金号召人们摆脱"红色恐怖"式思想，这种思想把所有与共产主义联系在一起的人和事都妖魔化：

讲到杜波伊斯，我们不能不承认他终其一生都是一个激进主义者。一些人倾向于忽略他在晚年是一个共产主义者的事实。值得注意的是，亚伯拉罕·林肯热诚地欢迎卡尔·马克思在内战时的支持，并自由地与他通信。在当代的英语世界，人们很容易地承认肖恩·奥凯西是二十世纪的文学巨匠和共产主义者，或者巴勃罗·聂鲁达是仍然在世的最伟大的诗人，虽然他曾是一名智利的共产党员。杜波伊斯是一个天才和自愿的共产主义者，是时候承认这一事实了。我们反共产主义的非理性强迫症为我们带来了诸多困境，而我们还自以为它是一种科学思维模式。

对随意忽视社会主义者、共产主义者和其他激进主义者——包括受他们观念影响的美国总统，金提供了一个纠正的范例，但是，是半个多世纪前的杜波伊斯，为人们提供了一个认识林肯的最佳视角，对那些试图寻找这位美国总统的最微妙的独特之处的人们来说，这无疑是一个有用的视角。

作为他的时代以及界定这个时代的重大争论的产物，作为一个古代和新时代思想的学习者，作为一个在托马斯·杰斐逊就任总统的最后几周出生的美国人，在还能够依稀地瞥见启蒙时代的精神之光的时候，亚伯拉罕·林肯认识到对时代发展的最佳答案存在于"迄今为止尚未探索的领域"。这就是他为什么要广泛地阅读，这就是他为什么如此紧密、如此热情地追随其他大陆所发生的自由斗争，这就是他为什么与激进主义者做朋友，其中很多人是1848年伟大革命后的避难者。这也是他为什么如此广泛地从他们的建议和纲领中作出选择，杜波伊斯也认识到林肯的选择"过于宽泛，以至于很难保持一致"，即使如此，林肯从不对任何观念全盘接受。"他并不总是马上看到正确的"，杜波伊斯评价道，但是，这位战士评论说，美国的第十六位总统拥有一种惊人的"成长的能力"。正是这种能力使杜波伊斯认为，美国人如果采纳林肯的模式，学习他对来自迄今为止尚未探索领域的观念的开放态度，他们将会把美国建设得更好。林肯对其保持开放的观念诞生于一些默默无闻的地方，包括科隆的一间报纸办公室，斯普林菲尔德举办的一个与匈牙利革命党团结一致的会议室，威斯康星的一个学校教室——坐在里面的是傅立叶主义者和"为自己拥有农场而投票"的土地改革者，纽约的一个工人俱乐部，伦敦第一国际的聚集地。总统们否决了他们不能完全同意的一些做法，否决了一些人的观念，他们这样做是为了服务于大众。在任何一个国家的历史上都会有特定的关键点，在这样的关键点，激进主义观念不仅是有趣的、令人着迷的、可塑的，它们还是"新的启蒙"，激励人们为"人类的福利和幸福"而努力。杰斐逊在他的最佳时期，认识到了这一点，潘恩也同样认识到了这一点，林肯当然也一样，在总统任期的最困难时刻，他提出："过去的一成不变的教条对急风暴雨的今天是不适用的。现在的机遇面临着越来越多的困难，而我们必须从这样的机遇中崛起。我们必须解放我们自己，然后我们才能服务于我们的国家。"

第四章
合法与和平的精神革命：的的确确的
社会主义

我们，社会民主党人，不仅"想制造像社会主义者那样的声势"，我们还想做出像社会主义者那样的事情。我们不只是想破坏和摧毁，我们还想建设和创造。我们的社会主义不是雷声——不是吹牛皮——它是震惊世界、提升世界、启发世界的闪电……

——维克多·贝尔格尔，美国的第一位
社会主义者议员，1906

城市运动在大众教育这一社会主义工作中只是一个插曲。我们期待把这一工作持续而不断深入地开展下去。从此以后，社会主义将被当作国家公共生活的一个潜在因素，而且它将是国家的政治和社会政策中的一个纯净剂和有益的因素。

——纽约市长候选人莫里斯·希尔奎特，1917

我们在密尔沃基证明并且显示出，工人们可以比共和党们、民主党们，或者资本家们更好地管理城市。一个城市比一个州更为复杂，因此也更加难以管理。如果我们可以治理一个城市，那么我们也可以治理一个州和一个国家。

　　　　　　——密尔沃基市长丹尼尔·韦伯斯特·豪恩，1932

　　我出生和成长在社会主义的影响之下。像多数与我同时代、同地域的人一样，我是先知道"社会主义"这个词，然后才知道"资本主义"这个词的。而且在我的记忆中，"社会主义"这个词在我年幼的头脑中与许多美好的事物相连。密尔沃基这个大城市是我们村庄所在地区的商业、社会和政治的中心，该市市长信奉的是社会主义信条，这一信条认为公司垄断是失败和腐败的，嘲讽那种认为私人企业可以而且能够做好基础服务的假设。密尔沃基市长拒绝接受自由市场是真正自由的观念，反对自由市场可以提供一切答案或其中一些答案的假设，他赞同公有制，认为它是对贪婪的资本主义制度的一种人道的、负责任的替换方式。他支持和拥护工联主义、合作主义和集体主义。国际团结是他的信念，从预见性的规律出发，他谴责美国军事工业综合体的贪婪扩张。

　　这位市长自己设定的明确目标是打造出"一个体现工人们的兄弟情谊的合作联盟"。

　　他的前任担任了市长职务25年，是一个第二代社会主义者，根据《时代》杂志在他任职的第20年所写的封面故事，他"把自己市政管理的成功归功于马克思"。这位前任市长建立了住房合作社规划，以及市政供水系统、污水处理厂、采石厂和港口设施。他的政府甚至资助食品生产，建立市政商店为穷人提供面包和其他主食。他是一个有着阶级意识的领导人。当被邀请去欢迎比利时的阿尔伯特国王访问该州时，他反驳说："我支持的是劳动的人，让国王见鬼去吧。"

　　严格的平等主义，对阶级划分的认同，站在正确的立场，亦即站在左派立场的信念，这些都是这位社会主义市长所坚信的，也是我成长过程中所接受的东西。

这个苏维埃城市在哪儿？我们把这个古拉格称作什么？

它在威斯康星，我们称之为"密尔沃基"。

从20世纪早期到20世纪60年代，密尔沃基不仅是一个"社会主义者活动的温床"，事实上已经是美国一个较大和最为繁荣城市的密尔沃基，数十年来被社会主义者所管理。第一个掌管美国这个主要城市的社会党员是埃米尔·塞德尔，他于1910年被选为密尔沃基市市长，他说过如下佳句（可能得益于他的主要助手，诗人卡尔·桑德堡在修辞上的帮助）——"社会主义者被给予机会来展示他们的优点"。

在塞德尔选举获胜后，《纽约时报》与全国其他的报纸几乎每天都报道密尔沃基的社会主义者所取得的进步，《纽约时报》声称："无论从哪个角度看，塞德尔市长都会成为美国最令人感兴趣的一个人物，从现在直到他的任期结束。"

这种兴趣使塞德尔在担任市长的两年后，发展成为劳动党领导人尤金·维克多·德比领导下社会主义者的副总统竞选提名人。

1912年，德比和塞德尔在选举中赢得的选票接近1亿张，占当年总选票的60%，当时民主党人伍德罗·威尔逊，独立的进步党党员泰迪·罗斯福，甚至包括共和党人威廉姆·霍华德·塔夫特更愿意从社会主义者那里借用观念，而不是抨击他们的影响。作为胜利者的威尔逊无疑深谙其道。他任命杰出的社会主义者到联邦任职，并从党内派遣一个重要的人物——1913年纽约市长的社会主义提名人，同时也是一位作家，查尔斯·罗素，作为他最信任的国际全权公使。在他的第一任期，这位第28任总统同样对社会主义活动家打开大门，1916年1月，他与三位领导人会面，他们是纽约议员梅耶·伦敦，宾夕法尼亚联邦的劳动党主席詹姆士·毛雷尔，党的共同创立者、国家执行委员会委员莫里斯·希尔奎特。几个人一起商讨社会党提出的议案，即"由美国总统召集一个中立国会议，向交战国提供调解，这个会议的召开是永久性的，直到战争结束"。在希尔奎特的传记《繁忙生命中的落叶》中，他回忆称威尔逊一开始"想要给我们开的是一个简短而敷衍了事的会议"，但这个会议很快就"发展为系列性的和令人信服的对话"。（在希尔奎特的回忆中，他和其他人都认为威尔逊，这位打出"他使美国远离战争"的旗号，当时寻求连任的总统在第一次大战中是真心地要使美国保持中立。但仅仅一年后的事实证明他们的想法错了，威尔逊不但领导美国投入战争，而且亲自主持对持不同政见者的严酷镇压，把德比投入了监狱，让希尔奎特到与社会主义者有关联的日报作律师，监督英语报纸《纽约的呼唤》《密尔沃基领导人》，以及犹太语报纸《犹太每日进步》，威胁这些报纸如果它们发表反战观点，将失去投递特权。）

1912 年，以德比和塞德尔为代表的社会主义竞选在国家层面上获得了引人注目的支持，与之伴随的是在各州和各地区层面的胜利。到了当年底，社会党已经选出了 34 位市长，从蒙马特高地到纽约的 169 个城市的城市顾问、学校董事和其他官员中都有社会党人。在 33 个州中的一部分，社会主义者赢得了当年选举的胜利，社会党取代了民主党或者共和党成为政府管理的第二大党。例如，在我的家乡威斯康星，虽然共和党在 1910 年到 1920 年中占立法席位的大多数，但社会党经常构成反对者中的大多数，民主党只是勉强能够发出声音。

第一个被选入美国国会的是塞德尔的竞选策划者，密尔沃基的获胜者柳特波德·伯格尔，他从 1911 年占据这个席位，直到 1929 年离开。他曾多次在关键时刻在国会召集会议，会议出席者包括纽约社会主义者梅耶·伦敦，他也曾通过简单或者半正式的方式与菲奥雷洛·拉瓜迪亚会谈，1924 年，菲奥雷洛·拉瓜迪亚作为社会主义者的代表，赢得了这个国家的最大城市市长的选举。社会主义者非但没有边缘化，而且与"起义者"共和党核心会议结成联盟，该会议领导人为威斯康星议员罗伯特·拉裴特，人称"战斗的鲍比"，他在 1924 年总统竞选中赢得了社会党的支持，并在全国获得 500 万选票。当被他的同事们质疑支持一个终身的共和党人是否明智时，密尔沃基市长丹尼尔·豪恩，这位在塞德尔只任一届市长后接替该职位长达 24 年的市长为这个终生共和党人辩护："他认为最重要的总是国家的财富是否应该集中在少数特权者的手里。如果财富为特权所拥有的情况不能令人满意，你们社会主义者将会做什么？这难道不是我们 40 年来一直致力于改变的事情吗？"

社会主义者不仅在选举中取得了重大进展，而且在传播观念和理想方面，最终为美国历史中的社会改造试验提供了大致的纲领，这就是"新的政策""平等的政策"和"伟大的社会"。一个被杂志描述为党的领导的市长社会主义者，"坚持马克思主义信念因为他认为马克思主义信念是他们为生活理想而奋斗的最佳工具"。所有这些引发了人们关于实践的思考，那就是为推进社会进步，人们到底应该做些什么？

无论如何，这不仅是关于密尔沃基及其社会主义者的故事，甚至也不是关于威斯康星以及进步主义者的故事，后者如果不是总是，也是经常地从社会主义者那里汲取思想营养。这是一个关于"下水道社会主义"的故事，这个区域治理的著名品牌在 20 世纪的大部分时间都是美国城市政治中的一个主题，直到今天，在一些社区仍然如此。回顾从 1912 年到 1932 年，社会党在何种程度上在全国性选举中扮演了重要角色，以及从 1932 年到 1980 年，从事政治的人提出的政策在何种程度上被民主党总统们和议员们（甚至包括一些共和党官员和立法者们）所采纳，这是重要的，但同时，认识到在整个 20 世纪，直到 21 世纪，社会主义者和社会主义在政治的人文层面也取得了重大成功，这一点更为重要。在宏观上被认为"令人恐惧"的社会主义，在微观上被证明是广受欢迎的。在社会党取得了如此广泛成功的同时，20世纪30年代和40年代的共产党在政府管理上也取得了自己的胜利，城市权利律师的先驱本·戴维斯和老牌活动家彼得·卡克安被二次选为纽约城市顾问。而且共产党也在农业－劳动和工人党阵线竞选中获得了成功，如在谢里敦县，在蒙大拿、克罗斯比、明尼苏达等地。明尼苏达州的卡尔·埃米尔·内加德在1933年任职，自称为"美国的第一个共产党员市长"。

20世纪40年代，在纽约工党内工作的共产党在美国工党议员的选举中也承担着重要角色，如维多·马肯托尼欧，连任七届东哈莱姆的代表，还有利奥·萨克森，既作为布朗克斯的短期代表，同时也是纽约立法者和地区机关的成员之一。美国工党候选人通常会得到共和党的广泛支持，这些共和党员公开与共产党和非共产党的工党成员一起，对抗坦慕尼派。

事实上，在所有策划竞选等事情中，社会党都在全国赢得了极大的胜利。然而，左翼政党在选举中取得这些胜利的历史却被人们有意忽视并遗忘了。这是不对的，左翼人在城市和各州任职带来、实施和证明了许多有价值的观念，例如失业保险、工作场所的安全保护、所谓的"救济"计划、公共住房，公共设施的公有制，这些观念最终推向全国，体现在富兰克林·罗斯福时期的新政中。

即使是同情社会主义和对美国左翼的选举历史有所认识的历史学家也倾向于把目光停留在众多社会党的总统竞选中，如德比，他从1900年到1920年参与了五次总统竞选，再如诺尔曼·托马斯，他接过德比未竟的事业，从1928年到1948年参与了六次总统竞选，这些历史学家只是注意总统竞选活动，而不去关注真正的社会主义政府，它们在主要城市实施着管理，并参与了全国市级与乡级的管理。这种忽视在今天尤其盛行，不断同质化的美国媒体和专家团体都迷恋于总统选举的政治，对区域事务很少关注。社会主义作为观念和社会党作为政治运动的叙述都在美国消失了。毕竟，德比失败了，接二连三地失败，然后，托马斯也失败了，接二连三地失败。因此，社会主义和社会主义者就被人们认为是失败者。

然而，我们借用一位社会主义者伍迪·葛斯里（共产党《工人日报》的伍迪专栏的作者）的话说，社会主义者赢得竞选以及在社区进行管理"从加利福尼亚到纽约长岛，从红木森林到墨西哥湾水域"的权力。全国性人物托马斯，社会党中被人们普遍器重的领导人，同时也是社会党在 20 世纪中叶的形象代表，描述遍及全国的社区草根运动时，认为这些运动是社会党"为建立一个新社会而进行的兼容并蓄的圣战"。

作为"下水道社会主义者"，社会党党员、独立的社会主义者和社会民主主义者在美国大多数州管理着上百个城市、乡村、城镇和学区。而这种情况并不是在遥远的过去发生的。就在埃米尔·塞德尔任密尔沃基市长，并宣称"社会主义者准备走向管理岗位"的七年后，伯尔纳·桑德斯作为佛蒙特州杰出的社会主义者接管了这个州的伯灵顿市。桑德斯现在的身份是独立的社会党议员，与民主党人一起召开领导会议，但他只对民主党的左翼政策投赞成票，这些政策从医疗改革到银行监管，以及建立经济民主的努力。今天，在塞德尔的选举登上了《纽约时报》头版头条的一百年后，不同种类、不同程度的社会主义者和社会民主党人被选举出来，只是他们没有登上头版头条，他们服务于地方的学校董事会，城镇顾问委员会和城市委员会，以及全国范围的市政厅。

我曾经问过我的朋友查理·尤普霍夫，一个令人尊敬的社会民主党人，他曾在相当保守的郊区和农村地区的学校和村董事会任职，我问他为什么他的邻居们会给他投票，这些人有很多是共和党人，他们毫不反对福克斯新闻主持人对奥巴马政府的指责，认为奥巴马政府潜藏着马克思主义因素。我问他，难道这些人不知道他——查理，是一个红色分子吗？他们当然知道他是信仰社会主义的人。毕竟查理的父亲华尔特是社会党中领导选举和竞选美国参议员时被经常提名的人（他是第一个在政治辩论中挑战约翰·麦卡锡的人），他也是该党国家执行委员会的成员之一，并任职多年。而查理当然是他父亲的儿子。

"也许他们认为我的信仰只是一种怪癖，而不是参政的阻碍，"他这样对我解释，"我想，他们中的许多人都会盘算，会认为一个坦率地承认自己是一个社会主义者的人，在赢得选举后也会保持足够的诚实。社会主义者当然不反对政府，我们只是想让它有效地工作。我猜想我说的话使得很多人信任社会主义者，如果他们知道了社会主义者是怎样的，他们就会信任社会主义者。"

当然，查理是对的。他用他的智慧不经意但却巧妙地说明了什么是"下水道社会主义"。

"下水道社会主义"这个词的流行来自于莫里斯·希尔奎特的一个笑谈。希尔奎特与他的狂热支持者海伦·凯勒和厄普顿·辛克莱尔一起作为社会党的常任候选人，并在竞选纽约市长时获得了数十万选票。1932年希尔奎特主持该党在密尔沃基召开的全国代表大会，他用"下水道社会主义"来调侃地区级社会党人叙说自己更新市政下水系统时的自豪。下水道系统、公共健康工程、市政能源工厂，这些被市政厅中的社会主义者描述为"工业革命的肮脏和有污染的遗产"的东西，都是政府来负责管理的。历史学家约翰·戈达回忆说："塞德尔对一些纯意识形态化的社会主义者的观点进行了反思，这些人认为密尔沃基人过于关注公共事务，所以把密尔沃基的社会主义者称为

'下水道社会主义者'。也许这一称呼有不恭敬之处，但密尔沃基的社会主义者并不排斥它。他们下决心要使政府成为有能力的、有效力的，值得一提的是，在一个公共供水系统并不完善的时代，在你不得不把脏水倒入河里的时代，密尔沃基人下决心要做的事情并不是优雅的基础建设工程。对许多密尔沃基的居民来说，这是一个生死攸关的问题。对密尔沃基的社会主义者来说，这是一项重要的事业，而这一事业逐渐扩展为公共企业观。你花公众的钱来为公众做事。"

戈达的某些看法是对的，确实有一些"纯社会主义"者认为，被西德尼·韦伯在经典费边主义的小册子《社会主义在英国》中所称赞的区域性"下水道社会主义"或者说"市政社会主义"是辩证法的令人失望之处。正如弗拉吉米尔·列宁大约在密尔沃基社会主义者刚开始其事业时所批评的，"西欧资产阶级知识分子如英国费边派分子之流，所以要把地方公有社会主义思想奉为一个特殊'流派'，正是因为他们幻想社会和平，幻想阶级调和，企图把公众的注意力从整个经济制度和整个国家制度的根本问题转移到地方自治这些细小问题上去。在前一种问题方面，阶级矛盾最为尖锐；我们已经指出，正是这一方面的问题触及资产阶级阶级统治的基础本身。所以正是在这个方面，局部实现社会主义，这种市侩反动空想尤其没有希望。"

虽然列宁批评了"市政社会主义"，但他并没有认为它是反动的。他策略性地把自己的辩论至少部分地建立在不同国家不同实践的基础上，而美国的社会主义者则倾向于认为它是对的。美国的社会主义者并没有受到干扰，他们阅读他们的马克思，一方面他们承认改良主义的重要性，另一方面拒绝这种假设，即认为"阶级结构的刚性阻止了为工人改革的手段，直到资本主义灭亡，才能改变这种情况"。大多数美国的激进主义者，尤其是与工人阶级的整体联盟关系密切的人，反对坐等适当革命时机的观念，他们把这种观念戏称为

"空中馅饼"式的承诺，对艰苦度日的工人家庭来说，这种观念相当于牧师保证他们在来生将得到他们应得的一切。乔·希尔把这种空洞的理想表达为以下几句诗：

> 你将吃饱，再见，一路走好，
> 在天上闪耀光芒的大地上，
> 工作和祈祷，悠闲地生活，
> 在你死后你将在天上得到馅饼。

"下水道社会主义者"并不反对天堂的报偿，但他们认为在此时、此地提供一些甜点对推进这一进程可能是必要的。这种渐进主义使"下水道社会主义者"在采用武力是否永远适当的问题上与更为激进的社会主义者产生了冲突，这些激进社会主义者包括国内世界产业工人组织中的老盟友，也包括国外处于领导地位的共产主义者。为此，许多"下水道社会主义者"从德国实用主义社会主义者爱德华·伯恩斯坦那里寻求智力支持。伯恩斯坦认为，虽然从理论上说，策划和为伟大的革命作准备是有吸引力的，但在实践上为人们的餐桌提供食物可能更能激发人们，动员行动的力量。维克多·贝尔格尔高度赞同伯恩斯坦的观点，认为取消暴力革命是可能的，贝尔格尔是19世纪末20世纪初美国社会主义的伟大支持者。贝尔格尔也是把德比拉入社会主义事业中的人，他宣称"只要我们改变了现存的秩序，使全体人民得到解放，我们不在乎我们的社会主义是马克思主义的，还是其他什么主义的"。

即使在他的时代美国的民主是不完美的，当然现在可能仍然如此，贝尔格尔仍然理解和尊重美国作为一个民主社会。他认为，"在一个已经有投票制的国家，只要投票能被给予完全执行和公正对待，我们还去期待通过暴乱和斗争，通过杀人式进攻和流血的谋反来改变社会，这是愚蠢的。"关键是要取得"精神上的革命"——这是贝尔格尔作为新闻编辑，杂志作者和四十多年的作家所认为的值得作为革命宣言的话。"在世界的历史上从来没有一蹴而就的飞跃。"他反复宣讲这句话，认为资本主义被取代可能需要"一个到两个世纪"。并认为在这一过程中需要的是不断地完善每个部分和为最后的胜利铺设台阶，这应该被看作前进之路上的路标而不是终点。"我们每时每刻都不应该忘记，此时此地，社会民主党人为工人所做的斗争，这一斗争是为诚实的人，也为好的政府管理下的所有的人，它的最终目标不是改革，而是革命——合法的、和平的革命，但终究是一场革命。"

"社会主义是文明的下一个阶段"，这是贝尔格尔的一句名言，无论是在国会致辞，还是在街头对密尔沃基市的德国移民和犹太移民发表演讲，他都会这样说。为此，这位伟大的理论家、活动家，成功的竞选策划者和成功的候选人在1906年宣称：

> 我们为把民众组织起来而进行宣传。在各地进行组织意味着秩序。我们对民众进行教育、启发、循循善诱，使之自律。而且，正因为这样，我们也带来了法律、理性、纪律和进步。
>
> 因此，把我们社会民主党当作仅仅是破坏，是有意推翻和摧毁社会秩序，当作迎合大众的非理性狂热，这绝对是错误的。
>
> 事实上恰恰相反。
>
> 我们社会民主党希望保持我们的文明和文化，而且希望把它带入更高的层次。
>
> 我们党希望国家远离破坏。
>
> 我们呼唤每一个人最好的一面，呼唤市民的公共理性。

　　在贝尔格尔写下这些话的四年后，他的呼吁得到了很好的回报。在他的策划下，塞德尔的市长竞选获得成功，密尔沃基的社会主义者也走向了权力部门，在财政界、律师界占据了重要位置，而且还占据了城市顾问席的三分之二。

　　社会主义者走上密尔沃基的权力岗位初始所做的工作，正如从山区到港口的其他城市的社会主义者所做的工作一样，证明了政府可以诚实地运行，它可以作为群众的延伸机构而存在，而不是作为他们的沉重负担。

　　作为伟大的哲学家和"下水道社会主义"运动的战略家，贝尔格尔明白，只有社会主义者建立起绝对正直和"好市民"管理者的声誉，他们的政府才能有理由掌管电力和汽油工厂、自来水厂、大众运输系统和其他服务机构。民主党和共和党把建立正直的政府作为它们希望达到的目的，而贝尔格尔说："对我们来说，这是首要的和最基本的要求。"他的助手弗兰克·泽德勒写道，"下水道社会主义者"通过"对秩序井然的政府的热切追求和对贪污腐败的蔑视"而使自己更加优秀。

　　正是这种蔑视为美国历史上的第一次伟大的社会主义胜利打开了通道。

　　"在社会主义者接管密尔沃基之前，这个城市像最坏时期的芝加哥一样腐败。20世纪初的市长是大卫·罗斯，一个黑暗时期的政界王子，他允许卖淫、赌博、整夜开放的沙龙和行贿受贿等，在他的眼皮底下猖獗。在罗斯执政时期，大陪审团驳回了276个针对政府官员的指控。罗斯始终在逃避对他的指控，但地方律师（后来的州长）弗朗西斯科·麦高文认为罗斯是"该地区自我选举、自我任命的有罪的律师"。戈达在回忆中说："在1910年，对罗斯不抱希望的选民把城市的钥匙交给了社会主义者。从事贸易的模型制造者埃米尔·塞德尔以压倒性优势赢得了市长选举，社会主义也占据了顾问席的大多数。"

塞德尔用人文字眼来解释社会主义者管理城市的要点：

> 东部一些联盟的人把我们称为"下水道社会主义"。是的，我们希望成为工人家中的下水道；但我们也希望更多，比下水道多得多的希望。
>
> 我们希望我们的工人有纯净的空气；我们希望他们有充足的阳光；我们希望他们有住房；我们希望他们有足够的工资；我们希望为老年和孩子提供娱乐；我们希望为人们提供职业教育；我们希望每个人都身体健康、生活幸福。
>
> 我们希望为他们提供他们所需要的一切：操场、公园、海滩、小溪和河流、浅水游泳池、社会活动中心、阅览室、健康的娱乐、音乐、舞蹈、唱歌和享受所有这一切。
>
> 这就是我们密尔沃基社会民主党的运动。获得上述所有这一切只有一条路——不断追求并去得到它。

为此，密尔沃基的社会主义者与劳工组织和小商人团体建立起密切的统一战线，发展自己的传媒（包括广泛发行的日报，由贝尔格尔主编的《密尔沃基领导人》），并精心组织"一支小分队"——由党员活动家所组成的守卫队，随时准备给各家各户散发用英文、德文、波兰文、意第绪文、意大利文和其他语言写成的活动宣传单，这些宣传单在党的印刷厂印好后的 48 小时内就可以送到市民手里。塞德尔自己就从事了两年这样的工作，而这成为密尔沃基社会民主党的故事的重要组成部分。密尔沃基的"下水道社会主义"，不是一个人的事，也不是一时的事，它持续了数十年，像美国的许多市政社会主义者所经历的一样。事实上，在 20 世纪社会主义根基深厚的城市，直到今天仍然持续这样的传统。

有一些历史学家试图使我们相信美国社会主义的全盛期是短暂的，它的好时期只存在于第一次世界大战的前夕，当社会党的反对者在英国国王的御用下与美国的士兵联合起来后，社会党就是成为"红色恐怖"这一被打击的靶子，以至于德比被投入监狱，贝尔格尔被逮捕，他们的成千上万的追随者被从政治领域驱逐出去，被折磨和流放。我的朋友杰米·韦恩斯坦甚至写过一本书，题目是《美国社会主义的衰落：1912－1925》。我爱杰米，为他所创办的杂志（《在这样的年代》）写文章，并且有幸为他的众多杰出著作中的最近一本《蜿蜒的长路：美国左翼的历史与未来》写封面赞美词。但是我认为，杰米对社会主义未来的悲观断言，无论在选举上还是在其他方面，都是旧观念的产物，这种观念无视"下水道社会主义"所做的巨大工作和取得的巨大成功。

毫无疑问，德比在 1912 年为总统竞选所作的拼搏是社会党国家选举的一个里程碑。整整八年后，作为亚特兰大州 9653 号犯人，他以微弱优势赢得了多数实际上的选票。他被投入监狱是因为发表了反战演讲，他认为，"在一个为世界性民主而战的国家里，战争成为我们宪法所规定的自由演讲权利的最大威胁"。然而，在只代表社会党的阵线中，他在 1912 年赢得的选票率也是社会主义总统竞选人中最高的。（1920 年的高选票、低选票率是妇女获得投票权带来的结果。）

即使仅仅考虑 1920 年总选票的表面价值——这是一个打了折扣的算法，我们知道与民主党和共和党结盟的城市计票系统故意把投给较大城市的社会主义者的选票压低了，而一些边远地区的州干脆把社会党排除出了投票范围，在这种情况下，德比和塞德尔在当年获得的6% 的选票仍然相当于同时期英国工党所获得的选票，工党最终成为英国的统治党。从国内看，德比和塞德尔获得的选票率相当于国会议员约翰·亚当斯和百万富翁罗斯·帕瑞特在1980年和1996年高调参加的独立总统选举的选票率，相当于绿党竞选人莱福·内德尔，独立进步党竞选人前副总统亨利·瓦莱斯在2000年、1948年所获得的选票率的2倍多，也相当于1948年州右派党竞选人，南加利福尼亚州州长斯特罗姆·瑟蒙德所得选票率的2倍多。

尤其值得一提的是，1912年德比和塞德尔在一些州获得的选票率的背景，在这些州，社会主义者已经建立起很强的政治组织，而且，大多都有社会主义者俱乐部网络和星期日学校、工人联盟和与社会党结盟的新闻周刊。在以下七个州的选票比率为：内华达（16：47），俄克拉荷马（16：42），蒙大拿（13：64），亚利桑那（13：33），华盛顿（12：43），加利福尼亚（11：68），以及爱达荷（11：31），从中可以看出，德比和塞德尔的选票率突破了两位数。

但是过于仔细地考察1912年社会主义者参加选举的情况，会错过其他重要的事情。

在德比代表的社会党的竞选业绩达到了历史最高水平的12年后，拉裴特把社会主义的旗帜拉到他自己领导的进步共和党运动中，这一运动想要更新共和党的激进主义传统，而它在全国范围赢得了16.6%的选票，因为它"打破了私人垄断系统在美国的政治和经济生活的综合性权力"，这是对德比的高调回应，以至于它远远超出了谨慎的"进步主义者"，如泰迪·罗斯福、伍德罗·威尔逊的主张。拉裴特宣称，"任何时代的自由人都应该同有组织的新势力进行斗争，它大肆地破坏自由"，而他和他的支持者在一份纲领中描述了他们进行斗争的策略，呼吁政府接管铁路，取消私人设施，减轻农民债务，对非法雇用童工进行管制，赋予工人的权利及其组织工会的权利，增加对文明自由的保护，结束拉丁美洲的美国帝国主义，在任何总统再领导国家投入侵略战争前，进行全国性投票表决。

在一些州，拉裴特代表他自己的独立进步党参加竞选，在其他一些州，代表社会主义者竞选，1892 年他赢得了民粹主义者在全国范围内的双重选票率，决定性地高出阿拉巴马州的州长乔治·瓦莱士于 1968 年代表美国独立党赢得的选票率，最终几乎相当于帕瑞特在 1992 年赢得的选票率。事实上，在 20 世纪三个大党的竞选活动中，拉裴特在 1924 年作为社会主义者中被认可的候选人参加的选举比 1992 年帕瑞特的竞选和前总统泰迪·罗斯福于 1912 年代表进步党的选举更为成功，在威斯康星，拉裴特赢得了 54% 的选票，以及州选举人的选票；在北达科他，他赢得了 45% 的选票；在明尼苏达，他赢得了 41% 的选票；在蒙大拿，他赢得了 38% 的选票。全国有 26 个州的超过二位数百分比的票投给了自豪地代表社会主义阵线的候选人，这些人被尤金·维克多·德比称赞为"积聚自由力量"的公民权利的守护者。

社会党在 1924 年总统选举中发挥的作用是空前绝后的，在这一年的权力转换中，进步党和社会党为新政的实施铺平了道路，用历史学家伯纳德·韦斯伯格的话说，"完成了老拉裴特的事业"。

即使在 1924 年后，社会党也从未从选举力量中消失。在 1932 年，德比的继任者，社会党的半官方发言人，发动了美国历史上被认为是最全面地被报道的社会主义者总统竞选活动。这位发言人就是诺尔曼·托马斯——在普林斯顿受过教育的长老会牧师，以不亚于德比所具有的雄辩热情，宣传"社会主义的真理"，他在当年所发动的运动不但对全球衰退影响下经济混乱带来的挫败发出声音，而且对已经在德国、意大利和一些欧洲国家出现的衰退及其左右摇摆的政治，发出了预见性警示。托马斯宣称"要社会主义还是要灾难，这是整个世界面临的选择"。他警告说："资本主义需要把民族主义作为鸦片来继续剥削工人。"这位总统候选人把 1932 年描述为一个转折时刻，不仅是资本主义与社会主义的经济斗争的转折时刻，而且是更大的问题：是法西斯主义压倒民主，还是要民主压倒法西斯主义的转折时刻。1932 年 9 月 20 日，定期报道托马斯竞选言论的《纽约时报》，用令人激动的醒目标题传递了托马斯的思想——"托马斯对美国法西斯趋势的担忧：接受马克思主义是唯一的希望"：

> 托马斯先生的结论是，资本主义正在我们的面前丧失生命。法西斯主义可能是资本主义兴盛的晚期，但是它只能延缓灾难的来临，却不能从根本上解决这个国家面临的灾难，除非社会主义取得胜利，而法西斯主义将会使这场灾难更深重、更可怕，他宣称。

这种对国际问题富有远见的呼吁为那个时代的一些评论家不屑一顾，这与美国共产主义者、社会主义者和无政府主义者加入亚伯拉罕·林肯旅，从 1936 年到 1939 年，与西班牙共和党人一起反对运费准免的运动，而反倒被无头脑的人或者政治偏执狂们贴上"不成熟的反法西斯主义者"的标签是异曲同工的。当然，随着时间的推移，托马斯也赢得了全球性声誉，被认为是有远见的和不间断的同极权主义者做斗争的斗士。他用坚定的态度斥责左翼或右翼的独裁者，这使他成为美国公民自由协会的一个正式会员的真正的政治化身。但是，1932 年社会主义竞选的真正的优点是它的纲领的独特性，就连民主党最终也承认继承了拉裴特的思想，并以此为出发点去构建出新政的大致参数。然而，纽约州长富兰克林·罗斯福的自由民主党竞选是有保留的，就像贝拉克·奥巴马在 2008 年的竞选一样，是作为固执的共和党的坚定分子政治失败的一个反驳，并没有承诺什么。而托马斯和社会主义者们却是发誓用 100 亿美元作为联邦失业救济金，启动公共岗位计划，给予丧失抵押品赎回权、房屋和公司出售以两年的延期偿付，并为实施这些新措施而提高富人的财产继承权和股份公司的税收。

社会主义者们也承诺了一个长期的结构性变革，即在政府和雇主出钱筹建的充足救济金的基础上，建立一个义务性失业补偿金系统；60 岁及以上的男人和女人的津贴；全面的劳动法改革，使工人组织工会变得更为容易，支持信用合作社、合作社，及其他替代性经济形式。"只有社会主义的计划才能给失业者、被剥削的工人、整个农民阶层以切实可行的希望，"托马斯在一个 38 个州的竞选巡回演讲中这样解释，这个巡回演讲吸引了成千上万的欢迎者聚集。

这位总统竞选人和他的支持者怎样描述"社会主义计划"的议程？在 1932 年 11 月 8 日的总统选举日的五天前，面对在麦迪逊广场花园聚集的两万名热情的民众，社会主义者们向人们介绍了他们的纲领。根据《纽约时报》记者对当天的报道：托马斯先生和其他演讲者宣布了他们对旧社会秩序的指控，呼吁建立一个站在社会主义阵营立场上的"新政"。当然，民主党人在选举过程中也运用了这些标志着美国激进政治变革的词语，但是民主党人的说法是模糊的，社会主义者的说法是明确的。"我们社会主义者正在打造未来，我们正在全国创建一种新的政治力量，我们为人民提供了一个新的政策，"莫里斯·希尔奎特向在选举前聚集起来的民众们说，"我们答应从底层重建社会，使它更加公正、更加健全、更为人道。"这些思想吸引了众多的美国民众，这些人知道美国的政治承诺已经到了一个需要根本性变革的时刻，而托马斯在这个秋天所吸引的民众，使他在竞选日赢得了选票，很好地证明了这一点。

这一事实并没有被富兰克林·罗斯福所忽视。

1932 年 11 月 8 日，当美国人民不仅拒绝一个总统——赫伯特·胡佛，同时也拒绝一个联邦政策的忠诚版本，即允许成千上万的市民遭受大萧条席卷全国的痛苦时，罗斯福发现自己面临着意想不到的任务。像 76 年后的奥巴马一样，他是因为承诺"希望"和"变革"后被选举的，但这些"希望"和"变革"并没有太多具体的内容。芝加哥大学经济学教授保尔·道格拉斯，一位托马斯的支持者，对罗斯福的纲领不屑一顾，认为它"极为不完善"。无论如何，当我们把 1932 年和 2008 年的民主党选举的表达方式和提出的政策加以对比的话，甚至会发现两位竞选成功者在就职方面的不同。如果说罗斯福是大胆的、挑战式的、对抗性的，那么奥巴马则是软弱的、妥协的、调和性的。

是什么把两者区分开来？奥巴马的胜利是独立的，一个人和他的政党占了上风。相比来说，罗斯福的胜利来自广泛的政治骚乱的大背景，这位第 32 任总统被更多的非个人力量所左右。

1932 年的总统选举现在被普遍认为是美国政治重组的时刻，一个转折点，从过去倾向对联邦和国家的经济事务较少参与和保护富人的利益，大步迈向了采纳更为人道和民主的治理方略。

诚然，这种方略在后来更加完善。但社会保障还是来自于当时，如联邦存款保险公司，公平劳动标准法案，以及最低工资限额。我们中的一些在小城镇出生的美国人依然享受着农村电气化的福利。不同地域、种族和宗教的美国人至少保持了几种自由，这几种自由被罗斯福所提名的最高法院法官威廉姆·O. 道格拉斯、胡果·布莱克和福莱克斯·福兰克福德所定义和保护。现在仍然有证券交易委员会，不间断地履行它的职责，有联邦通信委员会，拥有使我们的交流更民主而不是垄断的权力（即使不是总是这样）。

所有这些改革，所有这些美国历程中的根本性转变的具体化的代理人就是罗斯福，取代了共和党总统胡佛的纽约民主党市长。但是需要记住的是，罗斯福，我们国家所有贵族政治家中最显赫的一位，在1932年的选举中并不是作为一个激进改革者而竞争。那一年的民主党施政纲领是一个妥协性文本，出于害怕而不是出于勇气，只是后者被赋予了罗斯福。

是什么使得罗斯福在人们的印象中如此著名和激进？

1932年11月各种社会力量参与竞争的结果影响了罗斯福，使他往更加平等和民主的方向推进政治进程。他的批评者们仍然用"社会主义"来描述罗斯福所采取的政策，当然，他们并不完全错误。可以肯定地说，这位第32任总统的政治进程不但重新定义了美国政治，而且重新定义了美国。

罗斯福在1932年赢得了巨大的胜利。他以57.4%的普选选票率稳操胜券，而胡佛仅获得了39.7%。民主党赢得了42个州的选票，而且选票率大多都超过了半数，而共和党仅赢得了6个州的选票。

但是这些数字还不足以告诉我们整个故事，不能让人了解在那个遥远年代的11月8日究竟发生了什么。罗斯福的普选总票数为22821277，比民主党四年前的竞选提名人艾尔·史密斯的高出52个百分点。罗斯福的大获全胜足以产生一个后续效应，即极大地提升了众议院中的民主党党员数量，使民主党在参议院占据控制地位。

97位新民主党党员被选入众议院，他们中的大多数都是年轻人和左翼分子，一些人还是在过去的社会主义运动，以及1924年拉裴特总统竞选活动中得到锻炼的行家。民主党入选众议院的数字不只97位，还有五位明尼苏达州农工党加入了这个队伍，这些人从不为自己的激进主义而后悔，以至于《纽约时报》把该党称为"官方的红色"。因此众议院73%的席位（435个中的313个）被左派人士所占据，他们从政是为了改变不平等的经济生活，是为了有利于大多数人而不是为了有利于华尔街的少数人。即使是一些共和党人，尤其是来自纽约的共和党人，以及一些属于社会中上层的共和党人，也支持左派的进步观点，这些观点也是罗斯福在 1932 年的竞选活动中提出的。

九个当年被民主党打败的共和党参议员也赢得了三个开放席位。共和党和民主党的比例从 48∶47 发展到 36∶59，加上一个农工党党员，国会控制权开始从共和党向民主党转移。一半"反叛的"共和党议员或与罗斯福站在一边，或赞成罗斯福在经济事务上的左派观点。这些共和党议员被人污蔑为"野蛮又愚蠢的人的儿子"，他们背叛了共和党，在许多方面都追随内布拉斯加参议员乔治·诺里斯——拉裴特的一个亲密伙伴，事实上，他也赞同罗斯福。其他一些人，如爱达荷州参议员威廉姆·波哈，很明显地拒绝支持胡佛，同时认为共和党应该重新把自己定位为自由的而非民主的党。

国会中的大多数人使罗斯福坚定地向左转，他知道如果他不作出这种转向，国会将迫使他交出主持救济方案的权力和相关的经济主动权——诺里斯和其他一些人已经这样做了，他们联合自由民主党人、共和党人和三个党的左派们在胡佛任总统的后期实施立法的改革。就他自己而言，罗斯福也愿意左转。不仅仅是民主党压倒多数的胜利促使他这样做，而且有明显的证据表明，许多美国选民都在期待新总统在左的方面有所作为，期待他的党能够有效地扭转经济危机。

1932 年 11 月 8 日这一天，超过一百万的美国人，几乎占选民的 3% 为那些提出激进变革的总统竞选人投票，这些人提出的变革方针导致了"新政"的诞生。社会主义者托马斯赢得了 884885 张选票，使他的党的总选票率提高了 230%。共产主义者威廉姆·Z. 福斯特赢得了 103307 张选票，使他的党的总选票率提高了 112%，也是该党总统竞选的最好结局。而南方民粹主义者威廉姆·霍普·哈维，这位帮助民主党民粹主义者威廉姆·詹宁斯·布莱恩参与 1896 年总统竞选活动的人，赢得了另外的 53425 张选票，大多数选票是在威斯康星州，在那里政治生活急剧地左转。

在南方以外的州，托马斯和社会主义者拥有真正的政治力量，罗斯福意识到了这一情况。他们在具有改革倾向的威斯康星和俄勒冈州赢得了几乎 5% 的选票。在纽约州，托马斯和毛雷尔一方的票数为 177000 张（取代了共和党在许多纽约选区的第二大党的位置），而且在宾夕法尼亚社会党赢得了几乎十万张选票。

罗斯福——一个懂得研究选举统计的政治瘾君子，充分了解上述情况。

在投票后不久，罗斯福这位已当选而尚未就职的总统会见了托马斯和亨利·罗斯纳，后者是《国家》杂志的一个经常投稿人，社会党 1932 年竞选纲领的作者，后来成为纽约市长菲奥雷洛·拉瓜迪亚的主要助手。在一些人的协助下，如老牌社会主义者波林·纽曼（国际妇女服装工人联合会主席，曾在全国妇女工会联盟担任过副主席）、特丽莎·威利（斯克内克塔迪市的社会活动家，社会党设在纽约的州务办公室的长期候选人），他们制订了一个计划，使纽约实施"即时性失业救济制度，建立失业保险……一周五天工作日和一天六小时工作时间"，他们希望这项计划在 1932 年后半年，在罗斯福的治理结束之前实施。事实上，当罗斯福准备放弃纽约管理者职位，入住白宫的时候，他所设想的计划更大，他也更善于倾听社会主义者的声音。

这位新总统并没有采纳社会主义的整个纲领。但是他在自己的政府中塞进了鲍伯·拉裴特的同僚，如哈罗德·伊克斯，以及诺尔曼·托马斯的支持者，如保罗·道格拉斯，道格拉斯把社会主义者和社会民主党的观念带进了白宫。而且，正如历史学家保罗·伯曼所说的"罗斯福从诺尔曼·托马斯一类人那里提炼出观念，宣称为世上的每个人而争取自由民主……" 罗斯福从社会主义者那里借来的关于社会保障、失业补偿、创造就业岗位计划，以及农业援助等观念足以把那些在 1932 年拒绝民主党的选民拉到实施新政的阵营中来，这也使他在 1934 年轻松地赢得了国会选举，在 1936 年以 61% 的普选率，以523：531 的得票数，创下了两党政治选举中的最高得票数。

至于诺尔曼·托马斯，他在 1936 年两次参加选举，他的选举活动被《时代》杂志称为 "比其他任何候选人都要文明和富有启发性的活动"。但是他获得的总选票只有 187910 张，占总票数的 0.4%。

20 世纪 30 年代，托马斯曾开玩笑地说："除非罗斯福自己说明，否则他并没有实施社会主义的纲领。" 这是一种并不明显的尖刻说法，托马斯认为罗斯福已经把 1932 年的选举当作一个向左转的信号，因为，正如《时代》杂志所说，"当富兰克林·罗斯福的新政使这些观念（老年津贴和公共就业，失业保险）法律化，社会主义者们对美国工人阶级的吸引力就消失了。"

托马斯亲身经历了这一消失过程，他在 1936 年、1940 年、1944年的总统竞选中，艰难地赢得的全国选票数只相当于 1932 年他在纽约这一个城市赢得的选票数。1946 年，社会主义者授权建立一个新的第三党，这个党将 "始终如一地……与民主社会党保持一致"，但在另一个名字下从事活动。然而总统哈里·杜鲁门提出了一个全国性医疗保险计划，政治风向普遍性地向左转，这使社会党的创建计划夭折了，至少在某种程度上是这样的，虽然托马斯坚持认为 "杜鲁门先生不是一个社会主义者"，他在 1950 年还是承认，杜鲁门总统"彻底地从真正自由企业的旧羁绊中挣脱出来"，并开始实施一些计划，这些计划是 "我们社会主义先驱们长期倡导的'直接需求'"。托马斯嘲笑那一年共和党计划发动一个 "社会主义对自由主义" 的运动来反对民主党。然而事实上，当时许多托马斯竞选总统的支持者都转到了民主党的阵营，不仅作为选民和活动家，而且作为选举工作人员。乔治·罗兹，一个老牌工党领袖和社会党活动者，是 1932 年大会的代表，他提名托马斯参加那一年的总统竞选并获得成功，1948 年，罗兹作为一名民主党被选入国会，作为社会主义者的温床——宾夕法尼亚的雷丁的代表。罗兹在国会任职直到 1968 年，保持了一个左翼选举的记录，受到他以前同事的好评。保罗·道格拉斯，前芝加哥大学教授，在 1928 年认为民主党是"贫乏和腐败的"，在全国组织学生为社会主义者投票，1932 年，他是"十万人的托马斯和毛雷尔委员会"的主席，1942 年，他成为一名民主党人，六年后被选入参议院，在那里他作为一名最自由的成员工作了 18 年。1954 年的总统选举发生在最黑暗的麦卡锡时代，道格拉斯被攻击为一个"社会主义者"，他反驳说，社会主义这个词代表一种荣誉，这种态度使他获得了超过 20 万张选票。

其他社会主义者把他们的精力投入建设工会的运动中，通过这一运动，社会党保持着密切的团结，这就像共产主义者早期所做的那样，他们致力于在工会中对工人作出实质性承诺，而不是玩弄选举政治。A. 菲利普·伦道夫，一个前社会主义的编辑、组织者和纽约的州竞选人，建立了卧车搬运工兄弟会，成为美国劳工联盟执行委员会的杰出的非裔美国人成员。在诺尔曼·托马斯的推动下，阿肯色州的社会主义者 H. L. 米切尔组建了南方雇农工会，一个先驱性的多种族工会，后来发展成为国家农工工会，培养了新的一代组织者。在这些新一代组织者中有国家农业工人工会的主席恺撒·查韦斯，他与米歇尔·哈林顿的美国民主社会党过从甚密，以及农业工人工会的长期副主席杜洛雷斯·胡塔，他现在仍然是国防供应局的荣誉主席。还有沃尔特·鲁斯——底特律市议会的长期成员和前社会主义竞选人，他建立的美国汽车工人协会发展为也许是全国最有影响的工人组织，还有胡塔的哥哥维克多，直到 2004 年去世（92 岁）前，他一直是国防供应局最有力的支持者之一。此外，还有西德尼·希尔曼，在他的家乡立陶宛他积极参与了社会主义码头工人运动，这一工人组织作为 1924 年拉裴特竞选的一个重要组织，出人意料地亮相在美国的政治舞台，希尔曼建立了美国服装工人联合会，并成为工业组织议会中的重要人物，工业组织议会是大多数但非全部与社会主义和共产主义联盟的工会的家。希尔曼的地位如此重要，以至于富兰克林·罗斯福在他与希尔曼就劳工和政治问题讨论清楚之前，是不会作出决定的。到了 20 世纪 30 年代早期，1924 年与 1932 年的独立政治梦想已经让位于另一番景象，至少在国家层面，政治斗争存在于不断反动的共和党，他们在 1944 年成为温德尔·威尔基的自由国际主义的主要反对力量，以及罗斯福和哈里·杜鲁门的民主党之间。虽然希尔曼和他的同盟在纽约市把他们的精力投入到在国家层面上支持民主党的活动中，但在很大程度上，他们也与鲜明的社会民主团体一起积极地从事地方政治组织的组建，如美国劳动党和自由党。在 1948 年，许多最激进的工会中，一些是与共产主义者接近的工会，另一些仅仅是愤怒于民主党的观念转向了冷战一边，把他们的援助力量给了进步党的前任副主席亨利·瓦莱斯，他领导的运动在国内挑战种族隔离，在国外反对军事干预，他代表的美国劳动党在纽约赢得了超过 50 万张选票。

无论如何，工会组织正在大幅度地向民主党的阵营转向。

虽然社会主义者的选举活动命运不佳，托马斯屡遭挫折，但他却并不打算与民主党合作，他认为民主党是大城市中的核心政客和南方种族隔离主义者的据点，以强行推销与共和党竞争的反动派观点为其特色。（一直到 20 世纪 60 年代，当他的门徒米歇尔·哈林顿建议民主党总统肯尼迪和林登·约翰逊与贫困做斗争，以及共和党提名保守派的顶梁柱巴里·戈登怀特竞选总统后，这位老社会主义者才认可投民主党的票也能得到些好处，当然，这也是极不情愿的态度。）20 世纪 40 年代末，托马斯开始意识到社会党已经失去了在全国发动有意义的选举的能力，正因为如此，当 1950 年，社会主义者聚集起来召开大会的时候，托马斯与他的老同事们为是否继续参加总统竞选和州政府职位发生了冲突。托马斯的最后一轮总统竞选赢得了短暂的轰动效应，人们为这位老练的政治家的最后一次总统竞选而喝彩。但是作为一个为社会主义事业甘愿被捕、被打击、被驱逐出城镇的坚定的社会主义者，托马斯并不满意于充当一个老政客的角色。他所苦恼的是，社会党，尤其重要的是社会民主观念，虽然持续地在劳工和民权运动中、在州和国家层面的政策制定上发挥着重要的影响，但却仅仅被用四年一次的竞选中获得的总票数来衡量存在的价值。托马斯希望，"一方面，要关注我们在教育和促进发展活动中吸引来的受众"，另一方面，要继续在地方层面发动选举活动。

事实上，他已经奉献出"下水道社会主义"。在某种程度，他一直致力于发展地方力量。在总统竞选间歇，托马斯已经在纽约市竞选地方职位。1931 年他竞选曼哈顿区主席甚至得到了保守派的认可，他答应打破腐败的民主党对坦慕尼派的把持，取代共和党在第二大城市中心所占据的第二位的党。

即使罗斯福的新政在全国范围内抢了社会主义者的风头，在 20 世纪 30 年代到 40 年代的选举中，还是有数百万的美国民众为与社会主义者结盟的、立足于各州的党派投票，比如威斯康星州的进步党，或者为被提议建立的从事社会民主议程的党派投票，如明尼苏达州的农业劳动党，北达科他的无党派组织，以及纽约的美国劳动和自由党。左翼第三党派控制了州议会，把党员派到华盛顿的众议院和参议院，而且成为遍及全国的市议会的决定性成员。例如，在纽约，市长拉瓜迪亚作为自由共和党和社会民主党的双料候选人，被两次选为市长。(托马斯在 1937 被提名作为拉瓜迪亚的对手,但他退出了这次竞争。)1933 年,在他的第一次竞选临近的时候,拉瓜迪亚任用了亨利·罗斯纳,帮助其建立工厂规则、建立市社会福利规划。拉瓜迪亚是老牌的社会主义党的经济理论家,他领导了纽约的运输工人、旅馆和咖啡馆工人、公寓楼的电梯工人废除七天工作日的斗争。亨利·罗斯纳把他的做法最终推广到其他城市、国家,如佛蒙特,以及以色列。拉瓜迪亚任命纽约的最杰出的社会主义者之一,雅各布·潘肯为市法官,潘肯以此为平台不但在纽约而且在全国倡导儿童福利。虽然拉瓜迪亚作为赞同社会主义的人一度被选入国会,但拉瓜迪亚不是一个社会主义者。其他的一些市长,即使是在社会党已经在竞选政治中丧失力量的时候,也依然继续当选。康涅狄格州的布里奇波特市长,在 1933 年第一次当选后,继续在罗斯福、杜鲁门和艾森豪威尔当总统时任职,经历了大萧条、第二次世界大战和"红色恐慌"。在诺沃克市,市长欧文·弗里斯和一个社会主义者把持的市议会从 1947 年到 1951 年一直管理着该城市。在宾夕法尼亚的里丁,烟草工会活动家和老社会主义者 J. 亨利·斯坦普被再次选为市长,直到 1947 年完成了他的最后使命。但是没有哪里能像密尔沃基的社会党那样持续地掌握着权力。

丹尼尔·韦伯斯特·豪恩,他在威斯康星州最大城市的政府部门当市政律师的时候,承担的是第一任"下水道社会主义"市长埃米尔·塞德尔的助理工作,后来,他连任了六届该市市长,直到 1940 年。作为一名有争议的最有战斗性和阶级意识的社会主义市长,豪恩对民主党和共和党颇为不满,认为它们不过是一枚硬币的两面,最终会"融合成为唯一的资本主义党派"。为对抗他所看到的这种不断扩张的既有权力而又腐败的党,豪恩宣称,工人们需要一个城市接一个城市地组织社会党。1932 年秋,豪恩在宾夕法尼亚的里丁对 15000

名在郊外聚集的社会主义者说："任何地方的单个人都不可能使城市变得纯净，如果我自己一个人在密尔沃基，他们在十天内就会让我同流合污。""除非工人们团结起来成为一个群体，提名和选举他们自己的候选人，我们才有希望对抗腐败。在密尔沃基没有哪一天没有腐败的承包商和间谍不出现在市政厅，他们随时打算掠夺人民的权利。工人们需要一个他们自己的紧密结合在一起的政党。"

在大萧条的前几年，当工人中的重要成员开始从社会党和共产党那里寻求领导力量时，豪恩指出社会主义者最重要的工作是在提供服务的市政层面。社会党在 1932 年之后几年的城市选举中大获全胜，占据了最重要的位置，豪恩获得了连任，马克思·罗斯基被选为社会主义市政律师，在市议会的青年同志成员中占一席之地。豪恩宣称，"下水道社会主义"已经作好行动的准备。"华盛顿下发的议案只是考虑到把救济款发放给铁路、银行和保险公司，"豪恩指责道，"华盛顿的人根本没有计划性。"因此，他们的方案不会给社会主义城市带来好处。"密尔沃基的 25000 个家庭在这个冬天需要填饱肚子，而我们有责任让他们吃饱，如果这是我们最后要做的事情。"豪恩在 1932 年 10 月宣称。"每个人都有权利吃饱饭，每个家庭都有权利有一个避风之处。"豪恩是这样说的，也是这样做的，他开展了一项开创性的市政规划，大量购买食物，然后通过自发的公共集市网络，把这些食物以每个家庭可以承担的低廉价格卖出。他还开展了一个市政基金公共住房计划，为每个家庭提供"避风之所"。

一方面，豪恩的言辞是革命的——他称密尔沃基的私人有轨电车的运营打的"是强盗式垄断的黑色旗帜"；另一方面，他的政府管理方式是可操作的和有效率的。他所做的事情是如此出色，以至于 1936 年，在他执政后的两年，《时代》杂志把密尔沃基描述为"也许是美国管理最好的城市"。密尔沃基市警察局以公正的公共服务在全国赢得了最高荣誉，国家司法委员会（以前任共和党总检察长为领导）称赞它是唯一的一个被"无条件认可"的市政机构。密尔沃基市因为实施了促进交通安全、防火，以及最重要的公众健康的市政规划，而赢得了奖励。正如历史学家约翰·戈达所说，"密尔沃基因促进公众健康所得到的奖励如此之多，以至于它不得不退出竞争，以便给其他城市得奖的机会。"

正是在公众健康政策领域，密尔沃基市的社会主义者极大地影响了整个美国。密尔沃基的做法影响了州和国家的领导人，他们在各个领域也学习建立起有效的管理模式，从食品安全到把公众免疫推广到社区和学校诊所。哈利·霍普金斯，新政的一位策划师，在监督纽约协会为提高穷人生活水平而开展的项目时，学习了密尔沃基在公众健康管理上的新办法。霍普金斯把这些经验带到了白宫，在那里，他最终负责监督联邦紧急救济署、土木工程署和公共事业振兴署所开展的工作。密尔沃基市社会主义者在公众健康话题上的影响一直强劲地延续到 20 世纪 60 年代，当弗兰克·泽德勒完成了三届密尔沃基的社会主义市长的工作后，仍然为福特基金会担任了多年的顾问。同样，在密尔沃基成为第一个实施综合分区规则的城市后，豪恩以他在美国各城市论辩中的影响，成为美国在市政计划方面的首席发言人之一。

有趣的是，密尔沃基的社会主义者所从事的实践在今天也被认为是"财政保守主义"，因为害怕"与银行捆绑在一起"，豪恩和他的"下水道社会主义"同事们以现收现付制为基础而采取的实践最终使密尔沃基成为唯一一个摆脱了债务的大城市。

1999 年，城市事务作家梅尔文·霍利和一群地方政府管理专家称赞豪恩是美国历史上最好的市长之一，霍利评论道："也许豪恩最重要的遗产是清除了在他上任之前猖獗的自由自在的腐败行为。豪恩在任的 50 年城市发生了根本性变化，密尔沃基在政治上的清廉、高效和公共服务似乎得到了相当大的提升，超出了其他城市。"

虽然他的社会主义政府是美国历史上持续最长的政府，长达 24 年，但豪恩离开政府部门时年龄相对来说并不大——59 岁。他最终并不是以政治家的身份结束职业生涯的。像宾夕法尼亚的乔治·罗兹和伊利诺伊的保罗·道格拉斯，以及其他人一样，他后来加入了民主党，并在 1944 年和 1946 年成为竞选威斯康星州长的民主党提名人。虽然这种转变有些讽刺意味，因为他在 20 世纪 30 年代曾经强烈地谴责过民主党的腐败，但是豪恩在民主党内建立一个家——一个仍然在引用马克思的有影响的社会民主党，这一事实并不表明政治上的虚伪。罗斯福的年代改变了民主党的特征，并把注意力转向了州的民主党建设，如威斯康星，因为当老的进步党（在它的鼎盛期曾与社会党结盟）于 1946 年不再参加政治竞选时，它的年轻成员（如未来的美国参议员盖洛德·尼尔森）转变为民主党党员。

豪恩并没有参加 20 世纪 40 年代中期的竞选政治领导的活动，但是被选择继任的一位密尔沃基社会主义者却重新在城市中举起红色大旗。

1940 年，在豪恩离开了政府部门后，非社会主义者掌管城市八年。但社会主义者们继续在市政部门和学校任职，他们中的一个热诚的社会主义者是弗兰克·泽德勒，他入选了学校董事会。1948 年，就在约翰·麦卡锡就任威斯康星的美国参议员后的两年，当时冷战显出苗头，麦卡锡和理查德·尼克松正在策划"红色恐怖"，他们把即使是较为温和的改革者（尤其是民权运动的支持者）也荒唐地与苏联斯大林的罪状联系起来，在这种情况下，泽德勒还是被选为密尔沃基市长，并连任三届。

从历史的角度看，作为一个社会主义市长，泽德勒的任期最值得关注之处在于，它正好处于麦卡锡统治时期，那是一段残酷的岁月。

麦卡锡，这位从威斯康星出来的低级参议员，与先是加州国会议员、参议员，再到美国副总统的尼克松，以及他们在两党的随从们联合，利用当时的新媒体——电视在国内制造了一场冷战。麦卡锡主义者们忙于牵连罪状的收集，他们不仅攻击一些在第二次世界大战美苏两国合作后，仍然对苏联领导人斯大林怀有热情的美国人，而且攻击成千上万的社会活动家和艺术家，这些人的罪状只是因为有支持和平、支持经济、政治正义等社会活动的意愿。黑名单不断扩大，不仅局限在好莱坞，在那里，许多美国的天才演员、剧作家和导演被驱逐出了娱乐工业，而且遍及全国的每个角落。大学、公共教育系统、广播和电视网络、报纸和政府部门、贸易工会，以及私人商业领域把胜任工作的员工清除出去，只是因为他们错误地认为宪法第一修正案保护他们演讲、集会和结社的自由。

众议院中的非美裔运动委员会、参议院的内部安全小组委员会，以及参议院的长设调查小组委员会（由麦卡锡领导），在 1949 年到 1954 年开展了 109 项大张旗鼓的听证会，在这些听证会上，共产党员、杰出的娱乐界人士、贸易工会成员和社区组织者被强迫为自己过去的行为、个人生活和最重要的政治观念而接受调查。这一过程重复了上千次，因为州和地方的非美裔运动委员会以及警察机构也开展了他们各自举行的，也是更不负责任的听证会和调查活动。政府机关和学校要求他们的工作人员用神秘的"效忠词语"来宣誓，并进行调查看他们是否言行一致。到了 20 世纪 50 年代末，据统计，大约 1/5 的美国工人被要求进行类似的忠诚度调查。无论从哪个角度看，遭到指控就意味着正常生活被摧毁。联邦忠诚审查委员会主席向人们说明那些没有通过审查的人的遭遇，"这个人在任何方面都被摧毁了，并且是永久性的。没有任何一个负责任的雇主会冒险去雇用这个人"。超过 3000 名沿海和航海工会会员被列入黑名单，并失去了工作，这只是一个例子，通过这个例子，我们可以看到整个工业系统是怎样对那些敢于加入贸易工会、参加争取公民权利，或者反对军事主义活动的众多年轻工人进行意识形态清洗的。

在清洗活动中，人们不仅失去了工作，而且他们的自由也同时被牺牲了。尽管美国共产党宪法明确反对革命暴力，在 20 世纪 40 年代至 50 年代，还是有 140 名党的领导人和活动家被指控违反了《史密斯法案》，根据这项法案，在"知情和自愿的情况下倡导、煽动、建议或教唆人们用武力推翻美国政府或其他任何国家政府的责任、必要性、合理性和适当性，或者任何组织与教唆、建议或鼓励这些推翻政府的活动有关的人，或者任何成为或依附于这类组织的人都是有罪的"。几乎有 100 名共产党人因为加入失去地位的政党被判有罪入狱。移民社会活动家被驱逐出境，而且通常是被强迫着逃离这个国家，如许多美国最好、最有前途的艺术家，包括编剧家道尔顿·特朗博和雨果·布特勒。查理·卓别林，在前往英国参加电影首映式后，被剥夺了两次回到美国的权利，他后来评论道："从上次世界大战末期起，我就成为一群有权势的反动团体编造谎言和宣传的对象，借助他们的影响，通过美国黄色出版社，他们制造出不健康的气氛，在这样的气氛中，拥有自由头脑的个体可以随意被挑选出来，并且对其施加迫害。在这样的条件下，我发现继续进行我的电影事业已经不可能了。因此我放弃了在美国居住。"W. E. B. 杜波伊斯，美国最伟大的学者和政治知识分子之一，逃离了一次《史密斯法案》审查，因此在 1963 年，95 岁的他仍然被拒绝给予返回他的出生之地美国的护照。几个月后，杜波伊斯死在了加纳，他死的那天正是马丁·路德·金对华盛顿为工作和正义而游行的人们发表"我有一个梦想"的日子。

在忠诚度调查运动中，许多被指控为不忠诚的人备受打击，由于恐吓和经常被错误地指控，自杀也很普遍。这段时间对美国来说是一段黑暗的岁月，按照剧作家亚瑟·米尔勒的说法，在《史密斯法案》时期，整个国家被一个类似于疯子的人所掌控。"在这个国家，"历史学家爱伦·斯瑞克解释说，"麦卡锡对宪法所做的破坏比美国共产党还要多。"社会运动，尤其是争取公民权利的社会运动，成为被调查、被迫害的目标。接受了富兰克林的指示向左转，即"全力以赴去承担责任"的激进工会和组织成为首要的迫害对象。迫害的宗旨是弱化他们的意志，使他们缺乏行动力，最终限制群众运动对总统和政党的影响，这些政党的灵魂人物并没有继续在华尔街发表演讲。这些宗旨达到了，就连自由民主党党员，如休伯特·汉弗莱也在制订严厉的立法过程中自觉承担控制共产党法案的起草工作。

曾经给民主党和共和党施压和挑战的政党遭遇到最严酷的打击。就像在20世纪20年代早期第一次"红色恐怖"时，社会主义政党领袖如尤金·维克多·德比和维克多·贝尔格尔遭到迫害一样，第二次大清洗的迫害对象是另一个政党——共产党。1954年的共产党控制法案旨在阻止新泽西的共产党员参加投票，但实际上所有的法律、听证会和宣誓活动都抑制和弱化了共产党和它在工会和社会运动中的同盟。成千上万的共产党员退党，而且在许多情况下，从政治活动中撤退。但是麦卡锡和他的走狗还在继续忙于更大的计划，把清洗范围扩大到共产党之外。进步党，曾于1948年提名副总统亨利·瓦莱斯竞选总统，并吸引了超过1亿张选票（占全国选票的2.4%），由于在它组建时共产党曾发挥过作用（富兰克林和新政、明尼苏达的农业劳动党、不同阶层的自由党和社会党也发挥了作用），也持续地受到来自官方的迫害。进步党于1955年解散。纽约州的美国劳工党，曾经有党员被选入国会，而且得到了富兰克林·罗斯福的赞同，于1940年和1944年接受了它的总统提名，但在1954年，它失去了投票阵线，1956年该党委员会正式宣告了它的失败。（有趣的是，由于纽约州的混合投票制，这一制度允许候选人以多党阵线的名义参选，纽约州最新执掌政权的人与劳工党有密切联系，他们是来自于布朗克斯和布鲁克林的共和党立法者。当最杰出的劳工党成员，国会议员维托·马肯托尼欧开始以共和党的身份竞选，并经常赢得共和党中原劳工党支持者的支持时，这也并不让人太感觉意外。）

随着社会党的总统候选人在全国所获得的选票从 1948 年的 14 万张下降到 1956 年的 2000 张，社会党的规模也缩减到它成立之初的水平。到了 20 世纪 50 年代末，像共产党一样，社会党也决定不再参加总统竞选。当然，在密尔沃基，泽德勒仍然是一个令人自豪的社会主义市长。除了领导城市工作，与麦卡锡作斗争，他甚至还留出时间来与托马斯一起，投入一项并不顺利的工作——在社会主义的旗帜下统一社会党各个分散的部分，包括社会民主联盟和马克思·沙特曼领导的独立社会主义团体。

当格林·贝克在《正午的黑暗》的意义上描述适度的社会代价，当被人认为是稳健的评论家把社会民主主义与斯大林主义混淆起来，密尔沃基市的好公民们仍然在整个麦卡锡时代一再地把社会主义者选为市长，甚至在麦卡锡的家乡所在州仍然如此，这在今天看来是有些不可思议的。但是不容置疑的是，对 20 世纪 40 年代到 50 年代的大多数美国人来说，政治辩论的质量、意识形态领域的多样性，以及社会和政治意识都是较高的，随之而来的是媒体评论质量的大幅度提高。就美国的整体来说，就密尔沃基这一个别地域来说，人们是理解信仰公共事业的社会主义者与希望统治世界的集权独裁者之间的区别的。诺尔曼·托马斯，无论是在全国层次上，还是在"下水道社会主义"城市的层次上，都有足够的能力来解释民主社会主义与斯大林主义的区别。

当然，泽德勒也曾被扣上"赤色分子"帽子。他被那些把他的观点予以夸大的反对者所攻击。亨利·罗伊斯，一个自由人士（后来成为家庭银行委员会的主席），在 1948 年的选举中被泽德勒击败，在当时的选举活动中他咆哮着反对"社会主义教条"，并且在选举前两周的一个论辩中称，"我对手所信奉的社会主义是一种真正的马克思主义，他认为市政府应该经营街角的杂货店。"事实上，泽德勒的社会主义不是"一种真正的马克思主义"。"我过去不同意，现在也不同意马克思所说的社会主义不可避免的理论，而且也不赞同马克思所说的社会主义。"当泽德勒回忆他被罗伊斯攻击时解释说，"我现在是，过去也是相信自由和解放对个人具有重要性的民主社会主义者，而且我认为为实现人民的伟大的自由和解放，公共所有制和社会主义控制是必要的。"换言之，泽德勒不是斯大林。他并不想去经营杂货店。他厌恶垄断和贪得无厌的公司，他尊重劳动人民，更重要的是他懂得城市的广大劳动人民所经营的邻里杂货店的不容易，他们害怕被战后迅速发展的杂货连锁店所打败。他们不在乎泽德勒用一些"社会主义控制"的方法来确保地方性小店可以在一个公正的环境下参与竞争。实际上，在争论的几天后，保守派的《密尔沃基守卫报》就发表了文章称，"密尔沃基独立邻里杂货店协会的主席和秘书说他们都认同泽德勒的说法。"泽德勒自己则表示，"说我要把街角杂货店社会主义化，对此我没有什么好回答的。"

密尔沃基人理解这一点。正如历史学家戈达在若干年后所阐述的，密尔沃基人认识到：

理解密尔沃基社会主义的关键是国营企业。他们不是仅仅去操纵，他们也不仅是制定法律和规则。他们推动了公共需求项目的开展，这些项目对普通市民的生活质量有很大的影响：公园、公共图书馆、公立学校、公共保健、公共工程（包括下水道）、公共港口设施、公共住房、公共岗位培训，以及公共游泳馆。

　　埋藏在密尔沃基人的国营企业观之下的是一种忠诚的信念，相信政府是好的，是为人民谋福利的，尤其是地方政府，用今天的标准来衡量，这种信念是令人好奇的古董。社会主义者相信政府是整个国家的代表，它的资源属于我们所有人和每一个人，围绕一个他们所深深认同的公共利益的信念，社会主义者们致力于去建设一个利益共同体。

　　当所有的信念被表达和实践后，使泽德勒遭受严酷迫害的并不是他建立合作的公共利益的梦想，或者他的社会党党员身份。这位市长因为热切地倡导废止种族歧视而承受了沉重的打击。对他在19世纪50年代从事民权运动的打击是如此沉重，以至于《时代》杂志在一篇名为"密尔沃基的耻辱"中详细地描述了泽德勒的1956年选举如何因为一场恶意诽谤运动而陷入危险境地，这场针对他的运动指责他的所作所为足以使密尔沃基成为非裔美国人的乐园。除此之外，据说泽德勒还曾经在南方竖起广告牌，敦促密西西比和阿拉巴马的收益分成的佃农到北方来，让他们从事密尔沃基的德国和波兰工人的工作。泽德勒拒绝他的对手散播"之前不曾存在种族矛盾"的企图，宣扬传统的社会主义观念，认为精英人士总是企图用民族和种族问题来分裂工人阶级，因为"工人阶级的团结是从来都不会被打败的"。

　　泽德勒的支持者发表声明："我们光明正大地谴责南方对黑人的虐待，让我们密尔沃基的每个人都不去宽容南方对黑人的虐待。"

　　在反抗运动导致全国范围内城市分裂的十年前，泽德勒和他的社会主义支持者面临了一次打击，但是他们最终赢得了胜利，在得到非裔美国人和社区白人投票的大力支持下，泽德勒第三次当选市长，并成功连任最后一届。

　　在他打败以赤色分子为名实行陷害活动的亨利·罗伊斯的 12 年后，在他战胜了 1956 年以种族活动为名打击他的对手的 4 年后，泽德勒告别了他的行政职务，当时他不是以一个被打败的理论家的身份，而是以一个心满意足的人的身份——一个建立了先驱性的人权委员会去促进种族宽容的人，一个扩建公共住房的人，一个在密歇根湖畔建造公园而不是建造高档住宅的人，一个使公共电视台履行监督职能使地方政府免除贪污、腐败的人，一个使密尔沃基在全国 20 个大城市中保持最低债务的人，一个拒绝涨工资，在作为全国赢利水平最高城市之一的领导而卸任后，仍然坐公交车回家的人。

　　尤其令人赞叹的是，泽德勒作为密尔沃基市市长的时间长达 46 年之久。

　　我们彼此一直都不认识，直到他卸任后精力还比较旺盛的前 20 年，当他以社会党党员的身份谋求总统竞选时，我们才认识。社会党的总统竞选曾在 1912 年把德比推向前台，1924 年把拉裴特推向前台。对泽德勒来说，他的竞选活动既没有得到 500 万选票，甚至也没有得到 100 万选票。但是他的参选引发了《纽约时报》和全国其他报纸纷纷发表一些充满困惑的文章。我们从那时开始进行有关社会民主党的谈话，并且一直持续到泽德勒卸任后的第三个十年。

　　我自己最喜欢的一个政治性工艺品是"泽德勒竞选总统"的别针，是泽德勒几年前送给我的。他对这个别针颇感自豪，别针上有他竞选所倡导的反军事主义的精巧设计，以及赞成工业政策的象征符号。在泽德勒近 80 年政治生活中，他所采纳的一种公民姿态是"使红色旗帜高高飘扬"，而不是真正去赢得竞选，这个别针表达的正是这样一种姿态。

　　1976 年，当社会党在遭到一系列内部斗争、分裂和放弃，为争取不垮台而努力时，弗兰克·泽德勒承担起旗手的重任。他提出了活动纲领，要使国家优先考虑的事务从不断扩张的军事费用转向与贫困作斗争、重建城市和创建国家医疗保险的规划上来。弗兰克所从事的这些活动、他的正直的为人、他所终生倡导的价值观本应得到更大的荣誉，然而他只得到他应得荣誉的一部分而已。

如果弗兰克出生在另一个国家，例如，德国，那是他的祖籍所在地，他带领社会党所进行的全国性运动将会成很大的气候。也许他可能被选为总统。他长期担任最大城市的市长，他在任职内得到的赞誉，60年代为建设美国城市献计献策，为此在全国所获得的影响等等都证明了他有这个资格，而且，他的老朋友，威尔利·伯兰特就是由于长期担任伯林市长，在60年代荣升为德国"大联邦"的外交部长，之后成为西德的第一个社会民主党总理。

1976年，伯兰特成为国际社会主义的主席，弗兰克所终生倡导的社会民主价值观在当时那个时代被证明是大受欢迎的，《时代》杂志报道了当时社会主义的故事，开篇这样写道：

> 它从一个强烈抗议早期资本主义的"黑暗魔鬼磨房"运动开始，它是一个对工业革命引起的动乱的剧烈反抗，是一个对人间天国的乌托邦梦想的重新评价。它产生于地下俱乐部、工人协会、阁楼、图书馆、资本家的客厅，以及偶尔地产生于贵族们的沙龙。它被追逐，被责骂，被赞美。它成为20世纪流行最广的政治理念，或者说标语——社会主义。
>
> 今天它似乎达到了它的全盛时期。

19世纪70年代的拉丁美洲和加勒比海经历着社会主义热潮的复兴，南亚和非洲也同样如此。澳大利亚选出了一个社会主义政府，新西兰也同样如此。在社会主义复兴的70年代，德国的社会民主党、英国的劳工党和法国的劳工党很快就占据了国际社会主义的主导地位，它们与世界其他国家的左派政党一起建立了一个伟大的论坛，这一论坛打造了关于公民社会、发展与战争调停的新思考，在这一进程中，几乎每个欧洲国家都转向了民主社会主义。

美国的社会党是国际社会主义运动中的好的旁观者，但绝对不是其选举运动的中心。弗兰克在 1976 年只得到了 6038 张选票，其中有 4298 张来自威斯康星。因此我的"泽德勒竞选总统"的别针与其后的选举纪念品相比，也就成为更加珍稀的工艺品。

像为这个别针的特征命名的人一样，这个别针是政治理念的提醒物，这种政治理念曾是总统政治的强大推动力，它的影响足以使它的追随者们被邀请到白宫，去见证它的纲领被重新修订为国家的政策。在尤金·维克多·德比和诺尔曼·托马斯不再竞选总统的若干年后，社会主义者们继续赢得选举，继续以草根的姿态，在美国百姓的生活中从事着管理工作。从这个意义上看，社会主义就发生在这里。它不是在引人注目的国家层面，而是在我们所居住的社区。

"下水道社会主义"保持着政治的真实性，即使它在其他地方以其他名字从事活动，从佛蒙特的伯灵顿到圣弗兰西斯克都对国营企业和社会民主保持着忠诚的信念。在伯灵顿，各个阶层的社会主义者、社会民主主义者和激进主义者在 30 年的最佳时期里掌管着城市；在圣弗兰西斯克，美国的民主社会主义者、绿党和地方激进主义者，在富有生机而又独立的圣弗兰西斯克《海湾卫报》的支持下管理着该市。"下水道社会主义"以及它的现代呈现对我们的生活质量、我们国家的论辩，在全球范围内对社会主义实践的理解所作的贡献是巨大的，然而不辨东西的媒体和分不清好坏的政治阶层却把它低估了。

当然，在他生命的最后几年，泽德勒的贡献——一种建立在公共事业和公共服务原则基础上的人道的、责任驱动的、节俭负责的社会主义，还是得到了它所应得的认同。不幸的是，这种认同更多地来自国外的人而不是来自美国人。

泽德勒是有着德国激进根基和杰出成就的密尔沃基传统社会主义的智囊人物，他的成就包括在城市湖畔建造大型公园，提出被国家所认同的公共健康计划，先驱性的住房改革，以及无人能及的政府清廉行动，这些成就使这位理性谨慎的前任市长在他的余生获得了并不张扬的自豪感。

泽德勒经常说起的是，"下水道社会主义"并不仅仅是关于基础设施和公共服务的。这位密尔沃基社会主义者从事的是一项引人注目的成功的人性实验，这种实验根植于他们的信念，即认为合作比竞争更有益处。

"我们在这里所努力实践的社会主义相信，人们为了一个共同的利益一起工作，无论对社会来说，还是对个体来说，都可以带来很大的好处，比一个每个人为个人利益而钻营的社会更可取。"泽德勒对我这样说，当时是一个周末的下午，我们坐在密尔沃基市郊的一个作为社会党指挥部的小办公室中，"我认为我们所取得的成绩要大于失败。"

泽德勒和我在 1999 年一次活动的前夜再次相聚，这次活动是那些充分认识到美国社会主义的重要性的人们对泽德勒进行的奖励，奖励他为密尔沃基和美国所作出的贡献，也奖励他作为一个已经跨过 80 岁直奔 90 岁的人继续从事着力所能及的社会活动。

这次活动安排在密尔沃基公共图书馆的一个主要分部中，这个分部是泽德勒作为市长时积极主张扩建的，是一个值得自豪的成绩。弗里德里希·艾伯特基金会在这里奖励泽德勒，奖励他多年以来为公共服务和为社会主义事业作出了杰出的贡献。

以德国的波恩为总部的弗里德里希·艾伯特基金会建立于 1925

年，作为弗里德里希·艾伯特，德国第一个民主选举出的总统的公共遗产保管处。弗里德里希·艾伯特是一个社会主义者，他成为第一次世界大战后满目疮痍的德国的总统，在任职期间致力于把德国重建为一个自由和负责的国家。

弗里德里希·艾伯特基金会在 1933 年纳粹统治时被迫停止工作，到了 1947 年重新恢复，至今已在 100 多个国家开展了教育计划和其他活动。它奖励了成千上万的德国和世界各地的学者，维持着一个国际公认的劳工历史方面的图书馆。迪特尔·德特克——弗里德里希·艾伯特基金会驻纽约的执行主任，亲自到密尔沃基奖励了泽德勒一套合订版的德国宪法。语言天赋是泽德勒的众多政治才能之一，他可以不用任何翻译辅助就能阅读这套书。

在美国的政治状况下，泽德勒终其一生也没有得到他应得的来自祖国的荣誉，但是地球上另一些地方的人们却被这位密尔沃基的老共产党人所激励，这位老共产党人经历了经济危机的重创、战争、麦卡锡主义、冷战、尼克松时代、里根时代、布什时代，他始终相信一个更好的世界是可能的。而那些相信这个国家需要突破狭窄界限，而不是经常作出错误的选择，听命于政治学陈词滥调的美国人完全理解和承认泽德勒和他的同事们在全美大大小小的城市所精心营造的非常民主、非常有效和非常受欢迎的杰出的社会主义品牌。

我们不需要从别处寻找楷模。他们就在这里，在我们的伟大城市的深处，在历史书没有写到的那几页中。2010 年 6 月，泽德勒逝世的几年后，在庆祝伟大的共产主义者在密尔沃基赢得第一次胜利的 100 周年纪念日，一个年轻的密尔沃基议员发表了演讲。这位年轻的议员曾经访问过泽德勒，并在 2008 年参加市议员竞选时，把这位前任市长的照片用在了他的竞选刊物上。他在纪念演讲中称赞说，"100 年前的今天，密尔沃基市民被选举结果所震动，这一结果也让当时美国其他地方的人们感到震惊，对今天的大多数密尔沃基人来说，感觉也同样如此。"奥德曼·尼克·科瓦以这句话作为开场白，"1910 年 4 月 5 日，我们选出一位社会主义市长，即前制模师埃米尔·塞德尔，同时选出了社会主义者占多数的市议会以及县级政府机构。"科瓦继续说道：

> 美国其他地区的人们，也包括一些密尔沃基人为这一大胆的选举结果感到不安，公开表达疑惑，担心它是不是意味着煽动动乱，甚至是革命。事实上，密尔沃基的市民和他们新选出的领导者并无此意。人们所需要的，就像在今天一样，是诚实的、有效的、透明的、节约的和有社会正义感的政府。在 38 年和余下的 50 年时间里，人们所得到的正是这样的政府，它们分别在市长塞德尔（1910～1912）、丹尼尔·豪恩（1916～1940）和弗兰克·泽德勒（1948～1996）的管理之下。

> 100 年前的社会主义者最直接和最显著的成就是根除了市政方面的腐败，这些腐败主要来自于市政厅包庇下的妓院和停在市政厅门前的私人垄断的有轨电车公司。清除腐败的任务完成后，豪恩和泽德勒开始创建公共制度，这些制度在今天还在持续地改善着我们的生活。

> 市长豪恩将被人们永远怀念的并不仅因为他建造了大桥，而且因为他扩建和改建了世界上最大的城市公园系统。市长泽德勒在他的三个任期中和余下的时间始终是正直和正义的源泉，他留给人们的主要的看得见的遗产是遍及全国的富有人文尺度的不同地域的公共住房项目。公园系统和住房署现在仍然赢得全国奖励，并树立了榜样为其他城市效仿。

> 一个世纪前，"社会主义"这个词引起人们皱眉和怀疑。如

果 2010 年人们围绕公共医疗所展开的言论有什么象征性的话，那么可以说，社会主义这个词仍然有其作用，它可以使闲聊阶层和选票群体产生愤怒和分化。但是这个词通常是含义不明的，而它身上的标签也可能使政治的实质被扭曲。

当我听到社会主义这个词时，我第一个想到的不是革命、战争，也不是待分配救济品队伍。我们密尔沃基人有我们自己的历史，也有我们自己对这个词的理解。对我们来说，社会主义意味着半个世纪的好政府，意味着正直的政治家们和见识广泛的投票者们，意味着运转良好而又没有腐败的公共服务。

这正是泽德勒想要留给人们的记忆：作为一个赢得选举并做出了不同凡响之事的人，不是为个人的荣耀，而是为一项事业，这项事业永远高于个人，高于选举，甚至高于一个城市。

"激励我们的观念是公共利益观，它与那种认为个体应追求私利，而公共利益会在私利的追求中出现的观念完全相反"，泽德勒曾对我说，"我们的观念是认为追求整体利益会带来个体的最佳利益。"

"下水道社会主义"的信条承认美国的个人主义，但不承认美国人是单纯的个体主义者。社会主义者如弗兰克·泽德勒认为这个国家的衣衫褴褛的人也是公民，他们应该为整体的利益服务，而不是为某个人服务。弗兰克相信，这个整体就是合作的公共利益体，先在市政层面开展，然后在州层面，再在国家层面运行。

弗兰克·泽德勒用了一生时间追求这种合作共同体。即使当他已经上了年纪时，他仍然信仰这种共同体有一天会实现。事实上，他坚定地认为社会主义会在美国实现，即使不是在他的有生之年，在他所珍爱的儿子辈和孙子辈也会实现。他的这种确信不仅是因为理想，而且也出于终生的尽心尽力的城市政治实践。这种政治实践告诉他，美国不同种族、不同民族和不同背景的美国爱国主义者，可能而且应该把他们的选票投给社会主义者。

"总是有人指责社会主义与人性不相符合。我们与这种观念进行了长时间的抗争，"在我们的最后一次对话中，弗兰克对我说，"可能它与人性不符，但人们难道不需要被教育吗？人们难道不可能学习彼此合作吗？这当然肯定是我们的目标，因为当人们想起社会主义时，往往伴随着世界上的战争和贫穷，以及所有的疾病。"

第五章
"只是愚蠢的专制"：社会主义者
如何拯救第一修正案

今天我们面临着国家的一个历史转折点。如果资产阶级能够成功地让激进主义和社会主义保持沉默，那么我们所有的自由主义者都将惨遭失败。我们会允许这种情况发生吗？

——维克多·贝尔格尔，在第一次世界大战期间，联邦
政府禁止他的报纸发行后，1917

社会主义者是那些相信通过教育和政治参与，按照法律和秩序改变社会的公民。他们坚信政府的政策与总统的态度都应受到评判，无论是在战争中，还是非战争状态。全世界的社会主义者都反对战争，以及一切使战争不可避免地发生的制度。我们不认为去反对一种现状或政策相当于破坏和触犯了国家的法律。

——西摩·斯特德曼，贝尔格尔及其他被指控实施了第一
修正案权力的社会主义者们的律师，1918

他试图带着厚颜无耻的记录进入国会。

——《纽约时报》，支持对贝尔格尔的迫害，赞同美国议会
通过的禁止他参加选举的决定，尽管他已经被选举进国会，1919

难道到了这样的时候吗，一个相信某些事物的人却没有表达的机会？

——詹姆士·曼尼，伊利诺伊的共和党议员，1920

作为一个争取演讲、出版、参政议政的自由的人，维克多·贝尔格尔的名字将永远被当作从事伟大事业的殉道者为人们所铭记。

——爱德华·福伊特，威斯康星的共和党议员，1920

1917 年 11 月的一个下午，维克多·贝尔格尔，美国的一位杰出的报纸编辑从首都华盛顿给他的妻子米达写信。贝尔格尔在信中表达的内容是令人心寒的——"在华盛顿根本不存在宪法，刚才……"

在接下来五年多的时间，贝尔格尔以无私无畏的生命的和政治的代价去拯救一般意义上的宪法，尤其是它的第一修正案。他的努力最终获得了成功，出版自由与其他一些基础性自由的保护法被重新修订，这一努力也建立了一个充分表达异议的法律框架，一直保留到今天。

事实证明，在很大程度上，正是贝尔格尔而不是 20 世纪的任何一个新闻记者，通过斗争把新闻自由的精神铭刻下来，因为有了这种精神，通讯员、编辑、评论家可以在持不同意见时，有权利反对总统和政策，即使在战争期间也一样，他们甚至可以反对在国内和国外决定国家命运的最高总司令。当罗斯·林伯格，格林·贝克，或者《纽约邮报》的社论作者以奥巴马总统为攻击和发泄对象，就像雷切尔·麦道或者基斯·欧伯曼，或者《纽约时报》的社论作者挑战布什总统一样，他们知道他们这样做是安全的，因为他们的表达是受宪法保护的。总统是否喜欢民众的高支持率并不重要，社会是否处于动荡之中

157

并不重要。

就现时代的我们所知，确保人们有权发表不同意见，这是通过贝尔格尔的斗争换来的。贝尔格尔是一位爱国主义者，他相信宪法的完全承诺，同时，贝尔格尔也是当时的社会主义领导者。

美国历史中的这段事实并不令人吃惊。基本的自由总是被挑战现存秩序的左派和右派的激进主义者们不断地辩护和定义。对陈腐之事的挑战活动不太容易招来当权派的反感，但是局外人，说出人们尚不知道的真理的人们，试图召集抗议运动的煽动者，以及引起争议激发官方给予回应的激进主义者，这些人是威胁现存秩序并提出建立一个新时代的演讲者和写作者，他们很容易为当权派视为眼中钉。

对今天工作在报纸、电台的记者，以及塑造了我们称为自由新闻之技术的数字从事者来说，1917年到1920年，维克多·贝尔格尔和他的社会主义编辑同事们的勇气，决定了当今时代的记者在问询与评论方面的自由。没有人会认为安·寇特应该感谢社会主义者给了她享受写作自由的快乐。没有人会认为格林·贝克应该为社会主义者奉献一个节目，因为他们保卫和延伸了他的自由。但是善于思考的美国人会正确地认识到，在他们国家的一段历史中，保护出版自由处于前途未卜的状态，是社会主义者扭转了这种局势，使之向自由之路迈进。

这不是一件容易的事。

成功从来都是没有保证的，它总是被当权者、法庭和国会所阻碍和拖延。

不是几个星期或几个月，而是若干年，人们有理由担心独裁政治的威胁，这种独裁正如贝尔格尔在1917年的信中所提到的，是"我们在国内建立的危险的独裁政治"。

从各种意图和目的来考虑，贝尔格尔在那个多事之秋的想法是正确的，他认为华盛顿"根本没有宪法"。当然，当时宪法文献是存在的。它被存档，甚至被谨慎地在学校传授。国会和参议院的成员们仍然发誓要"保护和捍卫美国的宪法，对抗所有国内外的敌人"。而且要"支持和效忠于真理；我自由地担当此责任，没有任何保留和退缩的借口；我将很好地、忠实地履行我将就任的岗位职责。上帝保佑我"。但是对自由的保护，尤其对持不同政见的新闻记者和社会活动家的保护却正在消失。

从 1917 年春天起，当伍德罗·威尔逊违背了保证美国不参与第一次世界大战的诺言，这位总统和他的政府，以及国会的支持者，联合当时的主要报纸对国内的异议人发动了一场严酷的镇压运动。当时有很多民众反对战争，不仅包括社会主义者和左翼无政府主义者，而且包括比较保守的德国和爱尔兰移民，这些人反对威尔逊的鲁莽行为，此外反战人士还包括参与了英国君主运动的与美国联盟的人士。1917 年 4 月，当威尔逊试图让国会同意他的参战决定，参议员乔治·诺里斯，内布拉斯加来的进步共和党，要求知道为什么威尔逊和华尔街鼓动着牺牲美国人民的生活利益，使他们投入到"欧洲正在进行的无用和无意义的战争中"。蒙大拿州的代表珍妮特·兰金，第一个被选入国会的女性（作为一个进步共和党人，她获得了该州社会主义选区，也是工会组织滋生地的大力支持），提出了她的反对意见，"这是妇女第一次有机会对战争说她应该说的反对的话"。通过这一行动，她加入了国会的 50 名成员和一半参议员的队伍中，这些人在威斯康星州的共和党人罗伯特·M. 拉裴特的领导下形成了一个反战集团。拉裴特指责总统试图"使我们的人民头脑发胀地投入到战争的疯狂之中"。

拉裴特——贝尔格尔的朋友的一贯盟友，在参议院陈述了自己的反战主张，说明了为什么反对构想拙劣而又不必要的军事主义是适当的，事实上也是必要的：

　　直到最近我仍然认为，在提交给他们考虑和决定的所有政治事务上，依据自己所相信的事情进行投票和行动是国会中的参议员和代表们的责任。但近一段时间以来，与此完全相反的观念借助一些报纸开始流行，不幸的是，这一观念在其他地方似乎得到了相当多的支持，这一观念即毫无异议地"支持总统"，不管他是对的还是错的。

　　就我自己而言，我从来不认同上述观念，而且永远也不会认同。当我认为总统提出的方案是正确的时候，我将会支持他；当我认为总统提出的方案是错误的时候，我将会反对他。总统提出讨论的事情是重要的，但事实上这只是一个额外的理由，我们应该确信自己是正确的，而不是背离自己的正确信念，我们不应该因此害怕表达反对意见，无论它是由什么有影响的权威人物提出的。

　　如果说我们在国内政治事务上表达自己或者进行投票是重要的，尽管我们可能不幸地站在反对总统的立场上，那么，我们按照我们的信念来表达和投票更加重要，尤其这些事务涉及战争与和平，牵涉许多人的生命和财产，可能决定他们所有人以及文明世界的命运的时候。如果，不幸地，在这样重大的问题上，我们经过仔细研究和深思熟虑的思考后，所得出的结论与总统的观点不一致，那么我知道除了反对之外我没有其他选择，我会遗憾但是坚定地反对当权者的要求……

这些言辞在今天看来并不特别激进，当然它们也不会让共和党的创建者们感到意外，这些人精心构想的宪法本身就包括严格的行政制衡，目的正如乔治·梅森所说，是"为了阻止战争，而不是促进战争"。在美国历史的早期，发动战争可能会被认为是荒唐的，而且在战争之前和战争之中，控制人们的反对意见以减少异议也是荒谬的。在 1812 年的英美之战中，正是丹尼尔·韦伯斯特，当时从新汉普郡来的年轻国会议员提出了反对意见，反对"为了战争这一普遍目的而强迫这个国家的自由公民参加各等级的军队"，而《纽约邮报》则谴责这场冲突是一场大规模的欺骗，该报纸警告读者要反对"愚蠢的参军"。

但是，威尔逊，这位凭借"他使我们国家免除战争"而获得竞选的候选人，高度警觉于在主要选区对冲突的广泛厌恶，试图利用某些战时总统可能采取的最严酷的手段来压制异议。在显示了初期的不满后，大多数国会成员甚至开始同意总司令的决定而不是同意《人权法案》。在战争开始两个月后，威尔逊和律师将军托马斯·乔治提出的《国防法》获得了通过，这就是后来被广泛称呼为 1917 年《反间谍法》的法案。根据这一法案，表达观点或传递任何威胁战争的政府分析信息都是犯罪。

虽然这一法案对反抗和不忠诚的界定是模糊的，但是它对那些被指为违反了法律的犯罪的惩罚却是详细和严厉的，某些情况会被判定为死刑，某些情况被判定为 20 年以上的监禁，为了摧毁哪怕是最温和的反战意见，这一法案一经制定便立即生效。1917 年 6 月 15 日，在法案生效的当天，美国法警袭击了反纽约征兵联盟的曼哈顿办公室，该组织在这里出版杂志《大地》和《冲击波》，它的主要组织者艾玛·戈德曼和亚历山大·贝克曼，他们宣传反对法案的观念，声称"我们反对征兵，因为我们是国际主义者，反对军事主义，反对所有由资本主义政府发动的战争"。

对新闻出版自由的镇压活动开始了。虽然镇压活动展现的是笨手笨脚的警察行动，但是据戈德曼在法庭上的回忆，她最终还是根据间谍法被判为有罪：

我们被捕后的某一天，美国法警局和美国地方检察局散发消息，说反征兵活动的"大鱼"已经被逮到了，再也没有任何麻烦制造者和扰乱者来干涉政府的高度民主化努力了，政府可以自由地把年轻人征召入伍，然后投入欧洲战场。政府的忠实奴仆，美国法警局和美国地方检察局的人是多么可悲，他们竟然用如此不堪一击的网来捕捉大鱼。当他们把满载捕捞物的网拉到岸上的时候，它就破碎了，他们所有的努力都白费了。

麦卡锡元帅和他的英勇战士们所使用的方法足以使著名的巴纳姆和贝利马戏团的人也感到可笑。一群英雄们飞奔二层楼，准备为他们的国家贡献生命，最终只是发现了二个危险的破坏者和麻烦制造者，艾玛·戈德曼和亚历山大·贝克曼，分别在他们的办公室，静静地伏案工作，他们手里拿的不是剑，不是枪，也不是炸弹，而仅仅是钢笔而已！

不久就清楚了，这两个拿着钢笔、撰写稿件的人就是已经建立起来的"危险专制"的主要目标。

当权者庆祝抓获了艾玛·戈德曼和亚历山大·贝克曼的袭击活动，这次袭击活动也收获了"一大批无政府主义记录和宣传单"。据警察局局长说，在这一大批东西中包括艾玛·戈德曼和亚历山大·贝克曼编辑的两份杂志的订购名单，这份名单上有一万个人名，依据这份名单，麦卡锡及其走狗进行了席卷全国的抓捕共产主义者的"红色恐怖"突袭活动。

根据《反间谍法案》，戈德曼被指控犯了谋划"诱使人们不去参军（为了《国防法》）的罪"，戈德曼在审判时拒绝否认或为自己的反战立场辩解。她自豪地为自己所做的事情辩护，而且认为那些剥夺了她自由演讲和自由出版权利的人破坏了民主，使"民主在世界上能够畅通”的奋斗成为了笑谈：

> 我们认为，如果美国开展一场使民主在世界上生根发芽的战争，那么，美国自身必须在国内实施民主。如果国内的民主每天都被仇视，自由演讲被压制，和平集会被穿着制服、嚣张又残酷的恶棍所驱散，那么其他国家的人怎么会把美国的民主当回事？当新闻自由被降低，任何独立的见解被阻塞时会出现什么情况？事实上，当我们在民主方面如此不尽如人意时，我们怎么能够把民主输出到世界上？

戈德曼并没有期待她会从法官那里讨回公正，在她看来，法官朱利叶斯·马肖兹·梅耶不过是国家机器的延伸。但是她希望由她的同龄人组成的陪审团可以站出来申张宪法。不幸的是，在法官梅耶的授意下，陪审团拒绝了戈德曼关于第一修正案的目的的陈述，判定这位无政府主义者有罪。接下来法官梅耶给予戈德曼和贝克曼最严厉的判决：两年的监禁，每人一万美元的罚款，而且在他们即将出狱时还可能被驱逐出境。

戈德曼立场坚定，不屈不挠，宣称“两年的监禁换来不妥协地维护个人的观点，这是值得的”。“为什么？因为这只是一个小小的代价。”但是她最终付出了更大的代价，被驱逐出境了。当然，遭遇这种命运的不只她一个人。

有了这一先例，威尔逊和他的助手开始采取更大的行动去摧毁反战行动的基础设施。美国最著名的社会主义者，包括总统候选人尤金·维克多·德比被逮捕，因为发表反战演讲而被审判和判刑。女性主义者罗丝·帕斯特·斯托克斯在堪萨斯城因为提出战争暴利的问题而被指控，她喊出的口号是：“没有一个牟取暴利的政府是为了人民服务的政府，我是为了人民服务的，而政府却是为了牟取暴利的。"
社会主义活动组织者凯特·理查德·奥黑尔被逮捕、审判，并被关进
监狱，因为她在北达科他的一次公众聚会上声称，"美国的妇女承担
的不过是母猪的繁殖功能，她们生的孩子被投入军队，然后成为肥
料。"移民反战组织和劳工组织被围捕和驱逐。社会主义者、无政府
主义者和工会干部被打击和迫害。历史学家霍华德·津恩在回忆中准
确地记述了这段岁月：

> 在一个以自由为自豪和声称自己是世界上民主典范的国家，
> 却严重地违反宪法的自由演讲原则。这种对宪法的犯罪使成千上
> 万的美国人被迫害、被投入监狱，有些时候甚至被严刑拷打，被
> 迫害致死。对大多数人来说，这样做的结果是造成了一种恐怖的
> 氛围，人们害怕表达自己最真实的想法，这种害怕我们通常认为
> 只属于极权制国家。

1920 年的《基督教科学箴言报》则这样写道："表面上看来激进主
义……肯定是遭遇了一个大的镇压。"

这种"过量的镇压"的核心是威尔逊政府齐心协力地阻止社会
主义的新闻事业，社会主义的新闻不但在大城市如纽约和芝加哥有大
量的发行，而且通过邮递服务传递到全国的每个角落。在北达科他、
蒙大拿和俄克拉荷马，这些社会主义运动比较有影响的地区的邮局，
维克多·贝尔格尔的《领导人》报纸、麦克斯·伊斯特门的《大众》杂
志都有发行，还有其他十几个出版物也都能传递到农村读者的手中，
这些读者熟悉并对反战运动的任何争论都抱有极大的热情，无论这种
争论是来自密尔沃基的啤酒馆里的反战者，还是来自曼哈顿的格林威
治村的咖啡馆里的反战者。这正是让战争的支持者感到头疼的地方。

社会主义者在核心地区投票并选出了一些反战声音最大、最有影响的人：内布拉斯加的诺里斯、威斯康星的拉斐特、俄克拉荷马的查里斯·奥古斯特·林伯格。林伯格宣称："一个激进主义者也就是一个说出真理的人。"他们组织集会，并且欢迎反战者发表演讲。他们反对政府扩大法案和增加军事花费，质疑政府这样做是牟取战争暴利，是威尔逊的英国同盟的殖民活动。威尔逊政府对此是怎样回应的呢？切断反战者的批评信息渠道，使之无法散布。具体怎样操作？破坏社会主义报纸和杂志。指控这些报纸和杂志的编辑进行了违法犯罪活动，只要可能就迫害他们，把他们关进监狱，而且，最主要的是阻止他们的出版物发行到布特、法戈、俄克马镇等地。

出于上述目的，威尔逊的邮政署长阿尔伯特·伯尔森加入到政府内部参与制定相关法律。伯尔森是得克萨斯人，在任职的大部分时间里，他致力于在邮政系统内部制造种族隔离，把美国南部的非裔美国人从他们的工作岗位上辞退。伯尔森加入的一伙人精心策划了《反间谍法案》，以及其他一些法案，如1917年的《对敌贸易法》和1918年的《镇压叛乱法》。甚至在战前，伯尔森和他的保守派同盟就试图掌握权力，以阻止下述出版人使用邮政系统，按照邮政署长的说法，这些人"从事或显然在从事出版不正经的、不道德的、下流的、诽谤性的书籍和手册"。但是1915年由国会提出的这一立法提案由于一些人的反对而被驳回了，反对者认为，这一法案：

> 将会使某个人具有毁坏出版事业的权力，依照通行的法庭实践，出版人在接受陪审团的审问时没有任何机会辩护。在这一法案的条款下，由邮政署长加之于出版人的惩罚可能会非常严重，完全剥夺了出版人使用美国邮政服务的权利，甚至是包括符合法律的权利……更加严重的是，这一法案可能使邮政署长在实施

时，对未经最终确认的罪犯造成伤害……在这样的情况下，把决定权交给一个人是不安全的，他的调查可能是片面的，他的决定可能会损害新闻出版的自由。

然而，第一次世界大战开始后，这些合理的意见被丢弃了。在司法部长的配合下，伯尔森获得了国会授予的特殊权力，他可以追查任何编辑或出版人，只要他认为这些人传递的信息可能"引起不顺从、不忠诚、反叛，拒绝承担美国陆军或海军征召义务，或者自愿地防碍征兵和美国服役期限，损害了美国征兵制度"。

以"XLL"命名的反间谍法使邮政署长获得了极大的权力，他可以通过邮政，以"宣传或教唆叛国、叛乱，或武力反抗美国的任何法律"为名，来阻止报纸、杂志、手册、书籍的发行。对什么样的宣传属于上述界定范围，这一决定权交给了伯尔森和他的遍布全国的邮政调查员网络，这些人最终使100多个出版物失去了发行权。

毫无疑问的是，伯尔森还打算追查贝尔格尔，一个被德比称为"天赐英才"的杰出的传媒人，他传送了"第一个充满热情的社会主义消息"，贝尔格尔也被保守派的《美国杂志》在战前描述为"美国最理智和最有影响的社会主义者"。作为一个从旧的奥匈帝国移民来的犹太人，贝尔格尔并不是一个无政府主义者；他被认为是"进化的社会主义者"，这种社会主义者信仰的是教育和组织的力量，以此来反对暴力革命，这也使他成为美国社会党领导集团中在意识形态方面比较谨慎的成员之一。无论如何，他是一个坚定的反军事主义者。他支持社会党的"圣路易斯宣言"，这是在威尔逊宣布了他的战争公告的几天后，社会党召开的一次紧急会议上的宣言，贝尔格尔帮助起草了该文献。

宣言的开头这样写道：

美国社会党在当前非常紧急的情势下郑重重申它忠实于国际主义原则，忠实于全世界工人阶级团结一致的精神，郑重声明它毫不动摇地反对美国政府刚刚宣布的战争。

现代战争是由商业和金融竞争导致的游戏规则，是由不同国家的资本家利益冲突所激发的。不管战争公开地显示资本家的野心，还是被虚伪地说成是"自卫"，战争永远是由统治阶级发动的，由人民大众来参加的。战争为统治阶级带来财富和权力，为工人阶级带来伤害、死亡，使他们生活在水深火热之中。

战争滋生了灾难性的热情、非理性、种族仇恨和错误的爱国主义。战争遮蔽了工人为生命、自由和社会正义而进行的斗争。战争使美国工人与其他国家工人之间牢不可破的团结趋于破裂，破坏了工人阶级的组织，削减了工人阶级的公民权和政治权，以及自由。

美国社会党坚决地反对以军事权力和假爱国主义为支撑和后盾的扩张体系和阶级统治。我们因此而呼吁所有国家的工人们拒绝支持他们参战的政府。国家的资本主义集团竞争而导致的战争不是工人阶级的关注点。唯一正当的工人阶级的武装斗争是全世界的工人阶级为争取经济解放和政治压迫所进行的武装斗争，我们尤其要提醒工人们警惕所谓自卫战争的圈套和诱惑。同时也要警惕虚假的爱国主义教条，我们坚持的是国际工人阶级团结的理念。我们不愿意为了资本主义而牺牲任何生命和金钱；而为了工人阶级争取解放的事业，我们愿意贡献自己的一切。

由于认为"在现代历史上没有任何一场战争比我们将要进行的战争更不正义"，贝尔格尔和他的社会主义同事们提出了反对威尔逊军事主义的行动纲领：

与这些原则一致，社会党尤其反对这种意见，认为工人们在战争状态下应该停止他们改善生活条件的斗争。正相反，战争制造的严酷现实需要工人阶级进行更有力的斗争，我们建议工人们同时也尽我们自己的所能投入以下活动中：

1. 持续地、积极地、公开地通过大规模的公众请愿，以及法律赋予我们的其他手段反对战争。

2. 不妥协地反对所有为军事或工业征兵而提出的法案。如果这类征兵法案强加在人们的头上，我们就发誓不断努力，使这样的法律被否决，而且竭尽全力地支持所有反对征兵的群众运动。我们发誓尽最大的努力去反对通过征税或发行国债来筹集资金补偿战争花费的企图，发行国债将会使我们的后代承受巨大的负担。我们要求制造了战争的资产阶级为战争埋单。让那些点燃了火的人去提供燃料。

3. 不遗余力地抵制所有的反动措施，如新闻和邮寄检查，对自由演讲、集会和结社权利的限制，或者罢工权利的强制制裁和限制等。

4. 继续宣传反对在公立学校进行军事训练，传授军事课程。

5. 扩大在工人中进行教育的活动，把工人阶级组织为强大的、有阶级意识的和团结的政治和工业组织，使工人们集中精力，协调一致地进行群众性反战活动，建立永久和平。

6. 普及教育性宣传，使广大群众明白资本主义和战争之间的真正关联，唤醒和组织他们进行反战活动，不仅要反对当前劣迹斑斑的战争，也要阻止将来可能发生的战争，要为摧毁战争这种事情而努力。

7. 为保护美国的广大民众，使之免于即将到来的饥饿的危险，这是欧洲战争已经带给那里的人们的，也是由于美国参战而

不断加重的危险,我们要求:

——只要当前的短缺仍在持续就要限制食品出口,要规定最高价格限制,采取任何必要的手段阻止食品投机者把食品囤积在他们手里;

——在重大工业环节,生产、流通、贮藏和食物和其他生活用品的供给上,采取社会主义的和民主的措施;

——在所有目前被垄断和谋取利益的土地和其他资源上,采取社会主义的和民主的措施。

"这些措施,"这份宣言总结道,"是为保护工人免受当前战争的恶果而采取的手段。只要工业资本主义制度仍然存在,当前战争的危险就将存在。只有在全世界范围内建立起社会主义的工业和工业的民主,战争才能最终结束。社会党号召所有的工人加入它的斗争,以达此目的,为世界带来一个新的社会,在这样的社会中,和平、友爱和人类的兄弟情谊将成为主导观念。"

"圣路易斯宣言",这一反战理念和组织者语言的混合体,威尔逊政府置之不理,但这并不能否定一个事实:社会党在许多方面都具有政治影响力,而且在它的组织中有许多全国知名的出色的编辑和作者,包括一些专门揭发丑闻的新闻记者,这些人在战前就激励了时代的进步与变革,在某种意义上,他们的努力也为威尔逊的1912年选举铺平了道路。贝尔格尔的《领导人》,一个社会主义者当市长的城市的日报,与《纽约客》一起被称为社会主义阵线中最有影响的新闻出版物之一。

在一个印刷出版物是主要消息来源的时代,《领导人》致力于使自己的新闻专栏覆盖国际、国家、州及区县各种层次,成为一份受欢迎的报纸,通过邮政系统,走出了密尔沃基,发行到全国各地。毫无疑问，贝尔格尔和他的报纸反对战争。即使考虑到检察官和法官出于为新闻检查进行辩护而采取的惯常性夸张手法，最高法院在对贝尔格尔的粗暴裁定中所说的话基本上是正确的。最高法院认为《领导人》把战争指责为"对我们来说是不正义的、不光彩的，是一个资本主义战争，是资产阶级出于自私自利的目的而强加于人民头上的"。同样以下认定也是正确的，"我们的政府被《领导人》谴责为'财阀共和体'，一个金融的和政治的专制政府"；"法案被谴责为非宪法的、武断的和压制性的"，"总统被谴责为独裁者，战争立法被认为是经由'无主见的国会议员'所通过的法律"。

以下认定或多或少也是正确的，《领导人》"试图说服读者，让他们认为士兵不能非法地被派往国外，我们政府参与的是不正义的侵略战争；美国只是为商业特权和主导世界的目的而参战，当'金融巨头们'的因素被考虑在内，扩大的战争就将把危险转移到同盟国那里，它们本来可以走向很快就会到来的和平"。

贝尔格尔和他的律师可能争论过细节问题，他们当然也挑战过这样的观念，即邮政署长和法庭可以裁定报纸文章是否含有不服从国家法律的影射性内容，但这些不能百分之百地肯定。我们可以肯定的是，《领导人》公开反对战争，挑战它的合法性，支持那些试图结束战争、检举战争谋利者的候选人。贝尔格尔在法庭上宣称："我是一个社会主义者，也是一个战争和牟取战争暴利的反对者。"他陈述说他对自己的报纸提出下列问题感到自豪，"我们为什么允许我们的孩子为了保护英国的商业利益而被战争杀害和摧残，难道就为了英国奸商能够从战争中获利"。

这里的关键问题，今天任何在校学生都能够理解（即使一些新保守派评论家仍然为这些概念而争执），正是宪法的第一修正案所提出的保护新闻异议的问题。事实上，保护新闻自由的斗争在美国历史上总是有节奏地发生：在越南战争期间，这一时期美国侵略了格林纳达，里根政府对中美洲实施干预；在乔治·赫伯特·沃克·布什的第一次海湾战争期间和乔治·沃克·布什侵占伊拉克时期；直到贝拉克·奥巴马对伊拉克和阿富汗的继续占领的今天。不同出版物，左翼的《国家》和右翼的《美国观察》都与时俱进地批判过战争和战争制造者，这些批判的特征即使不总是鲜明的，至少也是直率的，正如《领导人》所提出的批评一样。而现在受欢迎的互联网站中的不同政见具有更引人注目和更加不妥协的特征，即使是最漫不经心的浏览也会发现这一点。

但是现在的新闻记者和评论家们所享受的坦诚和充满激情地表达不同观点的自由，从党派观点到意识形态观点，尤其是在战争期间和社会发展的不稳定期间，并不是随着时间的推移而自动实现的。这种自由是社会主义者争取来的，他们是事实上的和被称为的布尔什维克者，无政府主义者和其他的激进主义者，这些人在宪法条例受到最严重威胁的时候挺身而出，为保护美国的新闻自由而进行战斗。

贝尔格尔已经认识到危险即将来临。"我已经为将来做好了准备——如果《领导人》在战争期间完全被取缔"，1917 年 9 月 23 日，也就是《反间谍法案》通过和艾玛·戈德曼被捕后的三个月，贝尔格尔在写给他的妻子米塔的信中这样写道。贝尔格尔，这位密尔沃基的编辑，是党的组织者，也是一个乐观主义者，他曾预言，官方阻止他发表言论的行为"在战争结束和战争立法不再生效的时候，将会给《领导人》增加三或四倍的巨大威望"。不幸的是，对贝尔格尔来说，他的煎熬在战争结束后还长久地持续着。

1917 年 10 月 3 日，《领导人》的邮寄权被伯尔森取缔，理由是这份报纸"不忠诚"。没有经过任何正式的程序，没有让贝尔格尔根据新闻自由的法律前提为自己的报纸辩护，邮政署长和他的助手们轻易地审查撤销了贝尔格尔和《领导人》，因为取消了二等邮件特权，报纸不能自由和廉价地发行，报纸的出版自由也就成了一项空洞的权利。1877年，最高法院在裁决中已对此做过说明："发行的自由是出版自由的关键，事实上，如果没有了发行，出版也将变得没有价值。"

无论用什么标准来衡量，使用二等邮件特权，对像《领导人》这类报纸的发行来说，都是至关重要的。法庭在1921年关于《领导人》的判决中承认，"只收取少量费用邮寄报纸的二等邮件特权被认为是'历史政治的一部分，通过少量邮寄费来鼓励消息的散播'。由于得益于国会认为的从新闻报纸和其他杂志中来的公共福利，出版者特殊喜好可以直接传播开来"。为回应这一说法，即"虽然报纸被取消了二等邮件特权，但它们自由发行的权利是存在的，因为对出版者来说，第一邮政权和第三邮政权，以及其他一些传送渠道依然存在"，美国法院一位杰出的法官，路易斯·布兰代斯驳斥1921年的法庭裁定说："宪法的权力不应该被如此技术性和无实质内容的争论一点点地侵蚀。"

但是它们就是被如此一点点地侵蚀了。除了《领导人》，美国许多最杰出的社会主义者和激进的出版物，包括发行广泛的《纽约号角》、《大众》杂志，还有一些外语出版物，如新泽西的《自由报》都成为邮政署长打击的目标。多数情况下，就像《纽约号角》的编辑指出的，"他们不给我们任何书面的指控说明，说明我们怎样不当使用了邮政权，他们没有指出我们的哪篇文章怎样违反了美国已有的法律条款，他们没有任何针对报纸文章的文字起诉材料。我们只是被要求说明我们为什么不能被惩罚，我们没有被告知我们为什么会被惩罚"。

这种不合逻辑的情况在贝尔格尔和伯尔森的交锋中得到了说明。在被告知《领导人》的二等邮件特权被取缔后，贝尔格尔多少明白了他和他的报纸被如此对待的原因。"一旦你们的报纸发表被认为是不鼓励青年男子参军，或者使他们认为这场战争是不正义、不公正的内容，你们就会被处罚"，伯尔森这样回答，他提出建议，贝尔格尔要想使报纸恢复发行，唯一的途径是避免发表任何关于战争的内容。

《领导人》拥有一个广泛热心的读者群，他们对战争比对其他的内容更感兴趣，对这样一份报纸，上述要求完全是不合理的。伯尔森的拒绝使"《领导人》发行到密尔沃基之外的权力被摧毁了"。法律专家约瑟夫·兰尼对此予以了关注，"一个学者曾把贝尔格尔案件称为美国历史上新闻自由的最低点，它'完全与传统的英语世界中的自由相悖'"。

在二等邮件特权被取缔的命令下达后，《领导人》失去了85%的城市外订阅用户。多亏有密尔沃基人的支持，它才生存下来。但是其他许多反战报社却倒闭了。贝尔格尔也同样遭到了严重打击，这样一位被认为是当时美国素质最高、有政治头脑、有决心的社会主义编辑不仅是在特殊性上为他的报纸而抗争，在一般性上为反战新闻抗争，而且也为民主的基础而抗争，因为只有人们接收到信息和观念，使他们有勇气质疑权威们宣布的决定，民主才能有保证。贝尔格尔乐此不疲地进行着斗争，在全国巡回演讲，向人们发出警告，警告宪法已经被侵害，一条"压迫人民的锁链"正在美国形成。

伯尔森的阴谋不仅仅在于限制贝尔格尔发行《领导人》，"而且"，历史学家迈克尔·史蒂文斯写道："在1918年的整个夏天，私拆贝尔格尔的个人邮件，从那一年的8月份起开始不给《领导人》进行任何投递服务。"除此之外，谋划迫害贝尔格尔还在于这一事实，那就是伯尔森是以《领导人》违反了《反间谍法案》为依据，来裁定这份报纸不适合进行邮递的。伯尔森，这位被贝尔格尔的律师准确地称为"圆滑、精通世故的南方政客"，使贝尔格尔成为被联邦当局控告的靶子。

很快，控告就降临到贝尔格尔的头上。

如果贝尔格尔简单地放弃《领导人》的使命，或者关闭这份报纸，或者遵从伯尔森的建议避开任何有关战争的报道，那么他或许可以避免来自美国联邦的指控。但是，正如史蒂文斯所指出的，"尽管失去了邮政许可，贝尔格尔仍然在威斯康星党员的捐助下继续使其保持着运营，因此，贝尔格尔很快便发现自己被起诉。联邦官员在威斯康星和伊利诺伊对他进行控告，控告他违反1917年的《反间谍法案》，该法案禁止发表阻碍战争的文章"。

上述指控有着政治意图，这一点却从来没有被认真地质疑过。"显然"，西摩·斯特德曼——贝尔格尔的律师和1920年社会党的副总统候选人，告诉《纽约时报》的记者，"把美国的社会党置于被审判的地位被认为是必要的。如果这件事的结果能够使真相呈现出来，我相信公众将会认识到战争投机商和大资本家对这一指控最感兴趣。"

斯特德曼本来还可以提到威斯康星和全美国的一些民主党和共和党人，他们害怕贝尔格尔将会在选举中获得选民的大力支持。对贝尔格尔的第一次指控开始于1918年3月10日，是在一次被密切关注的特殊选举举行的三个星期之前，这次选举的是美国国会议员，其空缺席位是由威斯康星的一位议员在一次打猎中意外死亡而产生的。拉裴特坚持认为要进行这一选举，至少把它作为一次对威尔逊的国际野心的挑战，而贝尔格尔作为一个不妥协、不畏惧的反战候选人投入到这一挑战之中，他在美国各地张贴宣传海报宣称，"为一个尽快到来的、普遍的、永远性的和平——对战争获利者征税。"在其中的一张海报上，他在自己的画像两侧写着"自由演讲"和"自由新闻"。另一张海报谴责分裂工人阶级投票者的企图，写着"反对种族仇恨"。贝尔格尔吸引了大批民众不仅在密尔沃基，而且在全美国进行集会，这方面的报道引起了华盛顿的担忧，他们害怕社会主义者可能赢得选举。当时有一种流行的猜想，人们认为正是因为华盛顿的担忧，联邦大法官才在芝加哥匆忙地指控贝尔格尔，以及社会党的国务秘书和其他另外两名社会党领导者，指控他们犯了"妨碍征兵，鼓励人们不忠诚和干扰美国所进行的战争"罪。

首次指控引用了"26个明显的犯罪行为"，其中或者是发表的公众演讲，或者是报纸中的新闻，它们包含了"圣路易斯宣言"中的细节，以及含有督促美国军队从欧洲撤军和进行和平谈判的内容。虽然贝尔格尔在写给他女儿的私人信件中写道，"如果既能避免牺牲，又没有对个人造成更大的侵害，或者对一个人投入的运动没有危害的话，我不想扮演殉道者的角色。"但是他的公开声明却充满了不掩饰的豪情。"这是一场政治运动，纯粹而简单"，在提到他被指控时，贝尔格尔说道："他们害怕竞选威斯康星的美国议员，他们采取这种做法是想让我不能当选。但是这并不能破坏我的事业，相反，他们这样做使我的当选成为必然。"

但是事实并非如贝尔格尔所预测的那样。

在1918年4月2日的竞选中，贝尔格尔没有赢得当选议员所需要的选票。但是他的落选也并非失败，因为他最喜欢的一句口号是："我们失败了，但是我们赢了。"

贝尔格尔所得的选票是社会主义者之前所获得选票的4倍，在威斯康星的72个县中，贝尔格尔在11个县打败了共和党和民主党候选人，获得了全州26%的选票。没过多久，当贝尔格尔参加密尔沃基的美国众议院议员选举的时候，这些选票数使威尔逊政府对他更加感到害怕，在这一选举中贝尔格尔不是成为殉道者，而是成为在密尔沃基的德国、爱尔兰和波兰以及犹太选民心目中的英雄。

威尔逊政府下决心要让贝尔格尔闭上嘴，在美国议会选举前的一个星期，他们从联邦大法官那里获得了对贝尔格尔的另一次指控，地点是在密尔沃基。与贝尔格尔一起被指控的还有其他三名来自威斯康星的社会主义议员候选人，其中包括一个社会党参议员和伊丽莎白·托马斯——《领导人》的社会民主出版公司经理。

贝尔格尔坚持参加竞选，这一次他获胜了。1918 年 11 月 7 日，大惑不解的《纽约时报》报道了贝尔格尔这位社会主义者竟然获得了超过五千张选票的事实："考虑到有两个联邦指控在身的情况，贝尔格尔的选票让人们普遍感到吃惊"。两天后，《纽约时报》，这一政治和传媒机构从震惊中完全恢复过来，报道称"阻止贝尔格尔"的准备工作已经就绪。"国会的一些议员正在加紧寻找之前的案例，以在威斯康星举行的反对贝尔格尔的法庭辩论中增强说服力，这也正是贝尔格尔准备到国会就职的时候。"

然而，在为他已经当选的职位而斗争之前，贝尔格尔还不得不就初次指控而为自己辩护。在被密尔沃基选为代表，代表他们到国会就战争与和平问题榷商后的仅仅一个月，11 月 9 日贝尔格尔就到芝加哥去接受审判。审判结果事先就已经定下来了。审理的联邦法官蓝地斯，在几个月前对 83 名工业世界各国工人联盟的成员进行了严厉审判，判处他们违反了《反间谍法案》。蓝地斯称："人们确实有必要保持一个非常清醒的头脑，不要对这个国家的德裔美国人怀有幻想，他们心中不忠诚的火焰熊熊燃烧。"贝尔格尔和他的同伴被告人并不是第一批被歧视的美国人，他们知道少数民族和种族的成员，尤其当他们是移民的时候，他们的第一修正案权力往往得不到应有的尊重和保护，他们的实践自由几乎被剥夺了。但是这一教训对贝尔格尔来说尤其痛苦，他曾经学习过宪法，可以大段地引用 1787 年国会制定该法律条款的审议内容。在一次他同政治和司法机构对峙之前，贝尔格尔回忆说："我告诉律师把第一修正案置于首要位置，要多提关于自由演讲、自由出版以及人权法案等美国宪法上的修正案，以此据理力争，对我的控告在法律上，或者在这些修正案上根本就站不住脚。"

贝尔格尔的律师，斯特德曼按照贝尔格尔的要求做了争论，提出："社会主义者是那些相信通过教育和政治参与，按照法律和秩序改变社会的公民。他们坚信政府的政策与总统的态度都应受到评判，无论是在战争中，还是非战争状态。全世界的社会主义者都反对战争，以及一切使战争不可避免地发生的制度。我们不认为去反对一种现状或政策相当于破坏和触犯了国家的法律。"

贝尔格尔和他的律师当然是正确的。然而，在美国第一次"红色恐怖"盛行的时候，面对正义被阻止，面对一个反动的法官，如蓝地斯，贝尔格尔获得公正审判的机会微乎其微。而贝尔格尔对指控的回应也并不能对他的事业有所帮助，关于他是否写下了一些有针对性的话，如国家已经"投入到由欺骗和背叛人民的政府和国会所带入的战争中，"再有，在一篇社论中他指责政府"为了资产阶级的利益而选出一个人来屠杀，这是国家的耻辱"，关于这些指控，贝尔格尔坚定地回答，"今天我仍然会这样说"，"我现在仍然是这样认为的"。

有人指责蓝地斯对贝尔格尔的案子存在偏见，蓝地斯对此不加理会，在陪审团宣告贝尔格尔和他的共同被告人有罪后，他判处他们每人在联邦监狱服刑 20 年。几个月后，蓝地斯对美国的集会民众说："判处贝尔格尔在利温沃斯堡服刑 20 年是我极为不满意的事，我对此感到很遗憾，因为我认为国家的法律应该让贝尔格尔靠墙站立，并被射杀。"至于密尔沃基那些选举贝尔格尔进入国会的投票者，蓝地斯说他们，"应该从民主群体中去除"。

国会中的议员们持几乎相同的观点。当贝尔格尔在交付145000美元的情况下被保释，等待上诉期间，1919 年 3 月 19 日，他来到国会就职，发言人弗雷德里克·吉勒特，一位来自马萨诸塞州的保守的共和党人，拒绝为他举行就职宣誓。相反，吉勒特指定一个委员会来对贝尔格尔进行调查，调查他是否有资格就职。在这个委员会连续几个月进行商议之际，贝尔格尔在全国进行巡回演讲，他告诉聚集在麦迪逊花园广场的五千民众，国会"是一个银行家和律师们的联合体"，"资本主义不仅控制了国会，控制了法院、总统和政府，而且，最重要的，它控制了所有的公众表达和交流工具——日报、周报（只有几家例外）、电影院、剧院和宣传栏"。

贝尔格尔的演讲实际上并不算夸张，在不可克服的力量悬殊面前，他自己为争取新闻自由而进行的斗争似乎一无所获。哥伦比亚地区的上诉法院早在1919年春天就拒绝让邮政署长恢复《领导人》的二等邮件特权，理由是这份报纸是"一个敌对的和反动的出版物"，任何阅读这份报纸的人"都会相信它的社论有着对我们政府不忠诚的内涵"。

被打上了这一标签，贝尔格尔也被国会评估委员会视为重点调查对象，他们的调查得到了《纽约时报》社论作者们的肯定，他们认为国会"有正当的权力把他驱逐出去"，因为他已经充分暴露出反动本色，这就决定了这位密尔沃基选出的代表不能取得国会席位，他在战争期间给予敌方以支持和安慰。至于战争已经结束，事实上他的文章也并没有妨碍威尔逊的计划，这些都并不重要，反正贝尔格尔被国会认定是，或者至少是试图"使美国政府尴尬"。

1919年11月，当这件事被放置在国会全体人员面前讨论的时候，贝尔格尔遭到了大量辱骂。马萨诸塞州的共和党人弗雷德里克·达林格尔告诉他的同事，司法部认为贝尔格尔是"美国最具威胁的人物之一"。琼·亨利·英格尔，一位得克萨斯的民主党人，抨击贝尔格尔是"背叛国家的不忠者"。

为回击这些辱骂，贝尔格尔在国会发表了一次著名的演讲，在演讲中他质问他如何能被剥夺就职权，这是在许多方面都没有事实依据的。他为自己在战争期间所写的文章辩护，认为它们不仅是自卫的，而且是正当的，"如果再出现类似的情况，我还会一遍又一遍地这样说这样写，我只会使我的观点更充分、更有力，因为事实证明我是正确的，休战协议已经达成，战争已经部分地结束了"。他严厉批判当前"红色恐怖"的不正常状态，警告那些他曾热忱地与之共事的（从1911年到1913年）的议员们，"对红色恐怖的害怕已经把美国紧紧地控制住，而害怕永远都是罪恶的"。更重要的，他表达了他的确信，他认为把持不同政见的人驱除出国会，无论对民主还是对共和党的实践来说都是危险的，他对在座的议员们说："把社会党，一个获得了超过1亿张选票的党的唯一代表赶出国会是愚蠢的，也是一种犯罪。"

"先生们，请你们记住，你们可以驱除我一次，可以驱除我两次，但是第十五行政区威斯康星不可能允许你们来命令把什么样的人选为代表。"贝尔格尔在结尾时说："如果代表制政府还将存在，你们还会见到我和我这样的人，让我们期待在国家的立法部门有更多像我这样的人。因此，无论你们作出什么样的决定，我只想说'Aurevoir'（法语'再会'）。"

国会并没有对他的笑骂买账。最终结果是311票赞成，1票反对（这1票是来自贝尔格尔所在州威斯康星的进步共和党代表爱德华·福伊特），贝尔格尔这位社会主义者的就职权被否决了。当时的各大报纸纷纷发文表示，庆祝这位竟然相信第一修正案真正为新闻自由提供保护的编辑被驱除出国会。《华盛顿邮报》认为国会的投票结果是"美国精神的深刻展现"；《巴尔的摩太阳报》反问为什么竟然还有一张票同意社会主义者进入国会；《托莱多刀刃报》把那些投反对票的人当作是爱国者，认为他们"拯救了他们的尊严"。美国退伍军人总会也加入这一阵营，呼吁剥夺贝尔格尔的公民权，把他驱逐出境。

然而，美国的历史证明，是人民，而不是统治者们和主要的媒体更懂得宪法的真正内涵。

在国会的决定下达后，贝尔格尔的职位成为空缺。为此 1919 年 12 月 19 日将举行一次特殊的选举。社会主义者再一次选出贝尔格尔，尽管他已经被民主党和共和党联合认为没有资格当选。用《密尔沃基》杂志的话说，"美国精神"将在密尔沃基盛行开来。这次短暂的运动以除《领导人》外的地方日报刊登整版广告为尾声，广告上提出的问题是："密尔沃基是红色的，还是红色、白色和蓝色的？"贝尔格尔和他的支持者们以一个画报来回应，画面上贝尔格尔指着一份宪法复制本，并配以文字说明："国会不应该制定法律来保护宗教信仰；或者应该制定法律来禁止宗教信仰自由；或者应该删除演讲或新闻出版的自由……"

"为什么他们要迫害贝尔格尔，逮住他不放？"《领导人》在画报中自问自答："因为贝尔格尔让他们丢脸难堪？"

出席当天选举的民众众多。在所有的新闻出版社、国会议员们和威尔逊政府的监督之下，选民以压倒多数的优势再次把贝尔格尔选为议员。贝尔格尔赢得了 55％ 的选票，社会党在城市的每个选区都获得了计票上的胜利。社会主义者的选票比上次选举的票数飙升了 40％，用历史家学爱德华·缪斯克的话说，"威斯康星第十五选区以这样的方式回应了国会和政府。虽然布尔什维克被认为是不正确的，但贝尔格尔却在整个选区赢得了声誉和尊重，获得了重大的个人胜利，与 1918 年的选举相比，多得了 40％ 的选票，这些选票大多来自于非社会主义人士。"

贝尔格尔抓住这一选举结果的机会，把它作为"自从黑人解放运动以来，美国第一次重唤真正的民主的象征"。但是，虽然这位赢得了选票但没有职位的议员把密尔沃基的选举看作是"维护了现代民主的一个基本原则——代表制原则"，但国会的大多数成员却并不这样看。当贝尔格尔要求在 1920 年 1 月 10 日为他举行就职仪式时，国会甚至拒绝让这位社会主义者发表讲话。历史的重任落在了爱德华·福伊特的肩上，他是上一次听证会上唯一一个为贝尔格尔辩护的人，为了维护宪法和民主他挺身而出，而他所说的话像先人们在国会发表的讲话一样掷地有声。

> 先生们，你们可以讥笑和嘲讽，但是我知道维克多·贝尔格尔是什么样的人。没有人能像他一样把自己的生命和未来都献了出来，投入到为千百万受压迫的人争取一个更好生活条件的伟大事业中。他就像直布罗陀的岩石一样坚持自己的信念，而不计较个人的得失，不计较道德上的名声……作为一个争取演讲、出版、参政议政的自由的人，维克多·贝尔格尔的名字将永远被当作从事伟大事业的殉道者为人们铭记。

福伊特并没有想到他的话会改变大多数人的观念；他私下承认，对宪法和宪法制定者的意图的严肃讨论"从来没有在国会进行过，因为这被认为是不合时宜的"。但是这种不合时宜的气氛正发生微妙的变化。国会的一个资深共和党人，詹姆斯·罗伯特·曼尼，对他的同事们说："贝尔格尔先生再一次被他所在选区的大多数人选为代表，在我看来，真正的问题是，我们是否要继续违背政府的代表制度，根据代表制，当希望改变宪法或其他法律的人在国会的合法选区获得了大多数选票时，有权利被选入国会……"

曼尼继续说道："难道到了这样的时候吗，一个人所确信的事情不能表达出来？他的人民，他的选民，需要他来代表他们。从国会选区中挑出一个代表来不是我们应该干的事，这是人们在家中思考的事。选举表达了人民的心声，我们不能拒绝倾听一个选区的人民的声音，这样对国家长治久安没有任何好处。"

另一个来自伊利诺伊的共和党人对曼尼的话提出挑战，"我们是否应该允许国会有不忠诚的人呢?"对此曼尼回答说："什么样的人是忠诚的，这个问题不是你这位伊利诺伊的绅士，也不是我能够界定的。你可能有权力去定义它，但是你这样做是不明智的。宪法的修正案授权去驱除一个援助或讨好敌人的人，但我不认为修正案中的条款是针对贝尔格尔的，或者试图针对他的……我并不赞同贝尔格尔先生的观点，但我愿意与他在人前进行争论，而不是剥夺他发表意见的权利，尤其是他是以合法的形式被人民选举出来的，这样只会引起人民的不满，使他们寻求暴力的解放方式。"

当然，曼尼的话并没有从根本上改变国会的气氛，国会仍然是以330 票赞成，6 票反对的结果决定驱除贝尔格尔，但是曼尼这样的人的声音奠定对宪法的范围大、影响广的解读，这在威尔逊统治时期是不常见的，威尔逊的总统任期不久即结束。对宪法第一修正案的自由解释作为对演讲自由、出版自由的一次真正的守护再一次盛行，即使那些位高权重的人也参与进来。曼尼与其他几个一起为贝尔格尔辩护的议员，包括俄亥俄州民主党人艾萨克·舍伍德，一位 85 岁的内战期间的陆军准将，也是就职于国会的最后一位在世的内战老兵，勇敢地站出来重申启蒙主义理念，他们认为，对待异见，最好的办法是正视和面对，而不是排斥和惩罚；民主不仅允许而且事实上要求得到丰富和更广泛的讨论；不同的观点和新的理念使讨论得以充实，使国家不断强大，而这无疑会提高政府的信任度并为法律法规提供保证。这些观点并非新建构起来的，事实上，它们就像共和制一样的古老。它们也正是宪法制定者基础理念的重新阐述。贝尔格尔和他的同事们为这些理念进行辩护的时候，是官方检查、控告、监禁、罚款和驱逐出境盛行的时候，因为有了他们的奋斗，这些理念才最终成为美国的普遍民意，被合理地贯彻到今天。

当然，贝尔格尔第二次当选后仍然没有取得国会的席位。《领导人》也仍然没有得到自由发行权，而其他质量不高、影响不大的报纸却取得了这一权力。对《领导人》60 岁的编辑贝尔格尔的 20 年监禁的威胁也始终存在着。但是贝尔格尔却比以往都更加坚信，在抗争的灰尘之下孕育着胜利的种子——"我们失败，但我们赢了"。在国会作出拒绝他就职决定的几个小时后，密尔沃基的社会主义者再次把他提名为国会候选人，并高呼："第十五选区的人民希望他进入国会，该选区人民的意愿不能被华盛顿的一帮人所蔑视。"

"如果国会的反美国人民的野心继续驱除贝尔格尔，我们将持续不断地对他进行提名，直到地狱之冰融化，"社会主义者们发出警告，"贝尔格尔是我们的国会议员，国会再次取消他的议员资格只能引起真正的战斗……"

随着威尔逊总统任期结束的临近，"红色恐怖"逐渐退却，对理智的判断权重新回归到共和国手中。贝尔格尔和他的社会主义同事们利用 1920 年的选举季，代表关在监狱中的德比，发动了一场总统竞选活动。在这一竞选活动中，"9653 号罪犯"得到了将近 1 亿张选票，这一活动也被作为美国历史上一次伟大的政治教育先例。"去与敌人和解就是去引发倒退"，被监禁的候选人德比这样说。

即使在他为德比，也为自己的两次被否决的国会席位而进行奋斗的时候，贝尔格尔仍然是把主要精力投入到推翻对他的判决，以及恢复《领导人》的发行权上。这仍旧是艰难的；他被禁止出现在普罗维登斯，被剥夺了在水牛城的演讲权，还被泽西城的地方宪兵所驱赶。在他的家乡威斯康星，他被密尔沃基记者协会所驱逐，同时全国的主要的新闻日报继续庆祝他的第一修正案权被否决。但是进展虽然缓慢，但确定无疑的是，贝尔格尔赢得了大批选民，阅读和关注国家宪法中的出版自由、演讲自由和结社自由的基本文献的人群更加广泛。"如果资产阶级能够成功地让激进主义和社会主义保持沉默，那么我们所有的自由都将成为泡影。"这位著名编辑对他的听众说，这些听众通常达到上千人，他们在公园或者在工会大厅聚集起来听他的演讲，"我们会允许这种情况发生吗？"贝尔格尔反问道。

最高法院同时受理了贝尔格尔的判决上诉和恢复《领导人》邮政权力的上诉。1921 年 1 月 31 日，法院推翻了对贝尔格尔违反《反间谍法案》的判决。9 名陪审团成员中有 6 名认为，联邦法官蓝地斯表现出对贝尔格尔和他的同事们的极度偏见，他应该尊重被告的要求，由一个新的法官来监督审理此案。"在这项指控中，法官蓝地斯没有合法权利作为法官来主持对被告的审判"，法官约瑟夫·麦克纳宣称。麦克纳在被总统威廉姆·麦金莱指派为最高法院法官前曾就任美国司法部长。

"对法院的这一决定我感到欣喜，并把它当作我们国家的统治者恢复理智的第一个真正的象征"，贝尔格尔这样表示，他把对他的审判和判断当作"只是假爱国者和战争暴力者反对社会党所共同策划的阴谋"。

然而，贝尔格尔依然面对着新审判的威胁。充其量，法院的裁决只是贝尔格尔所说的恢复理智的极其微弱的"第一个象征"。3 月 7 日，同一个法院作出了维持邮政署长剥夺《领导人》和另一个社会主义者报纸《纽约号角》二等邮件特权的判决，9 名陪审团成员有 7 名认为实施邮政限制，使一些报纸不能顺利发行并没有违反第一修正案。

邮政署长的措施只是把出版者的二等邮件特权收回了，但并没有收回它的其他类别邮政权，实际上这些权利本来也是可以收回的，而且邮政限制措施也没有阻止报刊重新使用二等邮件特权。对能够修正自己的观点，遵守法律的报刊，邮政权的大门还是敞开的，它们可以重新取得二等邮件特权。但这些报刊并没有这样做，而且不难想象，它更愿意采取这种无效的诉讼，因为它们认为一个对敌国发动战争的政府是没有能力对付它内部阴险敌人的。相关报纸所遭受的惩罚是它自己招致的，对它们的先前判决仍然生效。

但是即使是《纽约时报》，一份长期对贝尔格尔的遭遇持漠然态度的报纸，似乎也开始承认时代的潮流转变了。在它的头版头条的显要位置，《纽约时报》刊发了两位持不同观点的人的意见，法官奥利弗·温德尔·霍姆斯和路易斯·布兰代斯，他们不仅在最高法院这个特殊的地方享有极高声望，而且在美国司法部也赫赫有名。"布兰代斯认为大多数人的观点会危害新闻出版的自由"，《纽约时报》报道。

法官布兰代斯阐述了法律对新闻自由的保护，认为从中可以看出邮政署长、指控贝尔格尔的检察官、法院大多数人的观念是有缺陷的，从这些阐述出发，他转而认同对平等的邮政和其他发行权的限制使书报检查整个与第一修正案的宗旨和精神相违背。"有一种观点认为，虽然一份报纸不能使用二等邮件特权，但它的自由发行权仍然是存在的，因为第一、第三类邮政权和其他发行手段对出版者来说是可以用的。宪法的权力不应该被如此技术性和无实质内容的争论一点点地侵蚀。"布兰代斯在他对此事发表的著名声明中继续写道："当然，政府可以，或者完全拒绝投递新闻报刊，或者它可以拒绝低于投递费的服务，但它不应该以对所有的报纸来说，其他投递手段也都是开放的为由，来削减新闻自由。但事实上现在的投递费只有正常投递费的1/6，在这种情况下却仍然拒绝为普遍报刊中的一份进行投递，因为在邮政署长看来，它在过去表达了似乎是违法的内容，并以此为证据来表明新闻审查的有效性，这非常严重地妨碍了新闻的自由。"

"认为二等邮件特权服务只是一种优惠，国会可以不把这项优惠给予那些认为是反公共政策的报纸，这样对出版自由的危害是很大的"，布兰代斯在他的声明结尾总结说：

> 这里所说的权力并不是战争的权力，这一点无论怎样强调都不过分。保护国家免于内部敌人的破坏，无疑是必要的。为达这一目的，国会在《反间谍法案》中授予邮政署长巨大的权力，可以完全剥夺任何违反该法律的信件、图片或者出版物发行。但是国会并没有授予，邮政署长自己也承认它没有授予自己模糊的和绝对的特权，实际地去剥夺任何在他看来在将来会触犯邮政法的出版物发行权。这项权力的授予被解释到40年前通过的邮政率法令中，邮政率法令从来也没有被人认为会包括这种意味。我不能相信1899年国会制订邮政分类法时有意授予邮政署长以这样的特权。如果在宪法的条款下，仅仅作为和平时期部门管理的特殊事件，政府官员就可以被授予这样的裁决权，我们的《人权法案》就没有任何实质性内容了，任何一项政府功能都潜藏着一种威胁公民自由的危险。

如果说法官霍姆斯与法官布兰代斯有什么区别的话，那就是霍姆斯的表达更加有力量，认为"和平时期的新闻是否应该有自由，这很大程度上取决于我们的决定"。"剥夺一份报纸的二等邮件特权也就使它的发行成为不可能，以使检查令得以完全的执行。"法官霍姆斯在他的不同意见声明中解释说：

当我看到给予邮政署长特殊权力去阻止这里所谓不合法的报刊的发行就是去停发已经出版，以及已经寄出的报纸；当我看到被附着在二等邮件特权上的条件只是关注完全不同的事情；当我看到邮政署长可以轻而易举地去干涉神圣的权利，我认为拒绝原告享有本来应该享有的二等邮件特权，因为这份报纸根本就不该被投递，这是违反法律的不正义之事，这是对自由的严重损害，即使在战争期间国会也无权剥夺这种自由。

在维克多·贝尔格尔和《领导人》案件上，由法官布兰代斯和霍姆斯所初次表达的这些原则后来被认为是美国新闻自由的基本标准。

在法官布兰代斯和霍姆斯的不同见解发表的仅仅两个月后，他们的观点就被纳入了国家法律中，伯尔森的邮政署长职位被撤销，共和党人威尔·海耶斯取消了对《领导人》《纽约号角》及其他社会主义和激进出版物的邮政禁令。海耶斯并不是一个自由主义者，事实上，在他任下一个职位，美国电影制作和发行总管期间，他执行了限制性制作规则，鼓励好莱坞的导演、发行人和制片人进行自我检察。但是在1921年，他成为沃伦·哈定总统领导下的新政府中的一员，这届新政府承认威尔逊和伯尔森限制新闻自由的做法做得太过分了。

对一些出版物，包括《大众》的后继者《解放者》，海耶斯要求邮政部退还对它们收取的高额费用，这是这些杂志在伯尔森的命令下为继续发行而付出的高额费用。即使是偿还费用也不足以使某些出版物继续生存，它们被毁于威尔逊时期的邮政禁止令。但是贝尔格尔的《领导人》却躲过了这一劫难，没有错过一期发行，而且它在1921年到1922年的全国发行量猛升到五万多份。

哈定政府不仅仅是放松了新闻管制。总统哈定在作为参议员的时候就认可这种说法"说这场战争是为世界争取民主一开始就是一个谎言"，他减轻了尤金·维克多·德比的服刑期，并下令于1921年的圣诞节释放这位老社会主义者。在他的家乡印第安纳州的特雷霍特，德比受到了超过五万支持者的热烈欢迎，在他途经白宫的时候，哈定用热情的握手来欢迎他的这位1920年的竞选对手，"你好呵，"哈定欢迎说，"我听到了太多对你的咒骂，德比先生，我现在非常高兴能见到你本人。"

一年后，在贝尔格尔对国会和白宫的共和党人的不断游说下，哈定的司法部放弃了对贝尔格尔违反了《反间谍法案》的一项新指控，司法部长哈里·M.多尔蒂亲自下令撤销了1918年对贝尔格尔和他的四位社会主义同事的指控。

多尔蒂的举措发生在贝尔格尔被再次选举为国会议员的几个星期后。随着《领导人》邮政权的恢复，以及对他的指控的撤销，贝尔格尔最终在国会赢得了席位，其长期而艰苦的努力超过了历史上任何一个重新被选为国会议员的美国人。作为国会中的唯一一个社会主义者，贝尔格尔开玩笑说："当我要去国会开会的时候，我可以在公用电话亭开这个会。"但是他并没有被边缘化。与拉裴特和其他抗议者一道，包括一些共和党人、一些民主党人和一些来自明尼苏达农工党的新加盟者，贝尔格尔成为在国会的第一修正案最热切的倡导者。美国市民自由联盟是为回应第一次世界大战及其后的"红色恐怖"的压制而建立的，在这一组织的支持下，以及《国家》杂志编辑们的支持下（这些编辑是杰出的共和党人，他们认为贝尔格尔为第一修正案所进行的斗争是重要的），贝尔格尔提出要通过立法来废除《反间谍法案》。"在人们的印象中，批判威尔逊政府的战争政策就是犯罪，就会被惩罚或被监禁20年的裁决已经被废除了。"这位社会主义者国会议员对国会成员们说，"但是，它仍然存在于法律文献中，当战争再次发动的时候随时都可能复活。它的目的不是去惩罚间谍，而是阻止那些敢于履行宪法赋予他们自由演讲和自由出版权的人发出声音"。

贝尔格尔在此基础上更进一步,他在1928年提出国会应该"强制执行第一修正案",这也许是在国会发出的保护演讲自由和新闻自由的最勇敢的声音。

贝尔格尔指出那些违反了宪法第十八修正案(限制酒精销售)的人会面临犯罪制裁,那么为什么对那些破坏和冒犯第一修正案的人不同样进行控告呢?第一修正案是托马斯·杰斐逊、詹姆斯·麦迪逊、托马斯·潘恩非常重视的。贝尔格尔提出,"自从修正案被采纳以来,对'第十八修正案'的强制执行的阶段已经成为反沙龙联盟及其政府公务员最满意的阶段。出于这样的认识,《沃尔斯特德法》得以通过。但是任何'改革者'组织,甚至反沙龙联盟这样的组织都没有提出建议,对宪法的第一修正案予以强制执行"。

回顾了宪法创建者的宗旨,贝尔格尔宣称,"我也把第一修正案看作是保护美国人权力的最重要的基础。它是延伸公民自由的条款之一。而且,我相信如果强制法律得以通过,第一修正案的执行将没有任何阻力,因为这是在履行自由,实践已经证明,没有强制措施,第十八修正案也就不能很好地执行。"

贝尔格尔像以往一样尖锐地指出,美国人是如何"严肃地"对待他们的自由。

"当然,我知道现在的许多美国人已经与18世纪和19世纪的美国人不同。今天的美国商人崇拜墨索里尼,墨索里尼曾经吹嘘他践行着自由,但就在上个星期他却在清除意大利的民主党残余,"贝尔格尔说。他所担心的是在20世纪20年代的美国,仅仅谈论"美国精神"和"爱国主义"是不够的,这会使人们忽略对基础自由分配不平等的威胁,这些不平等包括种族、民族、阶级、性别、党派和意识形态等方面：

> 我们的宪法是 18 世纪的文献。无论如何，人们自由演讲、
> 写作和集会的权利是其他权利的基础。然而，这一法案，像其他
> 几个法案一样，是（不断地）趋于死亡的文字。在这个特殊的
> 时刻，我们发现在宾夕法尼亚和科罗拉多的罢工地区，自由的现
> 状类似于沙皇统治下的俄国。那些敢于实践他们自由演讲权力的
> 人被投进土牢。市民们被限制不准唱某些赞歌。自由演讲的权利
> 成为统治阶级的特权……宪法中的最重要的权利被取缔了。除非
> 进行重建，否则它们将继续停留在无用的状态。

一年后，贝尔格尔去世了，他所主张的对"第一修正案的强制
执行"并没有获得成功。但是接下来的新政和对最高法院法官的任
命，这些措施极大地更新和扩大了贝尔格尔在他受压制和迫害时期所
倡导的价值观。最高法院法官如费利克斯·弗兰克福特，是美国民权
自由联盟的合作创建者，在"红色恐怖"时期他曾提出警告说美国
正在变成"世界上最反动的国家"。

即使在他赢得了大多数斗争的胜利后，贝尔格尔仍然为宪法进行
不懈的斗争。他为社会主义者的自由权力而战，同时也为其他持不同
观点人的自由而战，这些人包括放弃了社会主义而去组建共产主义政
党的左翼人士、无政府主义者，甚至包括右翼激进主义者。贝尔格尔
认为，第一修正案的权力不是哪个阶级或哪个党派的特权。他总是宣
称，演讲权是最需要受到保护的，因为它令经济和政治精英们感到不
舒服、受冒犯和受威胁。

在他生命的最后几年，作为一个发行广泛的报纸的受尊敬的主编
和一个国会议员，贝尔格尔发表争取自由的言论应该是比较容易的，

但是贝尔格尔仍然以他在第一次世界大战后进行抗争时的热忱进行辩论，他若活到今天肯定也会同样如此。这位严阵以待的前任编辑明白，实现第一修正案所承诺权力的斗争永远不会结束，他也同样认识到，站在斗争的最前沿将会是自由的最忠诚的儿女。

"我已经证明我对美国的爱，我对美国正义的信心"，他在生命的最后阶段这样评价自己，"我以我自己的自由为代价，去保护宪法赋予美国公民的权力，使他们可以自由和充分地谈论官员的行为和他们的公共服务政策。"

这就是今天我们所熟悉的演讲自由、出版自由、为申请救济而向政府请愿的自由，以及最重要的，发表不同政见的自由。这些自由是国家创建者给予我们的遗产，但却是通过他们的继承者在 20 世纪的抗争活动而实现的，这位继承者就是——一位名叫贝尔格尔的社会主义编辑。

第六章
为了工作与自由：那些敢于在华盛顿游行的
激进社会主义者

　　黑人解放事业的重建必须包括新的社会秩序的引入——一个民主的秩序，其中人权被认为高于财产权。

——A. 菲利普·伦道夫

　　你不能在谈论解决黑人经济问题的时候不触及亿万金钱，你不能在谈论解决贫民窟的问题时不触及从贫民窟中取得的利润。实际上你已经涉足危险的领域，因为你正在介入普通百姓的生活，你正在介入企业领袖的事务……现在这意味着我们面临着巨大的困难，因为这实际上表明我们正在谈论资本主义是有问题的……一定有更好的方法分配财富，而且美国很可能会走向一个民主社会主义。

——马丁·路德·金，1966

　　在德怀特·艾森豪威尔总统任期的最后一年，为纪念约翰·麦卡锡和他的"红色恐怖"的衰亡，A. 菲利普·伦道夫，一位上了年纪的社会主义者，站到了纽约州的讲台上，就像他以前成百上千次地做过的那样。这位演讲者在年轻的时候曾在纽约黑人住宅区的街头发表演讲，并以此为自己赢得了"美国最危险的黑人"的称号，现在，他又一次来到纽约发表演讲，号召人们采取激进的行动，这是在他50年生命的大好时光里，一直发出的倡议。"我们将不会沉默，不会客气，不会感到满意，直到正义被我们牢牢地把握在手中，"他在大无畏的演讲中这样宣称，在这一演讲中他提议大家到纽约州首府和国家首都进行系列游行。他说，是时候了，不仅为了结束美国的南方腹地的种族隔离而进行游行，不仅为了抛开"隔离但平等"的荒谬承诺而进行游行，不仅为了数百万非洲美国人赢得民权而进行游行（这种权利本该在内战结束后就获得，但现在却仍然被否决），而且为了一个经济正义的社会前景而进行游行，它将使所有种族，所有受压迫的工人从残酷而富于剥削性的经济制度中解放出来。"是时候了"，在1960年初的一个冬夜，他号召人们"为了工作和自由而游行"。

　　他所号召的运动开始于1960年的夏天，当时正是美国的两大党准备为他们四年一次的总统选举进行提名和写竞选纲领的时候。"我建议在这两个政党召开会议的时候召集人们游行，"这位老人大声疾呼。黑人必须在这些会议召开的时候站起来，对美国和世界说："我们想要自由"。在1960年1月于曼哈顿发表演讲的伦道夫承认他不是一个共和党人，因为他认为"林肯的这个党"已经放弃了它最初建立时的诺言。同时他也不会为民主党投票，因为民主党把国会和参议院的大多数职位都交给了南部各州的民主党党员，这些人的政治目标是维持对黑人不平等的法律和农村以及目前城市的贫困现状，这使得解放的宣称成为儿戏。这位老人的一个门徒诺尔曼·托马斯，刚从印度短暂旅居归来，在那里他学习了莫汉达斯·甘地的非暴力哲学，在1月份的那个夜晚，他也登台亮相，并响应对两个政党的谴责。年轻的托马斯认为民主党不仅让南方人把持权力，出卖了民权运动，而且在实践中实行的是"喧嚣的北方伪善"。老人作为"富有战斗性的激进主义者"以极大的热情赞同这些想法，他所持有的信念使他成为美国中央情报局的调查对象，并被关进了监狱。他说他从不支持任何主要政党，事实上，他只为社会主义者投票，只代表社会党参加竞选。

诺尔曼·托马斯，屡次被社会党提名参加总统竞选的候选人，激动地在人群中发出欢呼，欢呼他所渴望的在美国漫长的斗争历史上掀开新的一页，给予"人人生而平等"这一承诺以意义，这一意义就是承认只有在种族、民族、性别和最重要的阶级之间的深刻不平等消除的时候，平等才能真正降临，每个美国人才能有机会享受"生活、自由和追求幸福"。

托马斯并非那天晚上在座的唯一重要人物。在这位全国著名的社会主义者不远处坐着的是他的朋友埃莉诺·罗斯福，前美国第一夫人，她曾说如果不是她丈夫作为1932年民主党的候选人，她将会投票给托马斯。挨她坐着的是明尼苏达州的参议员休伯特·汉弗莱，五年后他就任了美国副总统。纽约州的高级参议员，共和党人雅各布·贾维茨与汉弗莱坐在一起。总统艾森豪威尔没有出席，但是他发来了贺信祝贺这位激进主义者的70岁生日，这也是当天晚上的一个庆祝主题。印度副总理贾瓦哈拉尔·尼赫鲁和其他世界领导人也发来了贺信。A. 菲利普·伦道夫在某一段时间确实不仅是一个社会主义者，而且是一个"富有战斗性的激进主义者"，同样正确的是，他是一个被他的门徒马丁·路德·金称为"主要的"历史性人物的人，他曾组建第一个非裔美国铁路工人联盟，并喊出了"战斗或者当奴隶"的口号；他曾在伍德罗·威尔逊任总统期间煽动了对资本主义和帝国主义的积极的不妥协的反抗，并最终被关进了监狱；他曾在第二次世界大战前夜，盯住富兰克林·德拉诺·罗斯福不放，迫使这位总统签署行政命令，禁止联邦政府资助的国防工业中的就业歧视行为，并建立了第一个公平就业实践委员会；他曾在第二次世界大战后组织了全国性活动来终止"黑人兵役"，而且利用大规模的民众对和平法案的抵抗来迫使总统哈里·杜鲁门签署9981号行政命令，声明"对军队服务人员予以平等的对待，不管他们的肤色、信仰或国籍如何，这是总统的命令"。在从美国劳工联盟取得第一特许权后，伦道夫在许多年里一直是国家主要劳工联盟的独一无二的非裔美国人代表；同样也是他，创建了黑人劳动工会主义国家促进协会，组织了美国黑人劳工咨询委员会，并出任全国黑人大会的第一任主席，资助创建了领导会议公民权利组织（LCCR）。

当美国劳工联盟和产业工会联合会在1955年合并后，伦道夫站在了最前沿，他担任这个美国历史上最大和最有影响的劳工组织的执行副主席，他的工作一直比较顺利，唯一被指责的是几年后他要求劳工联合会去解决下述问题：它的许多附属工会仍然驱使非裔美国工人处于被隔离的地位，而且很多情况下甚至剥夺了工人的会员权利。"我愿意惹这个麻烦，以便能够废除美国黑人的第二阶级的地位，"伦道夫回应说，"我们必须来做这件事，而且必须现在做，不能拖到明天。我们没有那么多时间来等待。在原子核时代，明天或许永远不会到来。"伦道夫的这些话让联合会感到羞愧，从伦道夫在1929年加入联合会并提出要求后，联合会才在它接下来召开的会议上第一次全体投票通过了承诺劳工运动的决议，"确保所有生活领域的所有美国工人都享有充分平等的权利，无论其种族、肤色、信仰和国籍或祖籍如何，都应享有工会会员的权益"。

伦道夫是美国劳工史上的开创性人物，他为结束种族隔离而进行斗争，可以说"如果马丁·路德·金是民权运动之父，那么，A.菲利普·伦道夫则是民权运动之祖父"。但伦道夫也是传统的拥护者，这种传统可以追溯到共和党建立之初。

社会主义者、共产主义者、无政府主义者，以及他们之前的激进改革者都曾联合和领导美国劳工运动，在革命之后的几年，劳工运动不仅作为一种经济力量，而且作为达到政治和社会秩序根本转变的载体，当时，纽约的机械工业联合会谴责"所有的独裁者、掠夺者和金钱投机者"，而且以激进的口号投入到公共论战中："让在美国点燃着、在法国映射着的自由之火照亮整个世界，让独裁统治灰飞烟灭"。到了19世纪20年代后期，纽约、费城、巴尔的摩及其他中心城市的劳工组织都联系潘恩对自由的阐述，明晰了劳工运动在经济上的要求和组织议程，那就是承认联合的必要性，联合"土地耕种者，机械工人和任何阶层的工人一起去反抗游手好闲者、贪得无厌者和贵族们的统治"。一些人，如范尼·怀特，对劳工组织提出建议，认为除非他们接纳更广泛的斗争，解放奴隶、契约奴仆、新移民和妇女，让这些人加入工人阶级队伍中，以大规模群众运动的方式争取经济平等，否则劳工组织的联合是不可能成功的。

从范尼·怀特的角度看，第一个工会并不完全如她和她的同志们所希望的，而19世纪和20世纪初的工人运动的史实确实充满了残酷和妥协的黑暗篇章。当第一个劳工团体的领导者拒绝非裔和亚裔美国人加入工会，当美国劳工联盟主席萨缪尔·龚帕斯接受和鼓励"白人工会"和"地方工会"，接受而不是挑战南方明显的种族主义，劳工骑士团也被破坏了。如果说当时的许多工会领导人并没有理解团结的含义，那么，可以说接受范尼·怀特传统的激进劳工组织和活动家们却在下一个世纪，首先在劳工运动的边缘地带，然后在它的最有战斗性的组织中，最后在劳工众议院的宪章中，诠释了怀特的思想。为了从根本上改变社会，需要去超越种族、信仰、民族和性别的界限，这种理解并不是什么新事物，不是什么"现代性"。马克思和恩格斯的追随者，约瑟夫·韦德梅耶倡导"真正社会主义"，并在 1853 年组织了美国工人联盟，宣称工人联盟不计较工人们的职业、语言、肤色或性别。韦德梅耶带领劳工组织群体和"共产主义俱乐部"转向了从事政治活动，谴责 1854 年的《堪萨斯－内布拉斯加法案》，认为这个法案的目的不仅是要"奴隶制在将来的扩张被许可"，而且为了促进"资本主义的投机"。为达斗争的目的，韦德梅耶拥护林肯作为第二位共和党候选人竞选总统。在林肯成为总统后的内战期间，韦德梅耶被提升为联合军的陆军上校（作为组织者，在保卫圣路易斯战争期间，他给士兵和市民散发马克思在国际工人协会上的就业演说材料和工人文学作品）。

除非我们把共和党人算在内，否则韦德梅耶试图建立的包括所有工人在内的全国工会，以及与之相应的政党在他的有生之年并没有实现。但是劳工骑士团的最激进因素推动了 19 世纪晚期和波澜壮阔的 20 世纪初的一项事业，成千上万的世界产业工人被联合成为一个"大工会"，他们宣称"损害一个工人的利益就损害了所有工人的利益"。世界产业工人组织十分认真地对待这种宣言，不仅去组织多民族的地方工会，而且去发展非裔美国人领导，如 D. B. 戈登，建立在路易斯安娜地区的木工兄弟会的主席；本·弗莱彻，世界产业工人组织设立在费城码头的海上运输工会的主席；休伯特·哈里森，黑人住宅区的持文艺复兴思想的激进主义者，被人称为"黑人苏格拉底"。世界产业工人组织甚至得到了年轻的 A. 菲利普·伦道夫的赞同，当时伦道夫是一位社会主义编辑，他认为：

> 世界产业工人组织是美国唯一一个不在种族和肤色之间划分界限的组织。黑人加入该组织还有另一个原因，那就是他必须直接从事运动。政府强迫他这样做。当白人说到直接运动时，他们

被告知去运用他们的政治权力，但是对黑人来说，事情就是另一回事了，他没有政治权力。因此，黑人唯一可以利用的资源就是工业运动，而且因为他必须与不排斥的力量相联合，他把自己的命运依托于世界产业工人组织之上也就非常容易理解了。

世界产业工人组织的影响在第一次世界大战的冲击后仍持续了很长时间，政府部门为削减它的成员，削弱它的影响，开展逮捕或驱逐出境的活动。从这个大工会联盟中诞生了一代新的激进主义者，如威廉姆·Z. 福斯特，世界产业工人组织在西海岸的一个斗士，美国共产党的长期领袖。而詹姆斯·P. 卡纳，世界产业工人组织在中西部的组织者，在创建美国托洛茨基共产主义联盟过程中发挥了重要作用，这个组织不久发展成为社会工人党。这两个组织在 20 世纪 20 年代至 30 年代都致力于组建和扩大劳工工会。在这一过程中，它们作为激进平等的热烈支持者，追求劳工内部以及整个社会的平等。在这些与共产党交往密切的工会组织的影响下，具体说来，导致了工业组织国会采纳了该组织的规划，努力去联合所有的工人，结束种族隔离，当然并非所有这些目标都实现了。美国产业工会联合会是与共产党合作的组织，它在一些选举中把共产主义者选为领导，如国际长海岸和仓库联盟，美国电气、广播和机械工人联盟，联合农场设备工人联盟，全国海员工会联盟等，这些工会组织在全国吸引了大量的非裔美国人加入。像矿山、加工厂和冶炼厂工人联盟，它在西南部的墨西哥美国人中建立了强大的地方组织，这一事实在电影《地球上的盐》中被永久地记录下来。西海岸共产主义者是特殊的潜在力量，他们在著名的美国罐头工厂、农业、包装业工人联合会（后来的食品、烟草、农业工人联合会）中发挥了重要作用，通过聘用当时最激进的组织者，他们组织了全国的非裔美国人、亚裔美国人（尤其是菲律宾人）和拉丁美洲工人。这些激进组织者包括危地马拉移民路易莎·莫雷诺，1939 年西班牙语人民大会的召集者，这次大会被历史学家维基·鲁兹称为"第一次全国拉丁民权大会"。

当然也有一些美国的共产主义者，他们美化了原苏联，并为它的极权化行为作辩解，在国内的争论中站在了"莫斯科阵线"上。但是其他更多的共产主义者和非共产主义左翼分子，像长岸工会领导和美国产业工会联合会在西海岸的主任哈里·布里奇斯一样，他们对列宁格勒所发生的事情并不感兴趣，他们感兴趣的是西雅图、匹兹堡、伯明翰的共产主义活动家的承诺是否能打动人心。他们倾向于认同布里奇斯所表达的观念。在被政府认为是"秘密的共产主义者"而试图把他驱逐出境的时候，布里奇斯否认了对苏联共产党的从属关系，表达了一种更有活力的小的民主观，嘲笑了那种使他被认为是"反美国"的观念，即支持强大的工会联盟，支持公共事业和大工业公有制。激进的工会联盟主义者不会遵从国外的秩序，布里奇斯解释说，他们的回应立足于美国被大萧条所破坏了的现实。在驱逐听证会上，布里奇斯被问到是否相信"一个资本主义形式的政府"，这位劳工领袖回答说："如果你说的是资本主义形式的社会，那么这个社会在我看来就是剥削多数人以谋取某种利益，而完全不顾及多数人是否对这种利益感兴趣，这种政府我是不相信的，在我看来它没有什么用处。"

布里奇斯同样也不赞成种族划分意义上的种族主义和分裂主义。1958 年，他与泽田奈绪美——一个在第二次世界大战期间被强迫居住在收容所的日裔美国移民的后代——决定结婚，他们特意选择在内华达州的里诺举行，目的是为了挑战该州的法律，因为按照那里的法律，白人男性或者女性与"任何埃塞俄比亚人或者黑人，马来人或棕色人种，蒙古人或者黄种人，或者美国印第安人以及红色人种"

结婚都是被禁止的。因为泽田奈绪美是黄种人，当地法庭的一个办事员不给这对夫妇颁发结婚证书。布里奇斯和泽田提出上诉，结果是联邦法院的法官命令当地法院颁发证书，他们终于举行了婚礼。四个月后，内华达法院废除了对多民族通婚的限制。

激进主义者们所处时代的特征，以及所面临的挑战导致许多人与共产党结盟，他们或者作为共产党员，或者作为"同道中人"，或者作为特殊的斗争中的谨慎同伙人。工人运动对非裔美国人的吸引力尤其强大。杰克·欧戴尔，后来在民权运动的最关键时期成为马丁·路德·金最亲密的助手，他认为，工人运动之所以对非裔美国人有着强大的吸引力，在于：

> 我的一个好兄弟，杰西·格里，加入了商船队，他回来后，我去看望他，他对我说："兄弟，我发现了一个没有种族隔离的工会。"他曾在斯克里普斯海洋研究所担任过出海的工作，在这个研究所里，你知道，他们有给白人的工作，也有给黑人的工作，所有的黑人都集中在乘务部门，而所有的白人都从事其他的工作。杰西说："但是我发现了这样一个工会，在那里你可以随便放置你的卡片，你可以在甲板上，也可以在工程师的房间里，绝对没有隔离。这个工会叫作全国海员工会，你猜怎么着？他们让一个黑人担任秘书长，他的名字叫斐迪南·史密斯。"我回答说："哦，你在开玩笑吧！"他说的话引起了我想加入商船队的兴趣，因为我不得不对黑人的大量蔑视忍气吞声，我不想再这样了。

像那个时代的许多年轻的工会主义者一样，欧戴尔加入了共产党。在1993年的一份口述史中，他讲述了他之所以这样做的原因，不是因为对苏联的畸形狂热，或者出于任何对国外事务的浪漫幻想，而是因为：

　　这不仅是全国海员工会的事情，也不仅是美国产业工会联合会的事情，当时在南方存在着对从二战退伍的老兵的私刑杀害事件，种族隔离仍然盛行。在这个国家开始出现的是来源于第二次世界大战期间，由全国有色人种协进会和工会发起的对种族主义的抨击。而隔离主义者为隔离辩护的理由是，他们并不是反对黑人，他们并不反对黑人的平等权利，他们反对的是共产主义。但是他们对共产主义者的定义却是：任何支持黑人拥有公民权利的人。虽然大多数黑人并没有加入共产党，但他们知道共产党人是战斗者。他们认识很多个体共产党人斗士，他们是黑人、白人和拉丁美洲人，等等。而正是在反对共产主义的浪潮（现在这已经成为一种国家的信念），以及对共产主义者的迫害中，我加入了共产党，这正是我加入共产党的原因。我将会加入共产党，而且我这样做了，大概有七年的时间我一直是党的活跃分子。

　　我首先而且最重要的是一个有着非裔美国人经历的人。我知道居住在北方是什么样，也知道居住在南方是什么样，也知道这个国家因生活在巨大的伪善之中而产生的矛盾。其次，我是从一个工会主义者的角度来看待这一切的，因为工会运动的战斗性吸引了我。我知道我必须去战斗，而且必须以有组织的方式去战斗，而且必须有战斗的武器，而对我来说，这个武器就是工会。战斗使工会实实在在地投入它的最高使命中。再次，我在工会中发现了一个叫作共产主义者的左翼及其不同形式的组织，我尊敬他们。应该说，我并不是因为某种特殊原因而无动于衷地被他们所吸引，而是因为我看到了他们在工会中所扮演的角色，据我所知，如果没有他们的参与，也就没有一个好的全国海员工会。

与此同时，就我的经历而言，全国海员工会在与各种制度性的种族主义斗争过程中处于一个战斗堡垒的位置。我知道人们对苏联工会有着不同的看法，我没有做过调查统计，但我从未见到一个黑人，他加入共产党是因为苏联工会。我们加入共产党，因为共产党人是对抗种族主义的，而且他们在战斗中是可以信赖的。另外，他们是工会的建造者。他们是大规模、有组织的群众运动的奠基者。而我知道作为一个个体，通过与其他人结为一体，你的战斗力就会增强。也正是在这种观念的支配下，我与左派建立了关联。

欧戴尔的故事是类似故事中很普通的一个。作为 20 世纪 80 年代至 90 年代的年轻作者，我听到过许多不同版本的关于这方面的故事，当时我进行了一个口述史的写作，采访的对象是上了年纪的亚伯拉罕·林肯旅的老兵们，亚伯拉罕·林肯旅的行动被认为是不成熟的反法西斯行动。这些老兵中的大多数是共产党员或者共产党的同盟者，但也有社会主义者和无政府主义者，20 世纪 30 年代，他们从美洲来到欧洲，与西班牙政府军一起作战，反对弗朗西斯科·佛朗哥，以及希特勒和墨索里尼的同伙。共产党在劳工运动和国际团结运动中的影响非常大。在很大程度上，共产党并没有扩展到广义的政治舞台上，虽然，在二战前和二战后，共产党与主流政治非常接近，以至于曼哈顿区的共和党主席雇用西蒙·格森——共产党日报《每日工人》的杰出作者，作为他的最高级助手，此外，还有两名共产党员被选入纽约城市委员会。两名被选入城市委员会中的一个叫本杰明·戴维斯，是年轻的哈佛法学院毕业生，20 世纪 30 年代，他成为著名的民权和劳工运动律师，他曾说："我自豪于我是一个美国人，一个黑人，一个共产党员！这三种角色之间没有任何冲突。我自豪于我是一个美国人，因为我坚信美国人民的创造能力，我们可以使美国在所有方面都是正确的，并保持这种正确性，迈向更高层次的幸福与和平。"

在纽约城市委员会工作的戴维斯后来被判刑进了监狱，理由是他和美国的其他共产党领导触犯了约翰·亚当斯的反民主的客籍法和惩治叛乱法的当代版本——外籍人注册法，这个法律使得在美国"组织任何社团、群体，或召集、教唆、倡导或鼓励人们通过武力推翻政府的人"都成为违法犯罪者。一方面，戴维斯的当选和服务于城市委员会似乎可以证明他倾向于无暴力和令人赞同的文明方法；另一方面，由恶毒的反劳工运动的南方种族隔离主义者，弗吉尼亚的民主党人霍华德·史密斯提出，由国会通过的惩治叛乱法的核心内容并没有保护美国免于外国的"威胁"。史密斯想要削弱工人运动推动激进改革的决心，尤其是在南方消除种族主义的决心。在很大的程度上，史密斯和他的继任者们（理查德·尼克松和约翰·麦卡锡，以及其他一些人）达到了他们的目的。

大多数富有战斗性的工会遭遇了阻力，这些阻止来自于政府和美国产业工会联合会中警惕性不断提高的领导者。1948年，前任副总统亨利·瓦莱士参与总统竞选，得到了左翼领导下的工会组织和共产主义领导者的支持，这就使得工会组织所遭受的压力更加严重。瓦莱士在施政纲领中谴责民主党和共和党作为"老党派"，试图去"施行一个普遍性的黑人政策，并为此运用恐怖性的手段。他们拒绝废除它最野蛮的做法——私刑杀害，他们拒绝废除投票税，而且年复一年地，他们否决南方黑人和成千上万的白人的投票权"。瓦莱士和他的竞选伙伴，爱达荷州的参议员格林·泰勒，远远没有打败这两个旧党派。但是通过在南方腹地开展综合的集会活动，加之宣扬这一激进观点："正义之政府的第一个责任就是确保所有的人们，无论种族、信

仰、肤色、性别、国籍，政治信仰或者生活地位如何，都享有由权利
宪章中所保证的，在独立宣言中所阐明的不可剥夺的权力"，他们使
有权势的人们为之一震。

20 世纪 40 年代晚期，国会委员会敦促全面执行反劳工运动的塔
夫脱—哈特莱法案（这个法案与其他法案一起要求工会官员签署宣
言，保证自己不是共产党的成员），并开始举行听证会，在听证会
上，工会领导者因自己的政治信仰而被拷问，与此同时，检察官和移
民局官员准备用法律手段来驱逐激进的工会主义者和民主运动活动
家。美国产业工会联合会为此作出的回应是把那些支持瓦莱士，或者
被描述为"共产党主导的"、"受共产党影响"的附属机构清除出去，
其中包括布里奇斯的美国国际仓储码头工人联合会，矿业、制造业和
冶金业工人联合会，国家电力和农场设备联合会。在美国产业工会联
合会中也仍然有一些核心组织承担着反种族隔离的战斗任务，著名的
有以芝加哥为根据地的美国食品加工业工人联合会和美国汽车和航空
工人联合会，以及美国农业设备工人联合会（该联合会的领导是华
尔特·鲁瑟，一位前社会党积极分子，与共产党人发生过激烈的争
吵，但总是保持着个人对民权事业的极大忠诚）。然而，从事民权事
业的斗争使他们付出了巨大的代价，尤其是南方，在那里，美国产业
工人联合会的"德西行动"在战争期间就试图对种族隔离主义者展
开战斗，他们把不同种族的人组织起来，在北卡罗来纳州的温斯顿—
塞勒姆，与一万名食品、烟草、农业从业人员和当地的 22 个工人联
盟一起进行抗争活动。"国内冷战的结果和劳工左翼联盟的分裂使抗
争活动面临失败的命运"，资深劳工运动活动家比尔·费莱彻谈到
"德西行动"时说。这位前改变非洲论坛主席和黑人激进大会的合作
创建者认为："即使在最有利的条件下，一个自我怀疑的运动也不可
能赢得人们的热情，不可能去清除南方工会力量所面临的障碍。"而

驱逐，清洗，相互指责和第二次的"红色恐怖"中令人害怕的因素使得争取民权运动的斗争更加艰难，关于这一点马丁·路德·金在20世纪60年代中期提到了，他断言："我们对反共产主义的非理性狂热使我们陷入大量的泥沼之中，我们还把这当作是科学的思考方式。"

A. 菲利普·伦道夫对"红色恐怖"略知一二。他曾是第一次"红色恐怖"的被迫害对象，第一次"红色恐怖"在第一次世界大战末期达到全盛，一直持续到20世纪20年代早期。作为一个在南方遭受种族隔离，后来在大迁移开始时来到北方的，定居在纽约黑人区的黑人的儿子，伦道夫于1916年加入了社会党，被尤金·维克多·德比的言辞所打动，出于"对德比对黑人立场无比崇敬，伦道夫相信要消除根植于经济竞争制度的种族不平等，最佳途径是实行社会主义和民主主义制度"。

"共和党人知道他们把黑人攒在手里，而民主党人看不起黑人，"伦道夫谈到林肯的党和南方实施种族隔离的党（包括伍德罗·威尔逊总统）时说。"这两个党都没有想到要为黑人提供投票场所，都没有为黑人发展项目。社会党是唯一一个把种族问题加以认真考虑的党，是唯一一个在经济分析中致力于解决黑人问题的党。"在接下来直到1979年去世的63年的时间里，伦道夫所坚持的观点，所持有的立场使他不仅处于与共和党和民主党争执的境地，而且与共产党人也长期不和，他经常被共产党人谴责，认为他在谋取工人运动的权力方面过于谨慎和深谋远虑。最终，伦道夫与所有这些党派都发生了冲突，对于20世纪40年代的共产党，他坚持认为（用拉尔夫·本奇的话说）："对非裔美国人来说，把自己的利益与苏联的外国政治，或者世界上任何其他国家的事务捆在一起，这是愚蠢的。"对于20世纪50年代的共和党，伦道夫抱怨他们虽然把非裔美国人的选票争取过来当作是为"林肯的党"投票，但实际上却不为非裔美国人做事。对于20世纪60年代的民主党，他认为他们是站在了争取民权运动的正确立场上，但却继续听任南方的种族隔离主义者来决定党的事务，这些人占据了国会委员会的主席职位。在20世纪60年代中期，作为一个"老左派"，伦道夫与自己的想法作斗争，某些时候这种斗争是公众性的，如与年轻"新左派"，包括黑豹党人和学生争取民主社会组织所采用的策略进行争论，尤其是，他重复着许多老左派对"把暴力当作改变社会的手段"的担心。然而，他把他所投身的动乱的十年当作一个团结斗争的写照，他回忆说："我可能是第一个因为鼓励黑人反对隔离法案而蹲监狱的人。"声称说他"对年轻的黑人战斗者是爱护的"，解释说他理解"为什么他们会处于暴力斗争的情绪中"。伦道夫会找到一致之处，会经常与不同党派和意识形态敌手们妥协。他的日常工作是把最穷的运输工人们组织起来，他的更大的使命是摧毁种族隔离和经济不平等的基础设施，这就使妥协成为一项必要的条件。

然而，在他作为社会党人的早期岁月中，他没有任何妥协的兴趣。

1917年11月，伦道夫和他的社会主义者同伴钱德勒·欧文创办了一个与社会党结盟的杂志《信使报》，作为"世界上唯一一个由黑人出版的科学激进主义杂志"。当时，美国参与第一次世界大战已有六个月，而威尔逊政府对异议者的严酷镇压正在加速，但是《信使报》并没有响应W.E.B.杜波伊斯的号召，要求非裔美国人"团结起来"，支持战争。作为崇拜托马斯·潘恩，而不是"我的国家对或错"这种修辞的国际主义者，伦道夫和钱德勒拒绝这种观点，该观点认为英国国王进行反对德国国王的战争，"可以使世界更为民主"。伦道夫认为，实际上，这种观点是极为错误的，它是"对黑人智力的巨大冒犯，因为这个时刻正是黑人遭受私刑迫害和被否决投票权的时候，尤其是在南方，在全国各地，黑人都是种族隔离的牺牲品，他们受到歧视"。

许多主张妇女参政的斗士提出质疑，为什么被否决了投票权的妇女要支持一场保卫遥远地区的民主的战争，像这些人一样，《信使报》的编辑们也质疑为什么在国内没有充分公民权的非裔美国人要为了一场欧洲战争而牺牲自己的生命。有一种观点认为，非裔美国人自愿参与战争是因为他们对参战有热情，伦道夫认为这种观点是荒谬的，他在《信使报》发表的一篇文章中写道："黑人可以选择是在田纳西、佐治亚和得克萨斯被暴徒们烧死，还是在比利时被德国人枪杀。我们没有在黑人中发现亲德国的德国主义者黑人。这可能仅仅是他们的反美国，也就是反私刑迫害的反映。"

这些言辞当然不会使威尔逊政府的白宫官员喜欢。司法部把《信使报》列为"无疑是黑人出版物中最危险的一个"，而且它的编辑们成为新建的美国联邦调查局的固定监视对象。在1918年夏天的一次巡回演讲中，伦道夫和欧文在克利夫兰市被捕，克利夫兰正是为尤金·维克多·德比发表反战的"坎顿演讲"奠定基础的地方，这次演讲使德比被关进监狱两年半。相比来说，伦道夫要幸运一些。美国著名的社会主义律师西摩·斯特德曼出来相助，为年轻的编辑们辩护，使他们获得释放，条件是要求伦道夫改正错误，伦道夫后来在专栏中有点嘲讽地回忆说，他对在克利夫兰法庭受审判并没有悔改之意：

> 当法官看到我们，阅读了我们在《信使报》中写的文章后很是震惊。钱德勒和我当时29岁，但我们看起来非常年轻。法官问为什么，我们只是男孩子。他不相信以我们的年纪，作为黑

人，能有这样的智力水平写出发表在《信使报》中的激动人心的文章来。毫无疑问，他说，是白人社会主义者在利用我们，是他们为我们写的文章。

他转身对我们说："杂志上的文章真的是你们写的吗？"我们肯定地回答是我们写的。"你们对社会主义有多少了解？"他问。我们告诉他，我们是马克思的学生，是社会财产的公共化的坚定信奉者。"你们知道吗，"他继续问，"你们是在反对你们的政府，并会因为叛国罪而蹲监狱？"我们回答他我们相信人类正义的原则，相信我们表达自己良心的权利高于法律。

伦道夫的献身精神，以及他作为一个组织者、战略者和演讲者的天才，得到了社会党的充分认可，1920 年，社会党提名这位 31 岁的编辑为州级官员。那一年，纽约社会主义者非常重视整合和扩大对纽约投票者的吸引力，不仅提名了杰出的非裔激进主义者伦道夫，而且还在妇女赢得选举权的第一年，提名了一位妇女，杰西·瓦莱士·胡根。胡根是一位多产的作家，她的《社会主义的事实》是那个时代发行最广、最有影响力的激进主义读物之一。两位提名人都是很有胆量的人，联邦当局把伦道夫称作"美国最危险的黑人"，而胡根则在 1919 年被美国参议委员会列入 62 个"最危险的激进主义者"的名单中。

在由德比和斯特德曼打头的候选人名单中，作为纽约社会主义者的伦道夫仍然成为他们中的最引人注目的人之一，而且伦道夫因为赢得了超过 20 万张选票而得到更多的关注，由于来自于黑人社区的大力支持，伦道夫获得的票数占州总票数的 7%。伦道夫的出色表现，使社会主义者在两年后再次推荐他作为社会党的候选人竞选州官员。在那次竞选中，他赢得了 5% 的选票，相当于曼哈顿和布鲁克林周围选区的 1/4。

社会党连续推荐伦道夫，而且有些社会党党员预测，在 20 世纪 30 年代，伦道夫将成为总统或副总统的提名人，可能会与他的密友托马斯一起参加竞选（这并不是胡乱猜测：1944 年，社会主义者们想要提名伦道夫竞选副总统，但是他拒绝了，当时他致力于使劳工运动与战争相结合，他不想自己的精力被分散）。然而，在 20 世纪 20 年代，这位年轻的编辑所想的却是一些不同的政治事业。一方面，他被马库斯·加维的美国黑人促进协会所提出的"回到非洲"和"黑人资本主义"的建议所困扰，他认为这会分散纽约和全美国的非裔黑人提高自身经济和政治状况的重要斗争；另一方面，他也对工会中的杰出非裔美国人——布克·华盛顿的调和方法感到沮丧，他轻蔑地认为布克·华盛顿是一个"对老板随声附和的毕恭毕敬的黑人"，在这种情况下，伦道夫决定组建一个非裔美国人工会，其目的是打造一个坚实的基础以争取民权。

这当然并不容易。伦道夫所中意的世界产业工人联合会在第一次世界大战的红色恐怖时期失去了很多成员，力量大为减弱，而萨缪尔·龚帕斯的美国劳工联盟才开始致力于"种族界限"的问题，这种界限导致非裔美国人被排除于许多工会的大门外。伦道夫号召"黑人工人们要有一个新的领导阶层。这个领导阶层采取不妥协的斗争方法。它要求的不是半块面包，而是一整块面包。它坚持要求黑人工人急需的正义，这种正义既要向白人工会索取，也要向资本家或雇主们索取"。最根本的，伦道夫认为，不同种族和不同国籍的工人群众需以联合的形式开展组织和工作，其理论基础如下：

有组织的资本家不会忽略任何生产中的有组织的劳动力因素……如果一个雇主因为种族偏见而使白狗和黑狗为一块骨头而

争斗，那么，资本家的黄狗便会把这块骨头——利润叼走。只要还存在着这样的男人或女人群体，在其中，人们有可能被当枪使，而人们的生活水平整体上是低下的，那么，人类统一体的生活水平就是没有保障的。黑人和白人工人的联合将会明显地让资本家知道劳动者团结的力量。它将会证明劳动者，黑人和白人，是知道自己的利益和力量的。它将会证明工会不是建立在种族之上，而是建立在阶级之上。它将会使工人阶级从被资本主义利用去打击工会工人的阶级，转变为热情的，有阶级意识的，有文化的，有斗志的群体。

但是在 20 世纪 20 年代，当涉及民权斗争时，伦道夫并没有静等龚帕斯去做正确的事情，正如四十年后，在 20 世纪 60 年代，涉及民权斗争的事情时，伦道夫并没有等待龚帕斯的后继者们去做正确的事情。他将亲自去组建一个工会，并把它称为卧车列车员兄弟会。20 世纪 20 年代中期，普尔曼汽车制造有限公司是最大的美国非裔黑人雇主公司之一。它的 9800 个卧车奔驰在全国铁路线上，当时高速公路和民用航空才刚刚进入人们的设想中。超过 12000 的非裔美国人在这家公司当搬运工。他们穿着新鲜的制服，被乘客们呼来唤去，一般来说，乘客们在招呼搬运工时，不管他叫什么名字，都把他叫作"乔治"，这是公司的独立创始人的第一个名字，这似乎意味着搬运工只是公司的延伸，而不是人。

"不管你是谁，或者年龄多大，大多数人都把你叫作'乔治'"，一位老搬运工这样回忆说。"这意味着你只是乔治·普尔曼的人，就像在奴隶时代，如果主人的名字叫作'琼斯'，奴隶也叫作'琼斯'。"第一代搬运工的前身是战前种植园的奴隶，乔治·普尔曼和他的合作者们相信这些人在种植园受过很好的训练，他们"能在要求有可靠的好品质和渴望忠诚尽职的环境下很好地履行他们的职能"。然而，随着时间的推移，搬运工成为非裔美国工人中的中坚力量。他们广泛地旅行，能够阅读到留在卧车中的报纸和杂志，并组建了全国性的工人组织，鼓励教育和社区服务。尽管他们的生存环境比大多数非裔美国工人要好，尤其是除了工资以外还有小费，但这些搬运工不得不忍受公司提出的过分要求。

伦道夫的传记作者，杰出的非裔美国工人阶级和民权运动历史学家杰维斯·安德森在他的回忆中说：

无论采用哪种计算方式，工人每月的基本工作包括 400 小时，或者 11000 英里。一个搬运工的工作只有超过了上述数字后才能有加班费，每超过 100 英里，才仅仅得到 60 美分加班费。这也就不难理解，为什么只有少数受老板宠爱的搬运工才能得到额外的工作机会，才能设法在列车上完成每月或者 400 小时，或者 11000 英里的工作量，不用说，争取加班机会是困难的。一个搬运工要从自己的工资和小费中付饭钱，购买制服以及工作设备，哪怕是为顾客擦鞋所用的鞋油也需要他自己掏钱买。如果他在工作时用光了鞋油，白人管理者就会打他的报告，他就会受到惩罚。

一个搬运工可以不用花钱，一个月免费坐几百英里的车。这个叫作"免费乘坐"。但它的运行方式是这样的：一个计划在中午 12 点 30 分从纽约出发到达华盛顿的列车搬运工，被要求从第一天的下午 7 点 30 分就开始上岗。他用这段时间来整理车厢，做好迎接顾客的列车准备工作，但是对他工作时间的计算却是从第二天 12 点 30 分列车出站时算起。如果没有乘客，搬运工就被要求"免费乘坐"到华盛顿，希望在那里能有顾客返回。

这样就会有"双出行"的情况，不管搬运工是否愿意。这也就是说，无论什么时候，当他从一趟长途列车返回后，也许可能长达一周，他可能会被要求随下次列车继续出行，中间没有休息时间，而且工资很低。当然，这个搬运工就没有时间看望家人，甚至洗澡、刮胡子和换衣服的时间都没有。但是，如果在他"双出行"的工作中，他被发现不整洁、不干净，或者打瞌睡，他或者会被停止工作，或者会被解雇。

把搬运工组织起来的时机已经成熟。

但是，已经存在的铁路劳工组织，许多都维持着僵硬的肤色划分的教条，他们并不打算把非裔美国人组织起来。而且即使他们有这种想法，普尔曼公司的老板也会比任何雇主都强烈地进行阻挠，以避免独立的工会为自己制造麻烦，使公司不能对自己的雇员提出任何要求。即使是组织工会的愿望和努力也会招来打击报复，降低工资，或者被开除。

因此那些想要组织工会的搬运工们知道，他们需要一个外部的人来当他们的组织者。由于他们中的许多人居住在黑人区，知道伦道夫是一个工人运动的煽动者，用伦道夫自己的话说，他"坚持黑人工人的正义诉求，这种正义既要从白人劳工组织那里，也从资本家或雇主那里得到"。1925 年夏天，一群搬运工请求伦道夫作为他们的带头人。接下来的十几年里，用历史学家约翰·艾格顿的话说，伦道夫"深入到分散在各地的搬运工中间，这些黑人工人工作超时，工资低廉，他们在轰鸣的铁路旅馆上艰苦地劳动着"。伦道夫在搬运工中组建了一个工会，作为表率，搬运工工会"成为巩固劳工和种族关系，以及南方改革的指路明灯"。1925 年 8 月 25 日，在黑人住居区西 129 街的帝国小屋麋鹿大厅，500 个搬运工们和他们的盟友聚集在一起，聆听伦道夫的演讲，纽约的《阿姆斯特丹新闻》把这次聚会称为"为了黑人工人，并由黑人工人组织召开的最伟大的群众性集会"。会议承诺要进行斗争，争取提高工资，减少工时，制定合理的工作规则，以及"无论如何至少要把搬运工当作人来对待"，伦道夫在几天的会议结束前签下了第一个工会的成员名单。到了十月份，纽约超过一半的搬运工成为卧车搬运工兄弟会的成员。

伦道夫知道在黑人居住区组织工会要比在圣路易斯、奥马哈、杰克森威尔，以及美国其他地区组织工会困难。在社会主义盟友，如诺尔曼·托马斯的帮助下，伦道夫得到了某些许可，他开始亲自乘坐列车，每年乘坐几千英里，通常是在非裔美国人的教堂里对搬运工发表演讲，这些搬运工有加入工会的愿望，但是害怕会带来不利的后果。普尔曼公司的密探渗入到工会的会议中，而参加会议的搬运工有很多人因此而遭到解雇。非裔美国商人领袖，政治"治疗师"，以及报纸编辑们会发现自己的存款账户上有普尔曼公司汇来的钱，如果他们攻击"布尔什维克"伦道夫和他的激进同盟的话。普尔曼公司的董事们利用自己与卡尔文·柯立芝和赫伯特·胡佛的共和党政府的关系来阻挠伦道夫的活动，由于美国的铁路劳动法还没有延展到保护卧车公司的雇员（普尔曼公司的利益游说集团成功地进行了辩解，称他们的公司是"旅馆式私营企业"，不是铁路企业），他们的阻挠活动变得更容易了。美国劳工联合会拒绝卧车搬运工兄弟会提出的人民宪章运动的申请，而隔离的白人工会对伦道夫和他的组织持亲近的态度，他所旅行城市的许多旅馆和饭店也支持他。伦道夫面临死亡的威胁和身体的折磨，卧车搬运工兄弟会的南方组织者也被驱逐出佛罗里达，一个法官威胁要对他施以私刑。（南方组织者班尼·史密斯差一点没有逃出杰克森威尔，他给这个脆弱工会的纽约总部写信："我愿意作出最高的牺牲。为了兄弟会的崇高事业牺牲我的全部。建议立即采取行动。"这封信使伦道夫和他的副手们作出决定让这位年轻人来到北方。)工会的钱很快就花在了律师和游说费用上,伦道夫经常在会后募捐以便有足够的钱到达下一站。尽管伴随着大萧条的艰难岁月,伦道夫还是有足够资金活动在铁路线上,因为就像芝加哥一位活动家所说的,搬运工们知道:"如果我们失去了他,我们就失去了这项事业。"一个年长的早期工会成员——戴德·摩尔在他1930年去世的时候给年轻的搬运工们传达了这样的信息:"告诉你们地区的所有男人,他们应该追随伦道夫先生,就像他们应该追随救世主一样。"

搬运工们正是这样做的。他们在伦道夫的领导下与不可克服的困难做斗争,这种困难是如此巨大,以至于即使是工会的盟友也开始认为,普尔曼负责人的话也许有对的成分,普尔曼的管理人员在开除了芝加哥的工会领导后对他说:"记住,这是一个白人的国家,现在由白人管理,将来也会由白人管理,而只要伦道夫是黑人,这家公司永远不会坐下来同他进行谈判。"更糟糕的是,伦道夫还是一个黑人社会主义者。"众所周知,美国的资本家不可能同一个社会主义者进行谈判。"《匹兹堡导报》发出这样的警告。这份报纸在全国有着广泛的发行量,在早期也同伦道夫的兄弟会结盟,但随着时间的推移开始怀疑这个工会的组织潜能。"在考虑到白人的时候,事情总是如此。"《匹兹堡导报》继续评论说。"由于有作为社会主义者的历史,伦道夫先生被通知说公司将不会与他打交道。"对这种腔调,伦道夫作出了回应,他的回应在20世纪60年代被马丁·路德·金所引用。面对从事民权运动的社会主义者、共产主义者队伍所遭受的迫害清洗,伦道夫声称:"黑人永远不会再同意白人为自己选择领导。在这一原则问题上我们不会让步,这是我重点强调的,不仅对于普尔曼的搬运工运动是如此,对所有的黑人运动都是如此。"

事实上,美国的资本家同社会主义者进行了谈判。随着新政的实施，以及 1932 年政府的领导权由赫伯特·胡佛的共和党转向了富兰克林·罗斯福的民主党，局势发生了有利于兄弟会的转变。搬运工工会最终在美国劳工联合会赢得了一席之地。而罗斯福的国家复兴法案和紧急铁路运输法案虽然在初期并不完善，但在兄弟会的修订要求之下，还是赋予卧车工人以权力和保护。这是一个转折点，尽管普尔曼公司试图破坏工会，他们大批解雇工人，还建立了一个顺从自己的"公司工会"，但是 1935 年 5 月，在遍及全国的 61 个搬运工站点，还是设立了在联邦监督之下的投票处。"这是第一次黑人工人作为全国性群体在选举中有投票权，他们在联邦官员的监督之下，为自己的经济权力进行投票。这是非同寻常的事件。这是一小部分黑人工人与世界上最有权势的公司之一进行英勇、顽强、不屈不挠的斗争的结果。"伦道夫在写给全国有色人种促进会主席沃尔特·怀特的信中说："也许你会有兴趣知道，在普尔曼的董事会成员中有 J. P. 摩根、R. K. 梅隆、阿尔福莱德·P. 斯隆、乔治·F. 贝克尔、哈罗德·S. 范德比尔特、乔治·惠特尼，以及其他一些人。这些人统治着华尔街、美国，实际上统治着世界的资本主义财政和工业，尽管如此，卧车搬运工兄弟会还是经受了美国前所未有的大萧条的考验，面对各种莫名的反对和恐怖威胁，坚强地站立着，最终迎来了国家性选举权，这是搬运工们真正想要的有组织的胜利。"

他写道："搬运工们是美国黑人工人的先锋。"

这绝非一个由社会主义者转变为一个组织者的人的语言游戏。当兄弟会以压倒多数优势赢得了选举后，城市联盟的《机会》杂志发文章称："没有哪一个美国劳工领袖面对如此巨大的不平等，没有哪一个美国的劳工领袖取得了如此巨大的胜利。"这种胜利直到两年后才真正的得以实现，经过艰苦的谈判、调解和法庭斗争，普尔曼的执行官们承认了卧车搬运工兄弟会。这一胜利是在伦道夫召集建立工会的

12 年后，也是在 A. 菲利普·伦道夫到华盛顿与美国参议员会谈，并开始为 1963 年在华盛顿为工作和自由进行游行做最后准备的 26 年前。

26 年前伦道夫可能没有想到这个游行，但他知道，用历史学家约翰·艾格顿的说法，"更大的斗争还在前面"。他曾经为争取"把搬运工当人看"的原则而奋斗，而今他把搬运工和他们的 15000 个兄弟会成员置于民权事业的前沿。"没有哪个美国黑人组织像搬运工一样，打开了在全国范围内为黑人权力而斗争之门。"伦道夫认为，"没有搬运工们，我不可能组织起争取平等就业的斗争，也不可能去反抗有武装的歧视。"

作为兄弟会的主席，伦道夫在劳工众议院获得了席位。卧车搬运工兄弟会成为美国劳工联合会的正式成员，而它的主席，用纽约市长费奥里罗·拉瓜迪亚的话说，是"美国劳工领袖中最进步的一位"。伦道夫用他的工会及其他资源去帮助组织更多的非裔美国铁路工人，支持建立餐车员工联合理事会、红帽子国际兄弟会、彩色机车消防员临时委员会。他对美国劳工联合会和分离出来的产业工会联合会施加压力，要求它们的附属机构废除整合地方机构的明确限制，要求它们关注劳动中的歧视行为，并发起大胆的组织计划，如美国产业联合会的"德西行动"。另一方面，劳工运动也是地方和区域民权组织的基础，它们在劳工运动的基础上对政党施压，要求这些政党采纳民权运动纲领，最终迫使州和联邦官员废除了"黑人"法律，保证黑人平等的住宿权、教育权和投票权。这些权力是 20 世纪 40 年代至 60 年代民权运动的基本要求，但却总是需要社会主义者在斗争中去分析去争取，伦道夫比马丁·路德·金更早地认识到，除非经济权力得到保证，贫困成为了历史，否则民权运动的承诺永远也不能实现。

因为有更大的计划，伦道夫的前方有很长的路要走，但同时他也有援助力量。搬运工们最终在工作中免除了被开除的风险，非裔美国工人也获得了最好的薪酬，得到了赋权，成为劳工和民权运动中的铁路大使。由于广泛地游历和与社会各阶层的广泛接触，搬运工们总是能够大量地阅读，对现实生活有很深的了解，他们开始从伦道夫和他的支持者，如诺尔曼·托马斯那里定期得到公文。兄弟会的成员们很快就认识到他们在民权运动中的重要角色，他们利用列车经常在全国运行，包括隔离的南方的机会，散发读物。

搬运工们把客人们留在车上的报纸，以及劳工、社会主义或非裔美国工人出版物收集起来，把这些出版物卷起来用绳子捆住。当列车经过美国一些落后的城市或者南方的农村时，搬运工们就把这些出版物扔到这些非裔美国人家庭的前庭或后院中。因此，那些很少了解劳工或民权运动的人，或者那些买不起大报纸和自由杂志的人，也能够有机会阅读报纸和杂志。

当搬运工返回家乡时，他们在教堂、共济会、政党和非裔美国组织中发挥动员者的角色。他们成为他们所在社区的激进榜样，影响和激励着新的一代社会活动者。国会议员罗恩·戴罗姆斯以他的叔叔C. L. 戴罗姆斯，一位西海岸兄弟会的重要组织者为榜样，在华盛顿期间成为民主社会主义组织委员会，以及美国民主社会党的领导。"这些人来自于20世纪，他们是20世纪的老左翼，他们联合起来，并且组织了美国历史上第一个非裔美国人工会，卧车搬运工兄弟会。"这位国会议员几年前在一份口述史上回忆说：

> 这些人高度重视口头表达，把它当作组织群众的方式，当他们对人们提出挑战的时候，用口头表达给人们留下深刻的印象。你知道，人们都认为A. 菲利普和C. L. 戴罗姆斯，以及其他与他们一样的人是哈佛大学的毕业生，因为他们对现在制度提出的

挑战非常有水平，需要运用很高的智力才能针锋相对地作出回应。就我叔叔而言：他是一个帅气的、有学问的、着装一丝不苟的无瑕疵的人，他的语言表达能力非常强，在第七大街有他的一间靠近水池的办公室。他是我生命中一个很重要的榜样，无论我走到哪里，当他们看到我的名字都会问我："C. L. 戴罗姆斯是你父亲吗？"而我会回答："不是，我父亲名叫弗纳·戴罗姆斯，C. L. 戴罗姆斯是我叔叔。"但是我很快就认识到，我叔叔是一个人物，他在西海岸地区赢得了各阶层人们的广泛尊重。走进我叔叔的办公室，会看到他手下的一群人，他的独立办公区，他叼着烟斗，他穿着有品位的衣服。他是一个斗士，他是坚强的、有勇气的。这种成功者的形象印在了我的脑海，塑造了我的生活，因为我从他那里知道我应该成功，而我也能够成功。我不需要胆战心惊地生活，我也应该能赢得人们的尊重，因为通过我的叔叔，我认识到这一群体的政治：工会活动，民权运动，等等。我叔叔正是这样不可思议地富有传奇色彩的人物，他始终是我前进的动力，推动着我不断完善自己。

在南方，兄弟会的人同社会党的拥护者们一起工作，这些拥护者如 H. L. 米切尔，他曾在 20 世纪 30 年代组织过南方佃农工会联盟；再如基督教社会主义知识分子包括牧师詹姆斯·德姆鲍伍斯基、迈尔斯·诺顿，以及著名的佐尔菲亚·霍顿，土生土长的阿肯色人，他把旧的福音歌曲改写为民权运动的赞歌，"我们将会超越自己"。在诺尔曼·托马斯和其他纽约教育家的捐助下，加之他们在纽约神学协会学习时得到了一些宗教领袖和活动家的帮助，诺顿、德姆鲍伍斯基和教育家唐·韦斯特着手建立了一个南方教育中心。他们得到了丹麦的"人民高等学院"教育运动的启发，"人民高等学院"教育运动产生于 19 世纪，是 19 世纪 40 年代的革命热情和对人民进行教育之热情的扩展性产物。历史学家霍顿解释说，这个教育项目的重点是"支持穷苦人民的普通判断力，帮助他们学会表达，争取自己的利益，帮助他们驾驭影响自己日常生活的决定……穷人越早能够提出和表达自己的观点，美国就越早能够建立一个结束贫穷和种族偏见的社会结构，摆脱剥削和战争的借口"。他们把所从事的激进事业称为"人民高等学院"，这所学院的"毕业生"包括牧师马丁·路德·金，以及他的继任者，南方基督教领导委员会的领袖拉尔夫·阿伯纳西博士。阿伯纳西博士宣扬"拯救和救赎美国的关键在于，对那些深受压迫和贫穷的人们所作出的道德的、人道的回应"。此外，"人民高等学院"的毕业生还包括学生非暴力协调委员会的主席，未来的国会议员约翰·路易斯；密西西比自由民主党副主席范尼·鲁哈默，他告诉人们"除非人人获得自由，否则没有人是自由的"；学生非暴力统筹委员会的斯托克利·卡迈克尔，他使"黑人权力"这一名称大众化。

E. D. 尼克松，从蒙哥马利走出来的搬运工，历史学家泰勒·布兰奇把他称为"朴素的阿拉巴马版的伦道夫"，19 世纪 20 年代，在聆听了伦道夫的演讲后，他曾组建卧车搬运工兄弟会的蒙哥马利分会，尼克松充分理解伦道夫的观点，认为兄弟会是争取广泛的民权和经济平等运动的工具。他认为，"民权运动努力使黑人能够合法地做事，比如乘坐普尔曼公司的车，而黑人运动努力使黑人能够有钱去购买乘坐普尔曼列车的车票。"20 世纪 30 年代，尼克松开始与米尔斯·霍顿一起组织阿拉巴马黄瓜拾荒者协会。当他成为阿拉巴马州的全国有色人种协进会主席后，尼克松安排有前途的、年轻的非裔美国活动者去"人民高等学院"听课。1955 年，他派遣协会的蒙哥马利分会的年轻主任来到学院。这位女主任——罗莎·帕克斯回来后以极大的热情投入更多的工作中，而尼克松也为她安排了一个任务，挑战全国公交系统的种族歧视。1955 年 12 月 1 日，在克利夫兰大街的公交车上，帕克斯拒绝给一名白人妇女让座，她遭到了逮捕，并被控告违反了蒙哥马利城市法典的隔离法第六章第 11 款。E. D. 尼克松与当地的白人律师克利福雷德·杜尔一起到监狱把她保释出来。克利福雷德·杜尔是罗斯福的行政助理，20 世纪 40 年代晚期，他辞去了联邦通讯委员会委员的职位，成为全国律师协会的主席，他的妻子，弗吉尼亚的福斯特·杜尔，是埃莉诺·罗斯福的朋友，她与前第一夫人一起为争取种族正义而努力，1948 年，她作为亨利·瓦莱士的进步党的候选人，在弗吉尼亚参议院谋得了一个席位。

那个晚上，琼·安娜·罗宾逊起草了一份行动召集书。罗宾逊是阿拉巴马州立大学的英文教授、蒙哥马利妇女政治委员会主席，一年前，在风起云涌的民权运动中，当杜尔被指控与共产党有染，并被拉到参议院小组委员会接受调查时，罗宾逊曾激动地为杜尔辩护。作为尼克松的同盟，罗宾逊在这份几年前构思的公共汽车联合抵制行动中这样写道：

　　因为拒绝把自己的座位让给白人去坐，又有一个妇女被逮捕、被投入监狱。自从科劳德特·科尔文，一位黑人妇女拒绝让座被逮捕后，这已经是第二起类似的事件。这样的事情不能再发生了。黑人有权利这样做，如果黑人不坐公交车，公交车就不能正常运营，四分之三的乘客都是黑人，但是黑人却被逮捕，或者不得不站在一个空着的座位面前。如果我们不做一些制止性的事情，逮捕还将继续。下次可能就是你，或者是你的女儿，或者是你的母亲。这位妇女的案件将在周一进行审判。因此我们请求每个黑人在周一都不去坐公交车，以此作为对逮捕和审判的抗议。周一的时候不要坐公交车去上班、去市里、去学校，去到任何地方。如果除了公交车你没有其他交通方式，那么就一天别去上学，一天不上学不算什么，一天不去市里也没有什么关系。如果你不得不去上班，那么就打车，或者步行。但是，请你们，孩子们和成人们，都不要在周一乘坐公交车。请在周一远离所有的公交车。

尼克松说服德克斯特大道的德克斯特浸信会的新牧师来领导这群被称为联合抵制的人们；当42000个非裔美国男人、妇女和孩子在周一拒绝乘坐公交车后，当天晚上，马丁·路德·金牧师对7000名欢呼的人群说：

我们所做的事情没有错。如果我们错了，那么这个国家的最高法院就错了。如果我们错了，那么美国的宪法就错了。如果我们错了，那么，全能的上帝就错了。如果我们错了，拿撒勒的耶稣就只是一个乌托邦的梦想者，从来没有来到过世间。如果我们错了，正义就是谎言，爱就毫无意义。我们决心在蒙哥马利进行工作和战斗，直到正义像河水一样倾泻，公正像溪流一样奔腾……

在美国民主进程中从来没有像今天这样，当我们进行抵抗的时候我们必须思考我们的错误。我们对这种权利持保留态度。当这个国家的所有工人们都认清他们被资本主义权力压制的事实，他们就会认识到，工人联合和组织起来为自己的权力进行斗争没有任何错误。我们，被剥夺了土地的继承权的人们，我们，经受了这么长的压迫的人们，不想再继续经受被囚禁的漫漫长夜了。现在我们急切盼望自由、正义和平等的黎明的到来。

伦道夫非常欣赏路德·金的演讲，他派拜亚特·鲁斯丁从纽约来到了蒙哥马利。鲁斯丁当时是伦道夫最信任的特派员，他曾在1947年的"调和旅行"中组织了反对南方种族隔离的非暴力抵制，为20世纪60年代的"自由乘车"运动树立了榜样。在蒙哥马利，作为甘地非暴力策略的学生的鲁斯丁为尼克松和金提出了建议。但是鲁斯丁，前共产党员和同性恋者，很快就成为当局反对"北方渗透者"的目标。他不得不返回纽约的黑人居住区，在那里，他继续通过电话为金提供咨询，通过募集资金为蒙哥马利的联合抵制运动提供支持。但是这些活动被伦道夫予以纠正。伦道夫信任尼克松，而且他很快就认识到金的号召天才和作为运动的领导的潜能。作为一个机敏的组织者，伦道夫知道让一个成功的运动持续下去永远是明智的，伦道夫告诫鲁斯丁"我们应该从他们的身上学习，而不是假定我们知道一切"。

在接下来的十年里，伦道夫和金之间的相互尊重进一步加深了，伦道夫开始把金称为美国最有远见的民权运动发言人，伦道夫早在15年前就获得了这一称号，当时，他是至今仍不明确的民权运动中，对权力最大胆的挑战者。

1941年，随着美国参加第二次世界大战的迹象越来越明显，罗斯福总统开始急切地考虑建立"民主兵工厂"，以使盟军可以用来发动国际性的"自由保卫战"，反抗法西斯的暴行。然而，尽管总统宣称每个美国人在战争中都会发挥作用，但是联邦政府还是承认，"因为军事工业的歧视性雇用规定，有超过50万本来可以在兵工厂工作的黑人被闲置了。还有其他几百万黑人还从事非技术性职业，他们被阻止为反对法西斯作出更大贡献"。大公司，如标准钢铁厂拒绝雇用非裔美国工人，同时，一些大的工会与工厂主联合坚持"只用白人"的雇用标准。在南方，路易斯安那州的什里夫波特市的官员们同意了市长的观点，认为，"与赢得战争同等重要的是使黑人远离技术性工作"，在这种情况下，联邦资金撤离了。

在 1940 年一整年里，伦道夫与有色人种协进会、城市联盟的领导们，以及杰出的、与白宫有联系的非裔美国人，如玛丽、麦克劳德、白求恩、年轻的瑟古德·马歇尔等人一起，关注军事和防卫工业的种族隔离问题。埃莉诺·罗斯福听取了他们的意见，但是战争部却在当年秋天发表了一系列声明，明确表明坚持严格的种族隔离政策。12 月，备受挫折的伦道夫坐上了列车从华盛顿出发前往南方城市，访问当地的兄弟会。他与米尔顿·韦伯斯特——兄弟会副主席，一位不苟言笑的组织者——就白宫的不妥协举行了会谈。"我们要对此做些什么？"伦道夫说。等到他们到达佐治亚的时候，伦道夫已经想出了一个计划，"发动一万名黑人到华盛顿去抗议"。

当天晚上，当伦道夫公布这一计划时，韦伯斯特回忆说"它把每个人都吓得要死"。在他们两人回到纽约的几星期后，这一想法已经成为非裔美国报纸的头条新闻，这一新闻报道了卧车搬运工工会的领导人对非裔美国人的激动人心的讲话：

> 权力和压力是社会正义和改革之进程的基础……权力和压力不只存在于少数人中，也不只存在于知识界，它们存在于并来源于大众。权力也不仅仅是无作为地存在于大众中，它是在有组织的大众中，作为行动原则而存在的，人民为一定的目的团结起来。

早在二十五年前，当伦道夫还在《信使报》做年轻编辑的时候，他就倡导"科学的激进主义"，现在他再次宣讲科学激进主义的每一个要义，声称："美国黑人必须用他们的权力和压力来向联邦政府的机构和代表人施压，使自己获得在国家防务和军队中受雇用的机会……我建议一万名黑人到华盛顿地区游行，举着这样的标语：**我们忠诚的美国黑人市民要求有为我们的国家工作和战斗的权力。**"

"有一件事是肯定的"，伦道夫总结说，"那就是，如果黑人们要从国家防务部门得到些什么，**我们必须进行战斗，必须进行毫不妥协的战斗。**国家防务部门每年消耗30亿或40亿美元，其中有我们黑人作为财产所有者、工人和消费者所缴纳的税收。"

"在美国黑人的政治历史上，还从来没有施加过如此巨大的压力"，持同情态度的《纽约邮报》在回忆性报道中写道。

伦道夫得到了向来谨慎的全国有色人种协进会、城市联盟，以及遍及全国的宗教和兄弟会组织的支持，年轻的社会主义活动者，如拜亚特·鲁斯丁等人也加入进来。但卧车兄弟会仍然是活动的主要支柱，一些工会会员把他们的工资捐出一部分筹集了五万美元的资金，作为组织游行活动的费用，印制标语、租赁公交车等。伦道夫希望这次游行是"来自、为了、依靠"非裔美国人的活动，作为反对由白人领导的，或者在白人协助下的活动，为此，他亲自参加活动，不仅在教堂和工会办公室谈论游行，而且在俱乐部、台球房、美容院、餐馆等地到处谈论。伦道夫这位仍然被联邦特工跟踪的老激进主义者，不怕联邦调查局的人把他的话记录下来，"让黑人群众进行游行，让黑人群众发出自己的声音"，他的这一号召不但召集来1万名想游行的人，而且随着热情的不断增加，召集来了10万名想游行的人。他想给罗斯福政府一点颜色，想让罗斯福政府知道，他所领导的游行不是说说而已。

白宫懂得他的意图，尤其是伦道夫计划邀请埃莉诺·罗斯福在7月1日为即将到来的游行致辞后。第一夫人请求有色人种协进会主席沃尔特·怀特劝说伦道夫放弃游行。但是怀特说他无权对伦道夫下命令。在这种情况下，第一夫人会见了伦道夫，一方面她表达了对伦道夫所从事事业的同情，另一方面，她建议他不要太强硬。但伦道夫没有让步。接下来纽约市长拉瓜迪亚被白宫委派说服伦道夫，但这仍然没有奏效。

最后，伦道夫被邀请到了白宫。罗斯福以一句"你好，菲尔"热情地欢迎他，而且像大多数人一样，把这位善于辞令的工会领导人误认为哈佛大学的毕业生，问他是哈佛哪个年级的学生。

"我从来没有进入哈佛"，伦道夫回答说。

"我肯定你读过哈佛"，总统回应说，竭尽所能地施展他的魅力，"不管怎样，我们在共同感兴趣的人类和社会正义问题上有共同点。"

"是这样的，总统先生。"

罗斯福表达了自己的同情。他答应召集国防工业部门的总裁们，要求他们不再搞种族隔离。伦道夫说他想要总统签署一份行政命令，禁止歧视，此外再建立一个联邦董事会来施行这一命令。

"像这一类问题不能通过休克疗法来解决"。总统回答说，他建议双方达成一个妥协性意见，避免十几天后就要开始的游行。

"对不起，总统先生，游行不能取消。"

"你想要多少人参加游行？"

"10万人，总统先生。"

有色人种协进会的怀特也站在伦道夫一边，随声附和说："10万人，总统先生。"

"你不能把十万黑人带到华盛顿，会有人因此丧命的。"

如果总统欢迎游行者，以这场斗争的朋友的身份对集会人群发表演讲的话，我就不把十万人带到华盛顿。

罗斯福是这场斗争的朋友，但他不愿意以国家首都这一政治象征为代价去满足游行者的要求，他还不能跨出这一大步。他身上的政治家因素使他既害怕南方共和党的反对，也害怕他要求为战争作出努力的工业巨头们的反对。

"你把游行取消，我们再接着谈判"，总统说，他觉得这是他可能提供的最后条件了。

但伦道夫说没有什么实质性进展他无法回去对黑人群众交代。"我必须对我给人们的承诺负责"，他宣称。

一直坐在旁边静听这场争论的拉瓜迪亚出人意料地插入进来，"先生们"，他说，"很清楚伦道夫先生不准备取消游行，而我的建议是我们重新寻找新的解决办法。"

这个"办法"就是8802号行政命令，这是经过一周的艰苦讨论达成的，其间伦道夫坚持拒绝妥协性建议。8802号行政命令这样写道：

鉴于鼓励全民参与防务规划是美国的政策，不论种族、信仰、肤色、国籍是什么样的，人人都有权利参与。只有各团体尽自己所能提供帮助和支持，美国的民主生活才能成功地得到捍卫，这是我们的坚定信念。而且鉴于有证据表明，只是由于种族、信仰、肤色，或者国籍不同，符合条件的、被国家所需要的工人就被挡在了国防工业生产的大门之外，这样既伤害了工人的斗志，又妨碍了国家的团结。

因此，现在，运用国家宪法和章程赋予我的权力，在正确领导国防生产的前提下，我在此重申美国的政策，国防工业部门和政府部门在雇佣工人上不得有任何基于种族、信仰、肤色、国籍的歧视，在此我宣布遵守和促进这项政策，为所有工人提供平等参与国防工业的机会，使人们不因为种族、信仰、肤色、国籍而遭受歧视，这是企业主和劳工组织的责任⋯⋯

富兰克林·D. 罗斯福

白宫

1941 年 6 月 25 日

伦道夫认为这个行政命令很不令人满意。它既没有满足他所希望得到的，也不能满足打破依然严重的种族隔离的需要，因为种族主义的存在，美国的大多数非裔美国人还是会被剥夺由宪法赋予的基本权力，更不用说是他所建议的需要被赋予公民意义的经济权力了。但是作为组织者的伦道夫知道，现在是宣布胜利的时候了，因此这个行政命令从兄弟会的纽约部门发布出来。公共汽车没有停运，华盛顿的游行没有举行，但是，战斗，而不是战争，赢得了胜利。

埃莉诺·罗斯福写信给伦道夫，答应他"这只是第一步，从这里我们还将会争取到更多"。虽然鲁斯丁和其他几个年轻的兄弟会同事颇有微词，但大多数人是持乐观态度的。两万名群众聚集在麦迪逊花园广场庆祝华盛顿游行的胜利。纽约的《阿姆斯特丹新闻》把伦道夫比作弗雷德里克·道格拉斯。其他一些报纸认为他是"美国的甘地"，而专栏作家默里·肯普顿称伦道夫的出现是"黑人社区的游侠"。历史还是比较友善的。约翰·埃格顿在他对民权运动根源之考察的史诗巨著《现在发出反抗的声音》中提到伦道夫领导的华盛顿游行，认为它是一个象征，"种族，这个过去仅限于南方穷人参与的话题，成为了美国一个主要的公共话题"。埃格顿认为，甚至在 1/4 世纪的时间里，这个话题也始终是美国的重要生活内容。伦道夫为未来的联邦行政干预奠定了基础。而且，根据另一个民权运动历史学家雷诺尔·班尼特的叙述，伦道夫打造了一个"不妥协地向政府施压的策略"。

伦道夫很可能已经能够从内部，或者作为一个国家的候选人来进行战斗了。不只是社会主义者，还有民主党人和共和党人都敦促他重新谋求代表黑人社区的国会席位。而且，社会主义者很认真地把他作为1944年副总统的候选提名人。但是伦道夫拒绝了这些建议，他发电报给他的社会党同事，解释说，除了他所从事的斗争，"没有什么比作为社会党候选人参与国家选举对我来说更快乐的事情了，参加选举不是为了立刻获得职位，而是为打造一个与加拿大联邦相似的广义的美国政治运动发展的智力和精神基础"。那年秋天，在萨斯喀彻温省，合作联邦清除了各省的选举，在北美洲建立了第一个明确的社会主义省，或者说省级政府，该政府的总理是汤米·道格拉斯，他被人们认为是"加拿大医疗保健制度之父"。（从他的加拿大西部基地出发，道格拉斯在接下来的二十年里在其他省也获得了成功，最终联邦政府采纳了一个保证所有加拿大人都享有高品质医疗的支付模式，这是进一步推动建立一个斯堪的纳维亚方式的社会福利国家的一个环节，虽然这种社会福利并没有最终实现。道格拉斯因此而成为受人爱戴的历史性人物，远远超出了他所领导的劳工和农民运动的支持面，最终建立了一个新民主党，现在的加拿大第三社会民主党。）

伦道夫欢迎道格拉斯在加拿大的当选，第二年，兄弟会与加拿大太平洋铁路公司成功达成了合作协议，在众多的论题中，双方关注了乘客和白人雇主把工会会员称为"乔治"或"小子"的事情，决定在黑人们工作的普尔曼公司的卧车里，把搬运工的真实姓名悬挂在墙上。尽管伦道夫庆祝他的工会在国外的胜利，他的主要精力仍然放在国内的民权运动上。

伦道夫继续打造兄弟会，但是从许多方面看，他的主要政治使命转到了反对种族隔离的激进运动上。20世纪40年代，他领导了一场在军事领域取消隔离的运动，他对讨论和平法案的参议院小组成员说："这一次，黑人群众将不会再对黑人法案保持沉默。当我们成千上万的美国第二阶级选择宁愿被关进监狱，也不愿意永远地做军事奴隶，世界的良知也因此会受到前所未有的震动……我个人将建议黑人们拒绝以奴隶身份参军，他们不能因为没有和不能享受民主而作奴隶。"这些言论让华盛顿的官员们感到不安。伦道夫是这样说的，也是这样做的。1948年夏天，自由民主党采纳了一个民权政治纲领，这个纲领足以迫使南方各州的民主党党员在费城召开的大会上逃离本党，当自由民主党为此而准备欢庆的时候，伦道夫和一群社会主义者、年轻的民权运动积极分子，以及与他的朋友 A．J．马斯特结盟的非暴力抵抗主义者们站在会议大厅外，举着标语："不要加入歧视黑人的军队"，"我们要求一个废除军事部门歧视的行政命令"。工会领导伦道夫举着一个更加大胆的标语："进监狱也比作为黑人参军好"。其他的工会领导人敦促他"投靠团队"，支持总统杜鲁门，但是伦道夫并不支持民主党团队。那一年他支持他的朋友诺尔曼·托马斯代表社会主义者的选举。事实上，杜鲁门并不在意伦道夫的支持与否，他面对的其他事情更让他感到棘手，在选举当年，南方民主党叛离投靠了斯特罗姆·瑟蒙德的权力党，而北方的左翼正准备与亨利·瓦莱士的进步党联合，这种情况使伦道夫、鲁斯丁和他们的反对军事种族隔离的非暴力抵抗组织不得不提醒非裔美国人投票者，不管民主党的政治纲领说得多好听，种族隔离在军事部门仍然不会消除。

在民主党会议结束，也是伦道夫与总统会晤的两个星期后，这次会晤与1941年伦道夫与前任总统罗斯福那次有争议的面谈一样，杜鲁门发布了9981号行政命令，命令称："根据现实情况，总统制定如下政策，不论人们的种族、肤色、信仰或国籍如何，在军事工业中都应该被平等地对待，获得平等的机会。这一政策应尽快得到执行，要在合适的时间，在不损害效率和士气的前提下，采取一切必要的手段改变现状。"

《芝加哥卫报》在头版头条的大标题下醒目地写着"杜鲁门总统扫除了军事工业中的种族隔离"，并配以拳头形标志，提醒读者"保留这份报纸，它是一个历史性标志"。从他个人的角度看，伦道夫更感兴趣的是历史，他已经将近六十岁了，他亲身经历并促成了一些实质性的社会进步，他对总统、国会和有权力的劳工组织都有一定影响。他已经打造了能够在活动中带来变化的民权运动，打造了在联邦控制下的工会机构。但是在他的家乡佛罗里达的杰克森维尔，他却仍然不准在当地的伍尔沃斯餐馆坐下来吃午饭。

即使伦道夫在 20 世纪 50 年代的大部分时间里，都在进行艰苦的战斗，力争使美国劳工总会与产业劳工组织结束内部工会的种族歧视，他还是在不间断地关注着南方，不断地思考、谋划和组织在华盛顿的游行，这是他一直魂牵梦萦的事情。

伦道夫每天都跟踪关注着蒙哥马利进行的抵制公共交通的消息，与阿拉巴马兄弟会的领导 E. D. 尼克松、鲁斯丁和其他人以电话和电报的方式进行沟通。作为一个演讲和组织运动的行家里手，伦道夫认识到，一个杰出民权的新领袖将要登上历史舞台。他和马丁·路德·金一见面就彼此相互吸引，科丽塔·斯科特·金在若干年后回忆说，年轻的牧师金把伦道夫当作他的"精神导师"，经常性地向伦道夫这位民权运动的高级发言人咨询和请教。

伦道夫不仅被金的魅力所吸引。金作为浸信会的牧师领导了新一代的南方神职人员，从而打消了伦道夫在 20 世纪 30 年代至 40 年代对宗教领袖们的戒备与不满，但这也不是金吸引伦道夫的决定因素，让伦道夫对金感到敬佩的是，金把他的道德宣讲与法律规则、实际的经济活动，以及国家未来的社会民主前景结合了起来。

金从来也没有加入社会党，或者其他明确的社会主义者组织。然而，虽然他可能不是"官方共产主义哲学"和"行动的马克思主义"意义上的"马克思主义列宁主义"倡导者，但是正如北卡罗来纳参议员在建议设定一个节日来纪念金时所说的，金作为哲学博士对上个世纪的激进思想相当熟悉。C. L. R. 詹姆斯，马克思主义小说家和历史学家，于1957在伦敦遇见了金，他形容金是"在左翼思想上超过了我们中的任何一个"。金对《共产党宣言》的作者有着敏锐的评价，他喜欢说"我一分为二地看待马克思"。他是共产党统治下的极权暴行和他所痛惜的"错误的假设和罪恶的方法"的批判者。在他看来，你不必去马克思那里学习怎样成为一个革命者，我不是从卡尔·马克思那里受到启发的，我是从一个叫耶稣的人，一个称自己是被选出来治疗受伤心灵的加利利圣徒那里得到启发的。对金来说，耶稣是"历史上最伟大的革命家"。

尽管如此，这位年轻的牧师还是在他的一篇关于宗教与马克思主义的文章中承认：

共产主义产生于要消灭社会地位低下的人所遭受的不公正和侮辱。《共产党宣言》的作者是满怀寻求社会正义之热情的人。卡尔·马克思出生于有着希伯来血统的犹太世家，受过希伯来圣经的熏陶，他一定不会忘了阿摩司中的话："让正义像河水一样倾泻，公正像溪流一样奔腾。"在马克思六岁的时候，他的父母信奉了基督教，因此在新约之外又增加了旧约的遗产。尽管马克思后来成为一个无神论者和反教会主义者，马克思不可能忘记耶稣所关心的"最卑微的一群人"。在他的著作中，他拥护穷人、被剥削者和被剥夺了继承权的人们的事业。

"基督徒"，金认为，"注定会认同任何对社会正义的热情寻求"。马克思主义的著作也是一样。当然，金最终更多的是被社会福音思想家所影响，如浸信会传教士沃尔特·劳申布施，劳申布施相信"基督教就其本质来说是革命的"，他坚持布莱克关于"建造耶路撒冷"的观点，甚至认为上帝的王国"不是让每个个体升到天堂，而是使尘世的生活变成和谐的天堂"。

勾勒出一个基督教社会主义的原则后，劳申布施和其他宗教激进主义者在1992年发动了一个兄弟会王国运动，宣扬"宗教精神的力量应该肯定至高无上的生活高于财产"。1967年，在劳申布施就任南方基督教领袖协会时，金给劳申布施提出指导性建议，指出："共产主义忘记了生活是个体的，资本主义忘记了生活是社会的，而兄弟会王国的宗旨既不是共产主义的，也不是相反的资本主义的，它是更高层次上的综合。"

"对高层次综合的追求也许应该从提出问题开始"，金说。他自己建议提出了以下一些问题：

> 这里有4000万穷人。现在我们必须提问，为什么美国有4000万穷人？而当你开始提出这样的问题，你就是提出了关于经济制度的问题，关于广义的财富分配的问题。当你开始提出这样的问题，你就开始质疑资本主义经济了。而我可以肯定地说，随着问题越来越多，我们终究会开始对整个社会进行质疑。我们是被召唤来帮助生活上那些失去勇气的乞丐的。但是终究会有一天，我们面对的将是产生了乞丐的整个建筑物都需要重新建造。它意味着必须提出问题。你瞧，我的朋友，当你处理这些事情

时，你就要开始问，谁拥有石油？你就要开始问，谁拥有铁矿？你就要开始问，为什么人们不得不在一个拥有 2/3 水域的国家交水费？这些问题必须被提出来。

这些问题，他说，将会使真诚的民权运动家"诚实地面对这一事实，那就是民权运动必须致力于重建整个美国社会"。这是金在他的运动生涯中一以贯之的主题，有一次金从南卡罗来纳的弗雷格莫尔撤出，当时他对他的助手说："你不能在谈论解决黑人经济问题的时候不触及亿万金钱，你不能在谈论解决贫民窟的问题时不触及从贫民窟中取得的利润。实际上你已经涉足危险的领域，因为你正在介入普通百姓的生活，你正在介入企业领袖的事务……现在这意味着我们面临着巨大的困难，因为这实际上表明我们正在谈论资本主义是有问题的……一定有更好的方法分配财富，而且美国可能会走向一个民主社会主义。"

现在有越来越多的人认为，在经历了 20 世纪 50 年代末和 60 年代早期的民权运动斗争后，或者说，在激进主义者，如年轻的前共产主义者鲁斯丁和前共产党员杰克·奥德尔的影响下，金发展出了一种拥护民主社会主义的思想。但是科丽塔·斯科特·金，这位在 1948 年以拥护亨利·瓦莱士竞选总统的学生的身份参加了进步党大会的人士，在她的书《我与马丁·路德·金的生活》中，以及在自传中和访谈中解释说，她的丈夫总是"知道我们社会的基本问题与经济正义息息相关"，而且他知道"穷人与富人之间的对比"。"不管你们信还是不信，他第一次和我见面的时候就对我说了这些话。"她写道。"这不是什么他后来学会并予以发展的理论。"她回忆说，在 1952 年，金这位年轻的学者就对她谈论起"在民主的框架下把我们推向一种社会主义的事业"。他的妻子解释说，即使在麦卡锡统治时期，金也相信"我们的社会必须采纳一种社会主义制度,因为现实的社会是非常不平等的。他看到了穷人的生活处境,看到那么多生病的人因为没钱而看不起病。他追问如何才能解决这些问题,这些问题是国家应当关注的"。

伦道夫知道这些问题,几十年前,当金还未出生的时候,他就站在黑人居住区的肥皂箱上,大声疾呼走向某种社会主义的必要性。他同样阅读和敬佩马克思,同时拒绝教条和正统的共产党。而且,虽然这位工会领导人比这位牧师大了将近四十岁,他们却拥有共同的紧迫感,都认为新的时代需要新的斗争策略。

伦道夫过去提出的在华盛顿举行大规模游行的观念现在看起来不过是一种策略。它是一种策略,伦道夫辩解说,但它是一种必要的策略。"我们必须开展大规模的游行示威,因为这个世界习惯于大规模的激动人心的事件。资本家们想的是上百、上千、上万、上百万的金钱,无数的美元在眨眼之间就被盗用",他说,"没有什么事情是无用的。"

正是在这种思想的支配下,伦道夫在 1960 年 1 月的那个晚上召集了会议,金与他并肩作战,此时也是总统大选即将来临的时刻,这次总统选举使谨慎或者说是正统的德怀特·艾森豪威尔(最后一位出生于 19 世纪的总统),被一位可以说全心全意拥护林肯的平等立国思想的、较为年轻的人所取代。金在困难重重的处境下挑战种族隔离,开展一种非暴力运动来努力实现一个世纪前承诺的社会和经济平等。现在,新一代民权运动的拥护者们需要的不仅是最高法院发出的命令,他们需要的是联邦政府有执行力的、一劳永逸的郑重声明,宪法适用于各个州和每个美国公民。而且他们需要一个新的经济秩序,这种新经济秩序不但对歧视黑人宣战,而且对贫穷宣战。

这一计划首先从政党开始,在召开国家会议时,各政党聚集起来，这本身就是"激动人心的事件"，此外，由于电视新闻媒体的聚焦，形成了伦道夫所预想的"大规模游行示威"的理想背景。政党会议，尤其是民主党会议，从 1948 年起就成为国家民权运动的主要政治战场。但是战斗经常发生在会议的发言权之争上，北方和南方的代表们对抗彼此的政治纲领。1960 年，伦道夫计划在会议大厅前举行千人示威，把民众的需求摆在代表们和国家的面前。

这并不是一个让倾向于调和的非裔美国人组织或者美国劳工联合会感兴趣的计划，尤其是从伦道夫和他的同盟对民主党施压的观点看，工人运动越来越要求"拒绝和谴责种族隔离主义者、白人至上主义者、种族主义者和南部各州歧视黑人的民主党党员，应夺去这些人的职位，把他们开除。黑人群众或者任何具有民主头脑的美国人都不可能对一个这样的政党有信心，这个政党席位中有阿肯色州长法柏斯，或者有密西西比州的参议员伊斯特兰德，或者有与上述种族主义者结盟的人。我们要求承诺取消伊斯特兰德作为密西西比州的参议员竞选美国参议员的资格，密西西比州是黑人人口最多的州，但因为违反了修正案第一法案的第 3 条、第 14 条、第 15 条，黑人却被剥夺了投票资格"。

无论如何，作为被伦道夫和鲁斯丁命名为副主席的金，同意他们之前的"在会议大厅前游行的计划"，但反对新的计划，伦道夫和鲁斯丁转而求助于一批新的被几年来的运动所吸引的社会主义骨干，尤其是 32 岁的米歇尔·哈林顿。

哈林顿当时开始写作系列文章《另一个美国》，在文章中，他创造性地审视了美国的经济不平等问题，在文章的写作过程中，他被派到洛杉矶，在那里民主党召集会议，提名一位温和的新英格兰人，同时也有民权运动经历的马萨诸塞州参议员约翰·肯尼迪参加总统竞选，许多自由党人士也希望借这次会议提名伦道夫的朋友，1948 年自由党民权运动具有转折意义的纲领的作者，明尼苏达州参议员休伯特·汉弗莱竞选副总统。选举开始后，第二投票点的票投给了南方的参议员，多党领袖林登·约翰逊。约翰逊是得克萨斯州人，他的妥协和算计使南方的民主党委员会把持了权力，这就导致 1957 年和 1960 年的民权法案失去了作用。然而，伦道夫、金和哈林顿以及他们的同事们并没有太多地关注于弥补选票的差距，他们更多地关注于政治纲领的制定，他们希望重新制定政治纲领，来确保人们对民主党的承诺不再有任何疑问，不再怀疑民主党要通过斗争争取"18 亿美国黑人的宪法权利和人的尊严"，或者，不再怀疑民主党下决心致力于"我们时代的重大国内议题"。

游行者们的需求之大胆正符合了时代的要求。他们对民主党提出的第一个要求就是不再纵容南方一些城镇迫害黑人的长官和警察局长，让他们公开表明支持非暴力运动，反对种族隔离。"我们要求这次会议公开表明充分支持由英勇的黑人学生领导的，越来越多的白人学生支持的，伟大的、和平的南方静坐活动。这次活动不仅寻求宪法赋予黑人的权利，而且寻求美国道德的重建。民主党大会既要支持非暴力抵抗的方法，也要支持它的高贵精神。"伦道夫和金宣称。"会议应公开反对、制止不合法的威胁、恐吓、暴行、错误的逮捕，制止学生们在实施宪法赋予他们的权利反对种族隔离的堕落、反对对黑人的歧视时对他们施加暴力，这是这次会议和华盛顿联邦政府代表们的责任。"

同时他们也寻求对公正投票权的真正的、即时的承诺，提出："1960 年的选举将是一次闹剧，除非南方超过 10 亿的黑人有机会投票。我们要求公开在南方腹地建立联邦注册机构，这是作为牺牲者的黑人群众所应享受的。为了 1960 年的选举，这一机构应该马上生效，而不应该推迟到选举之后，如果推迟到选举之后，黑人群众将会在今年的选举中被轻易地剥夺选举权。重要的是，这一整体联邦机构应该去积极保障南方黑人群众的投票权。"

同时，示威者们也要求参加会议的民主党们以及下一届总统承诺开展一场斗争，使学校废除种族隔离，并且"发布行政命令制止政府招聘、与政府有来往的公司招聘，以及所有政府支持的房产企业招聘中的所有歧视行为"。而且，伦道夫坚持要服从国际团结的原则，这是他自年轻时代起，还是一个在黑人居住区的街道上，站在肥皂盒上演讲的人时，就开始坚持的原则。他提出"要求这次会议和它的代表们站在道义立场上，反对所有形式、所有地方的殖民主义和种族主义，尤其是在非洲，种族隔离已经导致了数百万只是希望在他们国家自由生活的群众被屠杀"。

让全国民主党大会公开声明支持这些要求，即使是比较温和地重写这些要求，也会使民主党面临一个转折点，民主党在20世纪50年代的两度总统选举提名人阿德莱·史蒂文森费尽心力使纲领表述和政治相结合，这种结合通常没有艾森豪威尔的共和党更明确、更进步。要得到民主党的公开支持，需要的不仅是伦道夫富有感染力的演讲。当时，作为工会领导人的伦道夫正忙于同美国劳工总会与产业劳工组织主席乔治·米尼进行激烈的公开争论。要得到民主党的公开支持，需要的也不仅是金的动人言辞。要得到民主党的公开支持，需要更多的东西，而不仅仅是像在上一次民主党大会门外组织示威这种小的象征性活动。

12年前，当民主党在费城召集会议的时候，伦道夫和他的小团体为了军事工业的反歧视而举行静默游行。但是在星期六，民主党的洛杉矶会议召开前，当哈林顿在机场与金会面时，他为第二天的游行示威制订了一个更激动人心的大胆的计划，用以实现伦道夫于六个月前在纽约阐明的宗旨："黑人群众必须在这些会议面前勇敢地站起来，对国家和世界大声表达自己的心愿：'我们要自由'。"

5000 游行者，其中的大多数是非裔美国人，但也有相当规模的白人学生队伍，如年轻的汤姆·海登（八个月后，他在芝加哥召开的国家会议门前组织了示威游行），游行者穿过城市街道来到了体育馆，随后的几天那里将召开民主党大会。当肯尼迪出现并宣布他将保证民权运动议程后，会议门前的示威活动成为主要的新闻故事，虽然肯尼迪的话有很大保留成分，以至于听众被记者们形容为"不太热烈"。游行活动造成了很大的影响，当局不得不采取措施，在体育馆门前昼夜警戒，在那里，代表们和电视摄影师出来进去面对的是游行群众，大多数是年轻的活动家，他们唱着运动的歌曲，呼喊着口号，提出要求，最终民主党承诺实行民主。历史学家莫里斯·艾萨曼提到："在民主党召开会议期间，上百的游行者日复一日地进行示威，使代表们、使全国人民都感受到这次运动。"艾萨曼认为，在会议门前举行示威的现代传统就是从这一年的夏天，在洛杉矶的街道上诞生的。"来到洛杉矶的新闻记者认为值得报道的事情只会在会议大厅内，却没想到外面还有更精彩的故事，他们被示威者们的规模和精神所震动。因此，1960 年的示威者重新书写了政治会议的剧本，使政治会议成为政治活动家们把一些重大的事情摆在公众眼前的地方"。

这次大会采纳了一个纲领，即使不是完全遵循，也是大体上按照伦道夫和金制定的议程。最突出的是，代表们甚至认可了静坐示威者的理念，声称："和平示威作为第一类公民权已经在全国的许多地方发生，这对我们来说是一种信号，要求我们更好地为人民做事，最终，为美国宪法的落实提供保障。"

"这一次我们要保证所有地区的所有美国人都得到平等的对待，包括投票亭、教室、工作场所，包括住房上和公共设施上。"会议文献专门用一章来详细阐述民主党的承诺，这在民主党原来的政治纲领中是没有过的。这一文献的结尾处对伦道夫的国际主义和汤姆·佩因关于人的权力的激进观点予以承认：

> 明年1月上任的民主党总统会面临前所未有的挑战。他的政府对世界呈现新的面貌。
>
> 这将是一个勇敢的、自信的、坚定的面貌。我们将从我们党的创始人在独立宣言中所声称的"不言自明"的普遍真理中汲取力量。
>
> 爱默生曾经说人类世界存在着一个永不停止的竞争，这就是希望之党和记忆之党之间的竞争。
>
> 在过去的七年半的时间里，美国被记忆之党所统治，现在记忆之党要靠边休息，从历史中暂时退出。
>
> 作为希望之党，唤醒美国人民的伟大力量是我们的责任，也是我们的机会。
>
> 在这种精神支配下，我们特此再次把我们自己奉献给为人的权力服务的事业中，在美国的任何地方，在上帝的尘世的任何地方。

民主党决议来自一个几乎全是白人出席的会议，而且是在一个选举活动的背景下，民主党为了在选举中赢得非裔美国人的选票，而白人自由主义投票者对民权运动的关注度逐步上升，在这一背景下，人们很容易，事实上最终也确实怀疑由民主党核心人物所提出的承诺只是语言游戏。但是艾萨曼认为，民主党在这次会议上的承诺，加之示威游行对肯尼迪和他的更加自由化的助手的影响，在美国历史上最接近的选举竞争中发挥了重要作用，增加了民主党胜利的筹码：

民主党大会结束了，代表们和示威者都散去了。但是民权运动在民主党大会门前的反抗之全面影响还在持续。在11月选举前的一个月，佐治亚州亚特兰大的一群学生活动者说服金加入他们，共同在一个种族隔离餐馆静坐。他们因扰乱秩序而被逮捕，但是除了金以外，其他人很快被释放。金因组织交通系统罢工而收到传票，佐治亚州当局以违反缓刑期规定为名，急急忙忙地把这位民权运动领袖关进了州监狱。

当金被关进监狱时，无论是肯尼迪，还是他的共和党对手理查德·尼克松最初都没有发表任何评论。自从洛杉矶会议后，肯尼迪就与民权运动保持着一定距离，关于民权运动的言论并非始终如一。肯尼迪的随从人员最不希望的就是这位总统竞选提名人在选举之前做出什么事情，导致民主党在南方白人选民中的传统支持力量丧失。

然而，肯尼迪的几个持不同意见的顾问催促他至少要做出某种姿态，显示出他对金的安全的关心。最终，肯尼迪决定冒险一试，他打电话给金的妻子科丽塔·斯科特·金，表达了他对金的同情。而肯尼迪的哥哥，巴比·肯尼迪成功地对佐治亚州法官施压，使法官下达了释放金的命令。

在选举这一天，黑人投票者给予肯尼迪以回报，有70%的黑人给他投了票，极大地高出在1952年和1956年为民主党候选人所投的票数。毫无疑问，正是黑人的票数使肯尼迪在1960年的险胜选举中成功当选总统。

当然，考虑到政治风险问题，值得思考的是，为什么极端谨慎的肯尼迪在10月份的时候不顾有经验的顾问们的反对，决定帮助金呢？我认为，关于游行和洛杉矶民主党大会门前警戒线的记忆促使肯尼迪关注民权运动，而在此之前，他关注得很少。作为一个成熟的老派政治家，肯尼迪知道要在一个新的政治环境中开展他的政治活动，在这个新的政治环境中，民权运动虽然没有什么政治势力，但是却有着强大的道德呼吁，而这将对国家的政治秩序的制定产生重大影响。

伦道夫知道拥护运动与统治国家不是一回事。虽然肯尼迪在他的政府中安置了一些民权运动的支持者（尤其是年轻的律师，如威廉·范登·赫维尔在罗伯特·F. 肯尼迪领导下的司法部），伦道夫和他的同伴并不期待这个新政府会有什么立竿见影的行动，在一个委员会核心主席职位依然被南方隔离主义者的后代所把持的国会，在亚利桑那州的参议员贝利·高华德领导的一个新共和党右翼声称联邦民权法律是对国家法律的不公正侵犯的时候，来自政府的立竿见影的行动是不可能的。即使是在肯尼迪就任之前，伦道夫就为社会党的1960年秋季号《新美国》杂志写了一篇封面文章（是由哈林顿编辑的），文章认为两个主要党派都不是民权运动的可靠同盟。伦道夫分析说："理想主义和不切实际的幻想不仅发生在会议大厅之内，而且也表现在大厅之外，在那些为求得黑人实现自由而在两次会议前游行的成千上万的民运支持者身上，也能发现理想主义和不切实际的幻想。"

伦道夫认为，不要等待政治家们来采取行动，对工人运动来说，现在是时候该发动"一种身体的和实质性非暴力运动，攻击反动的制度，这是工人运动在它的全盛时期发展出来的策略"。

伦道夫写到了金在南方领导的运动，同时也在文章中勾画了一个最终实现1941年华盛顿游行诺言的计划。

在接下来的三年里，伦道夫和鲁斯丁制定了一个游行的远景，他们希望这次游行能把民权与经济平等联系起来。虽然美国劳工总会与产业劳工组织越来越同情工人运动，但并不同意这次游行。尽管如此，美国汽车工人联合会（由沃尔特·路则，前社会党成员领导）和19世纪50年代被"红色恐怖"的迫害者追踪但最终生存下来的、有影响的当地工人组织，如纽约1199区（由激进主义者李昂·戴维斯领导）和65区（由同样激进的戴维·列维斯顿领导），这些工会组织都充分理解伦道夫他们。因此，这一次，仍然主要是一次非官方的民权组织运动。也就是说，伦道夫对组织运动拥有很大的控制权。正如杰维斯·安德森在他回顾这个导致历史上最重要的民权示威事件的杰作中所说，对于伦道夫想要任命鲁斯丁为游行的主要组织者，全国有色人种促进会的罗伊·威尔金斯感到不满。为平息人们对任命一个前共产主义者，一个在性取向方面不断被人议论的人担任如此重要的职位的担忧，伦道夫同意接受"国家主任"的称号。接着他解释说，这个称号赋予他任命一个组织者的职权，"而且我希望你们能够理解我将任命拜亚特·鲁斯丁"。白宫的助手催促他解除鲁斯丁职位，南卡罗来纳种族隔离主义者斯特罗姆·瑟蒙德在参议院大喊大叫，说游行的领导是一个"共产主义者，一个躲避制裁法案的人，一个同性恋者"，即使在这样的时候，伦道夫仍然坚持自己的任命。他理应如此。在年轻的爱莉诺·凯瑟琳·福尔摩斯，未来国会议员爱莉诺·福尔摩斯·诺顿的帮助下，这次鲁斯丁花了一年的时间精心策划和组织的游行大大超过了人们的预期。

最初的计划是召集十万名群众，于1963年8月28日"为了工作和自由在华盛顿游行"。但没过多久鲁斯丁就认识到，这次游行在结果定位上必须超越1941年那次被取消的游行。事实上，它甚至双倍地超出了1941年的游行，当天的《纽约时报》不仅在社论中，而且在新闻报道中称这次游行"是华盛顿的请愿申诉中最伟大的一次集会"。刚刚上任几个星期的肯尼迪会见了伦道夫，向伦道夫提出建议，认为这次游行没有选择好时间，潜在地威胁到他的立法进程，但他还是在 8 月 28 日的当天晚上宣称："历史上发生过许多游行——为了众多的原因，具有非常不同的特征。当我们的思绪漫步于发生在世界其他地区的示威时，会发现我们的国家有理由为今天发生在这里的游行而感到自豪。"更为重要的是，肯尼迪明确表示赞同为了工作与自由的呼吁，并宣布了他为推动民权立法所做的承诺，以及他所确信的观念："这个国家可以达到一个完全的就业政策之目标，有技能的、受过教育的市民被排除于劳动之外，这是美国再也承担不起的损失。"

在那次游行中，鲁斯丁招募来了超过 2000 多公共汽车、21 辆特型火车、10 架大型客机，对于参与这次不同寻常游行的、上了年纪的美国人来说，关于这次游行的记忆仍然是鲜活的，而且在一些通常被神话了的教科书版本中，这次游行也在某种程度上存在着，但对大多数的美国人来说，这次游行却随着时间的流逝而不断退色了。很多有着良好愿望和信念的善良的市民们，只是知道刚刚领导了佐治亚的"奥尔巴尼运动"和阿拉巴马的伯明翰运动，在去往塞尔曼和孟菲斯的路上，马丁·路德·金为了给听众打气而高呼的话："我有一个梦想"。但是，金并不是 1963 年 8 月 23 日唯一的演讲者。在玛丽安·安德森演唱了国歌后，是 A. 菲利普·伦道夫开启了呼吁进步的事业。伦道夫，这位世界产业工人组织的热情的、年轻的、激进的拥护者和反殖民主义斗争者，这位"最危险的美国黑人"，这位为尤金·维克多·德比竞选总统和"合作联邦"而开展活动的自豪的社会主义者，这位以大规模群众组织和拒绝参军为威胁力量迫使第二次世界大战期间的军事工业取消种族隔离的人，当时发出呼吁，要"为了人类的需求服务，而不是为了利润服务"，宣称"与神圣的人类品格相比，私有财产是第二位的"。现在伦道夫虽然已经是白发苍苍的总统顾问，但依然自称是"激进主义斗士"。

"美国同胞们"，74 岁的伦道夫对聚集的民众说，这种场景正是他若干年前同米尔顿·韦伯斯特一起乘坐火车时所设想的。"我们聚集在这里进行美国历史上最大的示威游行。我们要让美国和世界知道众多人聚集在一起的意义。我们不是压力集团。我们不是群众组织，或者群众组织的集合。我们不是乌合之众。我们是为了工作和自由而开展大规模道德革命的先锋。"

在 25 万群众的欢呼声中，伦道夫继续说：这次革命在美国的大地上回响，它震动了黑人群众受隔离、压迫和剥削的每个城市、城镇和乡村。但是这次民权运动的革命影响并不仅仅局限于黑人，不仅仅局限于民权运动，因为我们的白人同胞们知道，如果我们黑人不自由，他们也不会有自由；而且我们大家都知道，在一个 600 万黑人和白人群众失业、超过 600 万的群众生活在穷困之中的社会，未来是没有的。我们这一次民权革命的目的也不仅仅是通过民权法案。

是的，我们希望所有的公共场所对所有的市民开放，但是对于那些没有能力负担费用的人来说，公共设施的意义并不大。是的，我们希望有一个公平雇用法案，但是它又能为数百万的黑人和白人工人们带来什么好处呢？我们需要一个取消公立学校的隔离政策，但同时我们也需要联邦政府增加对所有形式教育的投入。我们希望有一个遵循道德，致力于政治、经济和人的社会发展的自由民主的社会。现在，我们知道，真正的自由需要国家的政治、社会理念和宪法的众多改变。首先，我们必须摧毁这样的观念，即认为白人的财产权包括因为我的肤色而羞辱我的权力，与人格的神圣性相比，私人财产的神圣性是第二位的。因为我们的先辈们的人格被转变为私有财产，重新确定合理的价值秩序，这一使命就历史地落在了我们黑人的肩上。因为我们是第一批失业的牺牲者，要求一个新的社会规划，去创造充分的就业，去自动地服务于人的需要，而不是服务于利润，这一使命就历史地落在了我们黑人的肩上。今天，黑人站在了社会和种族正义运动的最前沿，因为我们知道我们不能幻想通过旧的、反民主的社会体系和理念去实现我们的愿望，一直以来，旧的社会体系只能使我们的愿望遭受挫折。

在白人工人阶级与少数民族工人阶级的经济关联上，伦道夫一直持谨慎的态度，他告诉听众"寻找医疗保险、提高最低工资、社会保障、政府教育投入方面的阻碍因素，在那里，你们会发现黑人群众的敌人——试图主宰国会的南方民主党和反革命的共和党联盟"。"华盛顿的游行"，他承诺说，"不是我们斗争的最高点，而是一个新的起点，这不仅对于黑人群众而言，而且对于所有渴望自由和过上好生活的美国人来说都是如此。"

在这个历史性的一天即将结束的时候，当伦道夫向听众介绍了金，并对金所宣称的"我们拒绝相信正义的银行倒闭了"表示赞赏，之后，他也把自己雷鸣般的誓言送给了将要回家的听众，"为通过社会正义而达到社会和谐，我愿意奉献我的心灵、我的头脑、我的身体，毫不犹豫，且不考虑任何个人的牺牲"。

伦道夫、金和无数的民权斗士把这种誓言当作是深层次的个人承诺。他们的牺牲是巨大的，但是他们所取得的胜利也是巨大的。这些胜利包括1964年的《民权法案》，1965年的《国家投票法案》，以及任命瑟古德·马歇尔（卧车搬运工的儿子）为美国最高法院的非裔美国人法官，选举比今天的民主党更为倾向自由主义的共和党人爱德华·布鲁克，使之成为政府重组后的第一位非裔美国人参议员。妇女、西班牙裔美国人、残疾人和男女同性恋群体都从成功的、发出"通过社会正义而达到社会和谐"之誓言的民权运动者那里受到了鼓舞。当然，正如伦道夫所说的，游行的目标绝不"仅仅是通过民权立法"，这一运动所要达到的不是法规，它是"一个自由民主的社会，沿着道德的方向为促进人在政治、经济、社会方面的发展而做的努力"。为达到这一目的，伦道夫和金在 20 世纪 60 年代中期，不断地关注和致力于使"国家的政治、社会理念，以及宪法发生众多变化"。

为使民权运动发展为更广泛的经济正义运动，伦道夫思考怎样使民权运动从言辞落实到具体实践中，他与米歇尔·哈林顿合作，在全国进行巡回演讲。当时哈林顿因为出版了《另一个美国》一书，成为了肯尼迪政府顾问团中的一员，为政府发动的"向贫困开战"提供咨询。1966 年春，在约翰逊政府组织召开的"履行这些权力"的会议上，伦道夫概括了自己的计划，"号召自由运动的领导人与经济学家和社会学家面谈，以便制定一个具体的、有证明文件的'自由预算'"。

由前杜鲁门总统的首席经济顾问李昂·H. 凯瑟琳执笔，哈林顿、社会分析学家哈伯特·甘斯，以及几个研究贫困问题的经济学家和社会活动家提供智力支持的"为所有美国人的自由预算"制定出来，预算计划在十年内大约花费 185 美元来终止穷困问题。具体来说，预算提议：

1. 为所有愿意和能够工作的人提供充分就业机会，包括那些需要教育和培训以实现他们的愿望和能力的人。

2. 保证所有工作的人有足够的工资过上体面的生活。

3. 保证那些没有能力或无法工作的人达到体面的生活标准。

4. 清除犹太人贫民窟，为所有的美国人提供体面的住房。

5. 为所有美国人提供他们能够负担得起的体面的医疗保险和足够的受教育机会。

6. 净化我们的空气和水资源，发展我们的交通业和自然资源，以满足我们不断增长的需要。

7. 以可持续的充分的生产和更高的经济增长来整合可持续的充分就业。

"对迄今为止的人类来说，在最富裕和生产力最发达的社会，人们所遭受的贫困的蹂躏应该也必须被消除——不是在遥远的未来，不是在一代的时间内，而是在接下来的十年里。"在高调介绍自由预算时，伦道夫宣称。"悲剧在于，我们的经济在运动中总是使白人穷人和黑人穷人在社会的底层相互竞争。"伦道夫讲话所传达出的信息最终为1984年和1988年杰西·杰克逊牧师所领导的彩虹联盟运动提供了支持。伦道夫认为："如果作为一个国家不能民主地分配我们的富庶，那么所有的美国人都会成为这一失败的牺牲品。因为我们每一个人都直接或间接地受到不断增多的贫民窟、城市的衰退、种族隔离、公立学校过于臃肿、医院状况的恶化、街道的暴力和混乱、闲散和有能力工作的人失业、年轻人的道德败坏等的影响。"

伦道夫和鲁斯丁为自由预算在全国进行演讲，他们的巨大努力得到了200名不同种族的杰出美国人的支持。这些人包括民权运动活动家如诺贝尔和平奖获得者拉尔夫·本奇、全国有色人种协进会的罗伊·韦尔金斯、国家城市联盟的惠特尼·扬牧师、种族平等大会的弗洛伊德·麦卡锡克、活跃的学生非暴力协调委员会主席约翰·刘易斯（未来的国会议员）和年轻的弗农·乔丹，以及先锋派经济学家，如克拉克大学的校长维维安·安德森（研究南方经济状况的杰出学者）、约翰·肯尼斯·加尔布雷斯（刚刚完成在肯尼迪和约翰逊政府的工作，就忙于发展他的"新社会主义"理论，这一理论认为国家应采取措施，以多种经济形式保障社会的"健康和福利"），此外，还包括工会领导如美国联合汽车工会的路则、钢铁工人联合会的主席I. W. 阿贝尔；宗教领导如罗伯特·卓纳（左翼宗教组织的杰出人物，同时也是未来的国会议员）。支持者中甚至还包括一些名人，如本杰明·斯波克博士（著名的牙科医生，极有可能成为当时运动中最杰出的民主社会主义者）。

在纽约发起，被白宫官员认可的"自由预算"赢得了美国人的广泛关注，在这次充满可能性的运动中，那些希望它实现的美国人非常认真地考虑这件事，他们聆听伦道夫的讲话：

> 这个"自由预算"阐明了一个清楚而实际的行动方案，从1967年初开始到1975年，逐步在美国消除穷困。"自由预算"所倡导的计划抨击所有引起穷困的主要因素——失业和不充分就业；不合标准的工资；无能力或无机会工作的人得到的不充足的社会保险和社会福利；恶劣的住房；医疗卫生、教育和培训方面的欠缺；不公平分配财富的财政金融政策。"自由预算"没有任何歧视的空间，因为"自由预算"项目是为所有人，而不是为一些需要更多机会、需要提高工资和生活标准的人提供帮助……
>
> "自由预算"不是理想主义和乌托邦。它是可行的，它是具体的。它涉及金钱和理智。它建立目标和优先秩序。它告诉人们如何达到这些目标。而且它使联邦政府负起领导责任，联邦政府本身就有完成预算的资源。

金是这项计划最热情的倡导者之一，他写了20页的小册子详细介绍这个预算，而且向人们宣扬"解决黑人经济困境的最终办法，就在这项 A. 菲利普·伦道夫制定的'自由预算'这个大规模联邦济贫项目中"。1967年春，也就是金被暗杀的前一年，在纽约的河畔教堂召开了神职人员和相关人士大会，金在这次会议上发表了他第二著名的演讲。河畔教堂的演讲，以其谴责越南战争和广泛批评军事和经济帝国主义而著名，这一演讲令鲁斯丁感到不安。当争论到对外政策时，鲁斯丁对华盛顿的人越来越顺从。金的演讲也令另一位民权运动的领导人伦道夫感到不安。在促进自由预算的初期斗争中，鲁斯丁和伦道夫都竭力维持与约翰逊政府的良好关系，他们响应白宫的外交政策，并使他们自己与年轻和激进的民权运动拥护者保持距离。因为害怕工人阶级的分裂，难以对华盛顿和华尔街提出有效的要求，伦道夫对"黑人权力"的标语感到不舒服，这一点他并不掩饰。一度，尤其是在 1965 年至 1967 年这段时间，新老激进主义者之间的确存在紧张关系。年轻的激进主义者们蔑视地把伦道夫称为"过气的领导"，甚至"汤姆叔叔"。而伦道夫也提到前学生非暴力协调委员会主席斯托克利·卡迈克尔，卡迈克尔推广了"黑人权力"这一标语，而且逐步提高了黑人在美国的地位，伦道夫在提到他时说"他是有斗志、有才华的，但我认为他是错误的"。

然而，到了 1967 年，也就是金发表演讲的那一年，伦道夫自己也越来越对越南战争，以及约翰逊政府在国内发动"消除贫困的战争"的承诺持怀疑态度。而且他也几乎得出与金一样的结论，认为必须努力接触激进分子。1967 年 4 月 15 日，金与卡迈克尔一同出席了在纽约举行的活动，谴责自由预算项目的无所作为。从他的角度，伦道夫最终对《黑檀》杂志的采访者说："我喜欢年轻的黑人激进主义者们，我虽然不同意他们的所有做法，但我理解他们为什么会有反抗的情绪，为什么会诉诸暴力。我自己也曾是一名年轻的黑人激进主义者，一个当年愤怒的年轻人。作为一个社会主义者，一个工会主义的倡导者，一分激进杂志《信使报》的编辑，我不认同任何被树为尊崇的东西，不认同任何属于美国典范和美国体制的东西。我相信旧的政治、经济和社会秩序必须被改变，而且应该立刻改变！"虽然他最终相信了非暴力抵抗，相信抗议的力量"最终"会使社会进步，伦道夫还是提出："虽然在目前，黑人激进主义者和黑人国家主义者立即改变社会的要求不会带来立竿见影的变化，他们的谴责，他们对社会秩序的普遍拒绝还是有价值的，因为这些活动对国家产生了震动，使人们认识到，我们的社会存在着相当大的、对相当一部分群体的不公正，这种不公正必须被改变，而且马上被改变。"在一些年长的民权运动领导者和社会主义者越来越对年轻的左翼有看法的时候，伦道夫却已经开始在两者间搭建桥梁，而且开始关注他所说的"新社会力量"，努力构建一个新的经济秩序。

金始终是伦道夫的朋友和政治上的同盟。伦道夫也认识到，批判把钱花在国外，批判不必要的战争侵占了本该用来消除贫困的钱财，这是对的。而且他禁不住被金在河畔教堂演讲中的部分言辞所打动，这种言辞也是他早年所使用的。"我相信，如果我们是站在世界革命的正确的一边，我们的国家就必须经历一场激进的价值观的革命。"金说："我们必须尽快转变社会发展方向，从'以物为中心'的社会转到'以人为中心的'社会。当机器、计算机，利润算计和财产权被认为比人还重要时，种族主义、物质主义和军国主义这三大怪兽就难以被控制了。"

在争论到经济问题时，金丢掉了所有的顾虑。1965 年，他在美国黑人劳工大会上说："无论称为什么，民主或者民主社会主义，必须有一个更好的分配财富的办法，让这个国家中所有上帝的孩子都能享有。"1967 年，他起草了一个新的报告，其内容正是自由预算的核心。1968 年 2 月，金到密西西比参加"穷人运动"，他计划带领游行者从南方腹地游行到华盛顿，他提出，"把午餐座位放在一起，这不需要花国家一分钱"，"但是现在我们所面临的问题不可能得到解决，如果国家不出大笔资金，不进行重新分配经济权力的激进改革的话"。

金的被暗杀并没有终止自由预算的推进。为贯彻穷人运动，一项新的计划被实施。米歇尔·哈林顿加入巴比·肯尼迪的竞选队伍中，作为来自纽约的参议员，肯尼迪已经同伦道夫讨论过自由预算的问题，而且曾鼓励穷人运动，向玛丽安·赖特（埃德尔曼）提出建议，认为是时候"把穷人运动带到华盛顿了"。肯尼迪的竞选经历了1968年春的动荡，发展为一场群情激奋的改革运动，提出承诺，要使美国的白人工人阶级和黑人工人阶级，亚裔美国人和拉丁美洲美国人都团结一致，联合起来共同构想出一种政治，为所有的美国人而推行自由预算。4月5日，肯尼迪对克利夫兰城市俱乐部发表讲话"论暴力的愚蠢威胁"，他对金被暗杀表示哀悼，认为几小时前发生的这件事震动了美国，而且威胁美国城市的骚乱还在蔓延。但是他安慰和鼓励在场的精英分子，要大家向前看。"还有另一种暴力，虽然缓慢，却像今天晚上发生的枪击和爆炸一样具有致命的破坏性。"这位参议员解释说，"这就是制度的暴力，冷漠、不作为和慢慢地腐败。这种暴力使穷人遭受苦难，毒害人们之间的关系，只是因为他们的肤色不同就彼此伤害。这种缓慢的破坏力表现在儿童忍受饥饿，学校没有书本，住宅里冬天没有暖气。"

如果肯尼迪仍然活着，被提名并且被选举为总统，那么，不难想象，自由预算可能会被实施，而随着自由预算的实施，伦道夫所奋斗的民主社会主义也会得到发展。在肯尼迪被暗杀、当年夏天全国民主党大会内外的异见人士遭到镇压，以及伦道夫的朋友休伯特·汉弗莱竞选失败后，总统的职位落在了共和党人理查德·尼克松的头上，尼克松拒绝自由预算以及整个"为穷人花数十亿美元"的观念。1969年春，伦道夫对《黑檀》杂志承认："在现实地面对这一问题上，政府方面缺乏必要的兴趣。"

这的确是事实。但同样的事实是，A. 菲利普·伦道夫的社会主义信念是坚定的，尤金·维克多·德比、诺尔曼·托马斯、杰西·瓦莱士·胡根、拜亚特·鲁斯丁、杰克·欧戴尔、米歇尔·哈林顿的美国社会主义信念是坚定的，还有其他伦道夫与之一同战斗的人们，数十年间，从伦道夫开始组织奴隶的后代到他坐在白宫，从他被关进克利夫兰的监狱到他站在25万为了自由和工作在华盛顿游行群众的面前，伦道夫和与他一起经历所有这些事件的人们的社会主义信念从来没有动摇。"我始终认为我自己是民主社会主义运动的一部分"，1970年春，当伦道夫接受了社会党名誉主席的任命时这样说道。

社会主义是伦道夫毕生追求的理想，这一理想在半个多世纪前，在他登上黑人居住区街头的社会主义讲台时就伴随着他。

"悲剧在于我们经济的运行方式经常使白人穷人和黑人穷人在社会的底层相对立，悲剧在于只有一代人从穷困中挣扎出来的群体，被穷困的记忆所纠缠，害怕再次陷入贫穷中，千方百计阻挠那些试图向上攀登的人们。"伦道夫为联结种族和经济正义奋斗了一辈子，在生命快接近终点的时候，他向人们说明问题的关键，为的是使所有美国人都能过上好生活。"问题不在于我们是否拥有达到目标的工具，1975年前，我们的经济将达到一万亿美元。问题在于我们是否拥有解决问题的意愿。从现在开始到十年后，我们国家2/5的人是否仍然要生活在贫困和受剥削的状态下？这首先是一个道德问题。而这个问题所牵涉的不仅是几个世纪以来受压迫、剥削、歧视的黑人的命运，而且牵涉到整个国家的命运。"

后　记

"但是民主党左派的政治主张是什么？"

米歇尔·哈林顿的《另一个美国》对肯尼迪和约翰逊政府产生了重大影响，导致了一个好的社会政策……

> ——米歇尔·卡夫曼，"让总统读书的危险"，
>
> 《纽约时报》，1999

社会主义不再是一使人厌烦的糟糕词语。

> ——《商业周刊》，1979

当我们在一个次要的国家，作为次要的人民的时候，我们是不可能对明天感到满意的。

> ——爱德华·肯尼迪参议员，1987

让我来谈一谈流行的说法，人们说我正在转向中间立场，或者说我是摇摆不定的，转向这里，转向那里，或者转向其他什么地方。

> ——贝拉克·奥巴马议员，2008

　　"社会主义"并不是多么负面的事物，"资本主义"也不是
多么正面的事物。

——皮尤大众和媒体研究中心，2010

　　贝拉克·奥巴马就任总统的一年后，保守派政治行动大会的年会
召开，爱荷华州的国会议员斯蒂芬·金成为会议中受欢迎的人物，这
位威胁采取报复行动的共和党右翼分子告诉他的听众："我想要为敌
人下定义。敌人就是自由党们，敌人就是进步党们，敌人就是切·格
瓦拉们，敌人就是卡斯特罗们，敌人就是社会主义者们、葛兰西主义
者们、托洛茨基主义者们、毛主义者们、斯大林主义者们、列宁主义
者们、马克思主义者们，他们都是我们的敌人。我还落下了谁？我接
下来提到的这个你们看怎么样，民主社会主义者？而我要请你们登录
http://dsausa.org 网站，到那里去看看，看看你们会发现什么。美
国的民主社会主义者，他们是社会主义者，那里有一个通盘计划，那
个计划看起来让人怀疑是总统奥巴马的计划。"如果说金谈到切·格
瓦拉和民主社会主义时，并没有使保守派政治行动大会的出席者们群
情激奋，那么可以说，前国会议员纽特·金里奇却做到了，他提出警
告说："我们现在处于能否拯救美国的斗争中。我相信激进的左翼是
牧师，社会主义的机器如此致力于摧毁美国的价值观，如果它依然为
所欲为，且权力在握的话……社会主义的机器将威胁美国的存在，使
之不能再作为一个繁荣、健康的国家。"

　　但是，当美国的保守派们聚集在首都开会时，真正让他们激动的
还是一份来自"敌方"阵线的"调查"报告。

　　在对"奥巴马计划"这一可疑的社会主义纲领大加批判之前，
为了消磨时间，保守派活动家和电台谈话节目主持人罗伯·波特参观
了奥巴马的白宫。

　　很快，"北达科他州的开发商最受欢迎的政治博客"就报告了一个潜伏在白宫书架上的社会主义的威胁。

　　"在白宫参观的一站（顺便说一下，这也是最精彩的一站）是白宫的图书馆"，北达科他州的开发商在这个爱贴标签的"说出一切"的博客上解释说，"现在，根据引导我们参观的导游说，这个图书馆中的书是由第一夫人米歇尔·奥巴马挑选的。作为一个爱书的人，我开始仔细观看书架上摆着的书……而且把它们用摄像机拍下来……"

　　波特在网上贴了一张照片，他在照片旁边注明，"照片为证：米歇尔·奥巴马在白宫图书馆保存社会主义的书"。

　　一个很拥挤的书架上，在关于政党组织的书中，陈列着《美国社会主义运动 1897 ~ 1912》(*The American Socialist Movement 1897 – 1912*，是一部史诗巨著，写的是关于打造了社会主义运动的早期美国斗争故事，作者是艾尔·卡普内斯，一个杰出的折中主义历史学家，后来成为一个公司律师）。还有《美国的社会党》（*The Socialist Party of America*，根据 Conservapedia. com 网站的评论，这是大卫·西蒙的"标准的学术历史"）。在"社会主义书籍"旁边陈列的是内森·格莱泽的《美国共产主义的社会基础》（格莱泽被认为是新保守主义的知识分子教父，这一点并不要紧）。

　　麻烦吗？也许对忽略它们的美国人来说，象征着社会主义者潜伏在奥巴马的白宫中的书籍没什么大不了，但是波特担忧地说："然而想想在这样的背景下值不值得忧虑？安妮塔·顿说毛主席是她最喜欢的政治哲学家，毛的装饰物被挂在了白宫圣诞树上，再想想奥巴马的政治经济政策，如果受社会主义的影响会怎么样？"

　　不管怎样，右翼博客空间确实有麻烦了，陷入一片混乱之中。波特博客的点击率在网上以火箭般的速度上升，而且发展成为广播谈话节目最热闹的焦点，当然，目前右翼的潜台词是："瞧瞧，我们告诉过你们！奥巴马确实是异族候选人，而现在第一夫人正在把白宫的图书馆变成一个宣传社会主义的工厂。"

"米歇尔·奥巴马把社会主义书籍当作白宫的藏书"，http://www.freerepublic.com 网站上出现了这样的标题，这个标题之下是一些评论者发出的空洞而矫情的议论，"我们都知道，她和她的丈夫是 21 世纪的朱利叶斯和埃塞尔·卢森堡"。"全美博客使用者"大概是挑起眉毛在追问："我怀疑那些嘲笑保守派把奥巴马当作社会主义者的人是否还会觉得这很有趣？"

《华盛顿邮报》声称，"社会主义书籍"的丑闻已经点燃了一场"博客大火"，而《纽约》杂志则以嘲讽的口吻说："保守派博客今天制造一场集体高潮，因为一条来自 http://sayanythingblog.com 的博客发布了一个白宫有社会主义旧书籍的图片，据导游说，这是米歇尔·奥巴马收藏的。当然，这意味着每当奥巴马思考重要政策时，他都要去图书馆，拿出布满灰尘的《美国社会主义运动 1897～1912》，用这本书帮助自己想出最佳的社会主义政策。"

这一事件的报道读起来像是笑料。但是在这场大火快熄灭的时候，评论者们又增加了额外的评论，认为奥巴马夫妇意识形态和思想观念不是凭空而来的，他们追问道："如果没有一些书面指导，他们怎么能从根本上改变美国人的喜好呢？""了解你的敌人！""自由共和党"评论员在议论这些书时咆哮着。

接下来一个不祥的结论是："奥巴马夫妇相信共产党（社会主义）的书籍"。

而通过他们的书可以顺藤摸瓜地知道他们所相信的共产党！

但事情也许并非如此。

被白宫书籍事件所激励，文字编辑们开始调查这件让右翼人士大费口水的共产党搜索事件。

　　"唯一的问题是，波特拍摄的这些书自从 1963 年就在这个图书馆了"，《华盛顿邮报》解释说。"这个图书馆是罗斯福就任总统的时候建立的。1961 年，第一夫人杰奎琳·肯尼迪请耶鲁大学的图书馆长詹姆斯·T. 巴布来指导一个工作小组，白宫图书馆的书就是那时选定的。1963 年，1780 本书就被放在了书架上。"《基督教科学箴言报》一位有趣的编辑马里乔·克贺详细地转述了网上的博客论文"章节与诗篇"："显然，迄今为止这些书已经静静地待在白宫几十年了，历经罗纳德·里根、乔治·H. W. 布什和乔治·W. 布什几届政府。"

　　但是最有洞见的评论来自于近五十年前，图书馆长詹姆斯·巴布的一份图书收集说明，这是在他用了一年的时间来完成这个收集图书的任务后所写的，当时有一个小组作为他的助手，成员包括托马斯·杰斐逊和约翰·亚当斯的论文编辑，还有一个年轻的白宫助手和历史学家亚瑟·施勒辛格牧师。

　　巴布解释了收集这些书的宏伟抱负，"我们有意收集这些能够代表美国历史和文化的书籍，主要是为了让人们能够理解我们国家所经历的事情"。

　　即使是在冷战的阴影下，在古巴导弹危机时期，在法兰克·西纳特拉和珍妮特·利刚刚拍摄了《满洲候选人》的时候，人们仍然认为在白宫图书馆收藏这些书，对在美国历史上发挥重要作用的社会党和社会主义思想家表达敬意，无论从历史上说，还是从文化上看，都是正确的。总统肯尼迪是某种程度上持不同政见的学者，他是获得普利策奖的图书《勇气面面观》（肯尼迪在泰德·索伦森和其他人的帮助下写成）一书的作者，也是提名最伟大的五个参议员之一——罗伯特·M. 拉裴特作为议会最激进的校友（而且也是在社会党的认同下竞选总统的人）的委员会主席。

　　肯尼迪为人处世足够圆熟，即使在冷战时期，他也可以轻松的方式拿卡尔·马克思开玩笑，既能显示出自己的理性又能显示出自己的知识。1957年，这位未来的总统在海外新闻协会的年度颁奖晚宴上发表讲话时说：

> 我对众多的海外记者又多了一份尊重，因为《美国遗产》第四期透露了一则信息，1851年，霍勒斯·格里利主编的《纽约论坛报》雇用了一个名不见经传的记者作为它的伦敦通讯员，名叫卡尔·马克思。（从一些存档的马克思的文章看，似乎是他的朋友和资助者弗里德里希·恩格斯所写的，但是这种行为在今天的海外记者中被认为是很不光彩的，就像在现在的政治家中同样被认为是很不光彩的一样。）
>
> 无论如何，我们知道通讯员马克思，当时一文不名，还有生病的和营养不良的家人需要供养，他经常不断地向格里利和执行编辑查尔斯·达内要求提高他每月五美元的丰厚工资，这一工资被他和恩格斯毫不感激地称为是"最糟糕的小资产阶级的欺骗"。当他的所有金钱方面的要求被拒绝后，马克思寻找其他的可以养家糊口和成名成家的方式，最终他终止了与《纽约论坛报》的关系，把他的才智全部都用在了他的事业上，为列宁主义、斯大林主义、革命和冷战播下了种子。如果这份纽约的资产阶级报纸对他好一点，如果马克思一直作一个海外通讯员，那么历史可能会重新改写，今天我们的税收可能会降低一些。我希望所有的出版商都能接受这一教训，下一次当他们收到一个海外被贫穷所困的记者提出加薪要求时，要尽量满足他们的要求，否则得不偿失。

也许正是《纽约论坛报》使马克思成为一个研究资产阶级剥削的专家，因为他曾对恩格斯抱怨吵嚷，用一种与有绅士传统的海外记者身份不相称的语言，说《纽约论坛报》是由"糟糕的废物"格里利和达内所办的"糟糕的废品"，剥削恩格斯和他自己就像对待"救济院的乞丐"。

　　上述讲话发表前，也就是约翰·麦卡锡去世后的第四天，肯尼迪发布了公告，说他准备建议放松对美国与社会主义国家之间关系的管制，如波兰。他解释说："我国对外经济政策的基本规则只承认世界上有两类国家：一类国家被苏联和世界共产主义运动所主宰和控制，另一类国家是我们的'友好国家'。我认为除了这种黑白分明的定义外，还有更多的灰色地带，不是黑与白所能涵盖的，有一些国家，如波兰，可能不是我们的盟友，或者友邦，但是至少它现在开始从苏联主宰的区域往外移动了。我建议我们的对外政策也相应地进行修改……"

　　肯尼迪不是"赤色分子"，尽管约翰·伯奇协会声称他是，20世纪50年代晚期和60年代早期的著名共和党人和保守派评论员谴责肯尼迪是"赤色分子"，这是一种修辞上夸张的说法，但现在这已经成为美国国会和参议院共和党领导们的通用语。事实上，肯尼迪只是比其他民主党与被迫害的"赤色分子"更接近一些；他与麦卡锡的关系相当好，而且巧妙地避免了站在反对麦卡锡的立场上，当时其他参议员都开始谴责政治恐怖统治的不公正与破坏性，这是来自威斯康星的参议员麦卡锡在冷战的早期所促成的。没有人比前第一夫人、自由民主党的伟大女性——埃莉诺·罗斯福对肯尼迪的妥协更反感的了，她在1958年写道：

　　在参议员埃斯蒂斯·基福弗和参议员约翰·肯尼迪为副总统提名的竞争正激烈的时刻，肯尼迪的一个朋友来找我，请求我支持肯尼迪。我回答我恐怕做不到，因为肯尼迪参议员对是否调查麦卡锡的事情不做表态。议会谴责麦卡锡的时候，肯尼迪正在医院中，人们当然不知道他是什么态度，但是后来，他出院返回议会后，记者问他是赞同还是反对，他并没有明确表达自己对麦卡锡主义的意见。

"哦，那是很久以前的事了"，肯尼迪的朋友对我说。"他在医院不能投票，而且那已经是过去的事情了，这与现在已经没有什么关系了。"

我的回答是这件事与现在有关系。"我认为在麦卡锡主义的问题上，政府官员必须表明和坚持自己的立场"，我又补充说，"我现在仍然没有听到肯尼迪表达他的看法，如果把政治权力交给一个在这件事上不表态的人，我怀疑我们国家的未来会怎样。"

后来，参议员肯尼迪来找我，我把自己的观点原封不动地告诉了他。他回答的也不过是曾经对记者说过的话，说对麦卡锡的谴责已经是"很久以前的事了"，不会对现状产生什么影响。但他并没有说明他对麦卡锡事件如何看待，而我也没有支持他。

罗斯福夫人在 1960 年继续拒绝支持肯尼迪，以至于在当年的民主党全国大会上，她敦促大会重新提名阿德莱·史蒂文森为副总统竞选人，并表达了自己的担忧，认为肯尼迪可能缺乏必要的勇气和经验来保护国内的公民自由，建立"新的对外关系政策"，这些在她看来都是事关重大的问题。从那个时代的事实看，第一夫人的担忧是正确的。肯尼迪可能在用词上不那么强硬，但他仍然是一个非常强硬的冷战斗士，在对拉丁美洲、亚洲、非洲和中东的关系上，他所拥护的政策既是不必要的，也是站不住脚的。我们不应该忘记，正是在肯尼迪任职之际，纳尔逊·曼德拉因为支持工人罢工而被逮捕、审讯、判刑和投入监狱，而美国政府依然与南非的种族隔离政府当局保持密切的关系，仅仅因为它是反共产主义的。而在越南战争问题上，肯尼迪增加了美国的军事力量，把顾问人数从艾森豪威尔末期的 900 人提高到 1963 年的 16000 人。

当然，在冷战中期，当苏联成了一个拥有野心的真正的超级大国，肯尼迪也顺应形势在不同的共产主义之间、共产主义和社会主义之间，以及社会主义之间划分界限，划出了一个"灰色地带"，明确地使之成为一种世界观，并以之为指导来制定国内的政策。他甚至还开马克思的玩笑。

然而，半个世纪后，当冷战结束和苏联解体，《经济学家》杂志推崇"经济学家马克思"的时候，美国却出现更多强烈指责的声音，指责社会主义、福利国家、反殖民主义和"社会正义"的危险倾向，这种指责比当初约翰·布奇协会谴责肯尼迪还要强烈。唯一不同的是 50 年前布奇的幻觉现在弥漫到了共和党领导人所把持的国会中，而且这种幻觉为夸张的电台和电视节目提供了潜台词，主流新闻媒体全天候地在全世界争论这些问题，但却很少花费精力使这种争论更有意义。

如果约翰·麦卡锡或者年轻的理查德·尼克松在现在的政治舞台登场，他们或者找到了用武之地。但他们可能还是会遭受现在的共和党和他们的媒体回声虫的批判，因为他们对大政府路线太过温和、太多同情。

这样评价我们的时代是否过于负面？

让我们来看看是不是这样。

假设贝拉克·奥巴马准备提议与委内瑞拉的乌戈·查韦斯、玻利维亚的埃沃·莫拉莱斯或者古巴的劳尔·卡斯特罗建立良好关系，在此之前又发表了关于马克思和恩格斯的诙谐反思的演讲，那么，这就不是福克斯新闻和拉什·林堡经典的"我告诉过你"秀忙一天的事情了。这件事引起的轩然大波可能会在所谓主流媒体中持续几天，或者几个星期，这些媒体越来越多地在右翼博客和广播员那里寻找新闻线索，如 2009 年关于橡树的"争论"，2010 年关于农业部助手雪莉·施罗德的争论。这些争论无疑表明，关于奥巴马是否是"秘密社会主义者"，"一个社会主义的同情者"，或者一个真实的后冷战时代的"异族候选人"的猜测确实构成了打击，打击了我们对奥巴马的印象。我们知道会这样，因为主流媒体编造出"奥巴马正在把我们带到社会主义道路上"的故事，而且已经到了荒唐的程度。在医疗改革的争论中，以前的市民不需要去听林堡秀或者看福克斯的电视，而我们却不得不被这些媒体所包围，满耳听到的，满眼看到的都是共和党国会核心成员及其评论队伍中的主要发言人的担忧和谴责，担忧在某个地方潜藏着某个计划，是用已有的条件来帮助人们实施斯大林式的规划。

对"社会主义"这个词如此敏感的共和党侦探们想要阻止奥巴马成为总统，当奥巴马成为总统后，他们又想阻止总统工作做得出色，他们在奥巴马任职期间编造了一个"爱丽丝奇幻之境"，其中社会主义在美国比 1/4 世纪中的任何时刻都更多地被政治领导人所讨论，但却更少地被他们所拥护。

这 1/4 世纪虽然只是一个大致的估计，但却是一个很重要的阶段。时间追溯到半个世纪之前，你将发现，社会主义在当时既被人们讨论，也被人们拥护，至少共和党和民主党都对社会主义持尊重态度。1960 年总统选举后，在纽约举办了一个论坛，共和党参议员雅各布·贾维茨热诚地与诺尔曼·托马斯讨论选举结果，托马斯无疑是美国最杰出的社会主义者。几乎是在同时，前共和党总统候选人阿尔夫·兰登加入了埃莉诺·罗斯福和托马斯的队伍，致力于裁军这些重大事情。当经济学家约翰·加尔布雷斯不再写轻松的文章，评论马克思通过对资本主义的理解而为经济学作出的贡献，或者不再提议为计划经济引入"新社会主义"模式的时候，他转而为林登·约翰逊写演讲稿，并且接受了约翰·肯尼迪和林登·约翰逊政府的任命，出任驻印度大使。在米歇尔·哈林顿最终完成了《另一个美国》的写作后，1963 年 1 月，肯尼迪总统在《纽约客》中看见了怀特·麦克唐纳对本书高度评价的书评（实际上是庆祝这本书的出版），尽管人们对这本书有争议，认为它在论述穷人生活的时候，统计与文学描述都存在问题。肯尼迪把经济顾问委员会的沃尔特·赫勒叫到了总统办公室，向他咨询，难道真的有"另一个美国"，其中成千上万的美国人生活在"不可见的穷困"中吗？政府可以采取什么行动来解决他们的穷困问题吗？在广泛和难以克服的不平等面前，怎样才能打造一个全面履行诺言的共和政体？为回答总统的这些问题，赫勒为肯尼迪找来了一本哈林顿的书。正如这本书的作者若干年后仍然充满惊异之情所回顾的，"在那之后不久，肯尼迪决定把消除贫困作为国内政治的一个主要目标"。

30 年后，米歇尔·考夫曼在《纽约时报》中称："米歇尔·哈林顿的《另一个美国》对肯尼迪和约翰逊政府产生了重大影响，导致了一个伟大社会的政治……"

哈林顿被邀请到白宫，开始出入由萨吉特·施赖弗所领导的"消除贫困战争"这一核心圈子，为他们提出建议，当然这些建议比最终实施的要更为大胆，同时也为至少两届总统任期提供了国内开拓性政策的主要纲领。林登·约翰逊第一次国情咨文的主要亮点是以总统的身份表达了团结美国人的愿望，这些美国人"生活在希望的边缘，一些人是因为他们的贫穷，一些人是因为他们的肤色，而大多数人既因为贫穷也因为肤色"。

约翰逊为美国的词典增添了新的内容，他宣布，"本届政府在今天，此时此地，宣布在美国开展一场无条件的消除贫困的战争。"有庞大的预算作后盾，有国会的支持和总统的赞同，施赖弗建立了一个经济机会办公室，《时代》杂志将其描述为"直接继承了新政的公共事业振兴署的精神"。哈林顿既是这个办公室的内部顾问，也是其外部批评者，他用备忘录记录应该做的事情，对于没有做的，他就让《纽约时报》用大标题登出来。毫无疑问，哈林顿的语言，一种根植于过去的社会主义理想和现在的社会民主党方案的语言，在白宫得到了响应。为表明自己解决贫困问题的决心，施赖弗对美国人说："如果人们不能得到平等的机会，要彻底消除贫困这种文明社会的现象是不可能的。我们所要实施的计划是要永久地减轻使穷人始终处于贫穷地位的状况。"

在白宫的经历对哈林顿来说是令人兴奋的，而且对他25年的政治生活都有影响。作为一个年轻的社会党的"剩余中的剩余"成员，哈林顿被一些社会党员看作是在思想、意识和风格上的托马斯的继承者。但是哈林顿承认他和其他的社会主义者，如 A. 菲利普·伦道夫和拜亚特·鲁斯丁，不仅赢得了权势的注意，而且事实上影响了政治议程，这让他不禁追问，站在政治权力的一边发出呼吁，这种方式是否还有必要，或者说是否是明智的。在哈林顿看来，经济和社会领域的非正义是资本主义的副产品，解决这些问题是必要的，哈林顿仍然希望大声地、勇敢地、义无反顾地发出呼吁。但是他也开始认识到，被自由主义者已经打开了一半的门可以被社会主义者完全打开。

哈林顿相信在民主党内或者在政治进程中，实行根本性的改变是可能的，一些有头脑的人会怀疑哈林顿的想法是否正确，事实上确实有很多社会党人对他持怀疑态度。20世纪60年代到70年代，哈林顿打出了"民主社会主义"这一响亮的招牌，强调政党和选举，与劳工和民权运动一道，促进一种混合制经济的发展，这种经济包括充满活力的政治体制，对主要工业实行公有制经济体制，同时也对很多私营企业实行公有制，但却被当时的大多数"左派"拒绝了。虽然哈林顿还是一个年轻人，他却与争取民主社会的学生组织和更为激进的组织的领导产生了矛盾和争论，这些争论留下了关于选举政治的局限性、改革运动、资本主义改革的前景等方面的丰富材料。

从今天来看，哈林顿的行动主义（对民主党的"新政"的批判，认为"公平交易"和"伟大社会"的规划太软弱，没有力度）似乎是激进的，而他所试图要去施行的看起来更为激进。但事实上，与同时期许多其他西方民主党策划的行动相比，哈林顿主张的行动还属于温和的类型。当然，它折射出公共话语在今天缩小到怎样的程度，以及它在过去几十年里的衰落。今天很难想象哪一个自称为社会主义者的人像哈林顿那样致力于如此有影响的事件。这一点应该使每个美国人都感到惭愧，无论他们的思想观念如何，因为我们国家的选择范围比过去缩小了，而哈林顿在20世纪70年代和80年代早期所做的正是扩大这些选择。

由于20世纪60年代的无限乐观主义让位于20世纪70年代的有限乐观主义，哈林顿提出一种观念，认为社会主义者的位置在民主党之内——不是在其之外进行教育运动，而是在其之内，参与总统和议员的选举、参与主要事件的评判、参与会议的召开、支持最进步的竞争者、参与政治纲领的争论，在更广泛的意义上定义"左派的可能性"。在那个时代，无论从美国看，还是从国际上看，可能性似乎更大。一直被美国媒体描述为"肯尼迪式的"一代新的民主社会主义领导走上了世界舞台，把旧的运动更新为面向未来的新运动。从英国到德国，从瑞典到澳大利亚，从哥斯达黎加到牙买加，他们赢得了选举。他们激发了社会主义歌曲的创作，如马克斯·罗密欧的牙买加歌曲"社会主义就是爱"和维克多·哈拉的智利歌曲"拉布拉多三重奏"，那个时代被学生领袖塔里克·阿里称为"整个文化都被激进化了……"。一些杰出的新一代社会主义者甚至接受过美国教育，如瑞典首相奥洛夫·帕尔梅，在他的国家进行了民主社会主义尝试，对寻求民主社会主义的改革者来说，瑞典就是民主社会主义在发达西方国家的典范，我的同事罗伯特·W. 麦克切斯尼在他与约翰·贝拉米·福斯特合写的文章中，将其称为"理想世界"。考察了资本主义面临的挑战和缺陷，麦克切斯尼和福斯特在他们对当代社会进行深刻分析的文章中提出"资本主义，一种荒唐的制度"，毋庸置疑，"在战后的几十年里相当繁荣的瑞典，从许多方面看，是一个令人羡慕的社会。它所拥有的高度的经济平等，以及高工资、优越的社会规划和先进的税收，这些是资本主义社会望尘莫及的。瑞典为人们提供高水准的普遍的医疗保障和直到大学的免费教育。继傅立叶之后，被马克思描述为是衡量人类进步尺度的妇女的地位，在瑞典比同时期的大多数资本主义社会要高"。

这个"令人羡慕的社会"，加之它有一个碰巧会说一口流利的英语的首相，成为一个参照点，那些美国社会主义者通过这个参照点来寻求增强战后劳工运动的力量，兴起民权运动，开展消除贫困的战争，实施政治和意识形态的重新组合。在国际社会主义者圈子中活动的哈林顿被人们视为有野心的年轻自由主义者而予以原谅，如纽约市长约翰·林赛，或者纽约参议员罗伯特·F. 肯尼迪。哈林顿从他的朋友，赞赏帕尔梅的维利·勃兰特那里借用了一系列思想，如工业政治和土地使用改革、教育和住房、交通和环境保护、公司和国家等方面，开始构想美国的民主社会主义前景。肯尼迪等人对哈林顿持友好和欢迎态度，接纳他作为一个政治书呆子和战略家加入他们的活动阵营；而泰德·肯尼迪则公开称赞他为英雄，"就我所知，在让更多的美国人有更多的理由感到不安这方面，他超过了任何人"。

　　然而，哈林顿从来也没有对巴布或泰德·肯尼迪感到满意，他们不是合格的民主社会主义者，更谈不上是传统意义上的社会主义者了。即使是乔治·麦克葛文也达不到民主社会主义的标准，虽然在他的晚年，这位美国民主社会主义的领导对杰西·杰克逊牧师和彩虹联盟颇感兴趣。当然，哈林顿不满意的重点不是针对个人，而是针对整体过程。哈林顿认为，自从共和党丧失了真正的自由共和精神后，对意识形态投入关注的民主党领导人，如市长约翰·林塞和密歇根州国会议员（未来的参议员）唐·瑞格尔，应该把其雄心勃勃的自由主义当作通往民主社会主义的一个中间站。他甚至建议自由主义者，尤其是新政及其后的社会主义者，在美国建立一个"不标出名字的民主社会主义"。哈林顿的这个建议被劳工历史学家约书亚·弗里曼在他的著作《纽约的工人阶级：二战后的生活和工作》中得以进一步阐述和发展，这本书描述了 20 世纪的自由主义改革者和激进主义者在美国的大城市建立类似于民主社会主义社会的过程。哈林顿很欣赏弗里曼的著作，不仅因为它的结论，而且因为它承认这一前景，即自由主义者，甚至包括自由的共和党人可以与社会主义者致力于同样的事业。正如哈林顿的朋友和盟友欧文·豪所说的（在他对《另一个美国》出版 30 年后再版的介绍中），哈林顿开始相信："自由主义者和社会主义者可以和谐一致地努力，来实施正直的人们都会同意的改革。"更为重要的是，哈林顿认为，这些举措可以建立一个解决贫困的政府规划和社会投入框架，"尽管"在初期，他们只能"以改革的方式"来做。

　　为达到这一目的，20 世纪 70 年代早期，哈林顿离开了老的、明显总是处于争吵之中且具有反共产主义特征的社会党。老的社会党中

对共产主义的反对如此之深以至于它的领导人在越南战争的愚蠢已经
暴露很久后，仍然为越南战争辩护。离开老的社会党后，哈林顿与更
多的人共事，在他的共事圈子中既有老同事也有新盟友，包括自由主
义批评家豪，进步教育改革家黛博拉·梅尔，社会学家博格丹·丹尼
斯，劳工领袖如机械师工会的威廉姆·温普辛格和美国汽车联合会的
维克多·路则，加利福尼亚的议员（未来的奥克兰市长）莱恩·德
鲁姆斯，圣弗兰西斯克的领导人和全国著名的同性恋权力运动领导人
亨利·贝瑞特，女性主义作家和组织者葛罗莉亚·斯坦能，以及演员
爱德华·艾斯纳，这些人共同建立了民主社会主义组织委员会，随之
而来的是新美国运动——美国民主社会主义者运动。为建立一个具有
广泛基础的运动，使自由主义者和民主社会主义者能够合作，哈林顿
不知疲倦地努力着，虽然最终他们并不总是拥有共同的目的。"民主
社会主义者设想建立了一个人道的社会秩序，建立在对资源和生产公
有制的基础上，实行计划经济……保证绝对的平等。我赞同与自由主
义者在这个国家马上实施这一计划，因为最好的自由主义导向社会主
义。"哈林顿解释说，"我希望站在可能的左派一边。"使民主社会主
义组织委员会为人所知的是它在民主党内的重要程度，尤其是它在
"民主议程"这一保护伞下，联合重要的劳工工会，如汽车工人联合
会、国际机械师协会、美国州县和市政联合会员工会，成为民主党内
的重要力量。

　　民主社会主义组织委员会的"民主'76'计划"和接下来的民
主议程方案，聚集了一批杰出的青年组织者，得到了他们的帮助，如
马里乔·法夫·格勒曼和杰克·克拉克，他们响应哈林顿的主张，提
出："仅有抽象的权力是不够的。"哈林顿已经对抽象的权力感到厌
倦，他在《纽约时报》中写下了以下一些论断，认为重要的不是"在
偶尔的宴会中庆祝仪式性的社会主义"，而是使20世纪60年代的新

左翼和老左翼结合起来，在民主党内，使劳工运动成为"统一的自由左派运动"，而不再使民主党作为"罗斯福的党"，使之"超越新政和公平交易，建设一个新境界和伟大的社会"。

"民主党左派的行动方案和观点已经很清楚了，但是民主党左派的政治是什么？"哈林顿追问道，这些青年组织者接下来的回答是："我们相信现实主义的左派就在今天的民主党中。在民主党中，呼吁社会改革的民众力量聚集起来，在民主党中，建立一个美国新第一党的可能性已经存在。"

尽管哈林顿可能没有完全认识到他所作的类比的意义，但是，左派在民主党的策略正如开始为人们所认识的"新右派"在共和党中的策略一样，它们的成员出现在政治纲领委员会和社会运动中，其作用不容忽视，并最终进入了国会领导和内阁助手的层面。哈林顿开始了改革民主党的进程，在民主党 200 周年纪念会上，他发表了演讲，题目是"挑战托利派：希望的政治与恐惧的政治"，并提出了改革民主党的新任务。前佐治亚州州长吉米·卡特并不是哈林顿在 1976 年民主党提名的第一、第二、第三号人选，但是副总统提名人，明尼苏达州的参议员华特·曼德尔是一个坚定的自由主义者，而那年夏天在纽约麦迪逊花园广场召开的民主党全国大会上，关于政治纲领的斗争似乎证明了哈林顿的观点，那就是有组织的左派可以在民主党内发挥重大作用。"卡特授意他的代表，纲领委员会的乔·达菲，去做符合民主党党团会议议程的事情。"哈林顿的传记作者莫里斯·伊瑟尔曼回忆说，"结果，民主党所采纳的运动纲领完全支持充分就业立法和国民医疗保险，同时还许诺限制军事花费和核武器的发展，在米歇尔看来，这'或许是民主党历史上最能体现自由主义的纲领'。"

当然，卡特可能不是民主党历史上最具自由主义精神的总统。到了 1977 年夏天，民主党议会与隶属于工会的工人联合起来给新政府施压，使其支持由明尼苏达州参议员休伯特·汉弗莱和加利福尼亚国会议员奥古斯都·霍金斯提出的充分就业立法。民主社会主义组织委员会与主要工会领导的关系如此紧密，以至于《商业周刊》很快就报道："社会主义对工人来说不再是一个讨厌的词语。"民主议程会议举行的大厅里，聚集了2000多个活动家。那个时代的敏锐观察家哈罗德·梅尔森认为，1977年在纽约召开的最大的一次民主议程会议"是美国自由主义的里程碑，主要原因在于它所标示的战略性和解。这次会议标志着两次左翼运动领导的大融合，第一次发生于20世纪30年代，是进步工会的左翼运动；第二次发生在20世纪60年代，是女权、民权和环保的左翼运动"。

1978年12月，在孟菲斯举行的民主党中期大会召开前，民主议程的组织活动引起了巨大的轰动，以至于国家级媒体对这次活动进行了激动人心的报道，《纽约时报》将之描述为"事关总统信心的虚拟投票"。虽然关于民主党前进方向的会议记录写的是卡特和泰德·肯尼迪之间的竞争，但白宫发言人乔迪·鲍威尔却告诉记者："这次在孟菲斯出现的争论并不是总统和参议员肯尼迪之间的争论，而是政府和民主议会之间的争论。"

根据正式的民主程序——这是20世纪60年代晚期和70年代初期提出的扩大民主党的改革的一部分，40%的会议代表支持民主议程决议，呼吁公共权力的规范化行使，反对石油和天然气公司在经济和环境方面的过度消费，在国民医疗保险方面的不足，反对一方面削减社会服务方面的支出，另一方面却增加五角大楼的经费投入。在这次会议上，卡特政府及其领导人，包括年轻的律师希拉里·罗德姆被投票场景所震惊，当肯尼迪提出"医疗保险是权力而不是特权"时，会议代表长时间地起立为他鼓掌。会议召开后不到一月的时间里，白宫撤销了削减医疗保险支出的计划，《时代周刊》认为，"肯尼迪和其他民主党自由派人士所施加的政治压力在恢复医疗保险方面发挥了很大的作用。这种影响也显见于其他涉及公共预算的社会规划上。"

　　对哈林顿，以及民主社会主义组织委员会和广大的民主议程运动组织者来说，这种影响就是民主党可以在改革中前进的证明。他们希望把民主党进一步推向前。"在孟菲斯"，梅尔森多年后回忆说，"卡特发表的演讲没什么特色，反响平平，而肯尼迪以极大的热情为全民医疗保险呼吁，给与会代表以巨大的鼓舞，代表们起立为他鼓掌，持续有两分钟之久，肯尼迪的声音如此响亮，以至于在掌声的喧嚣声中也能清楚地听到他的精彩结尾。这次演讲为肯尼迪挑战卡特奠定了基础，制造了声势。"1980年肯尼迪的竞选得到了哈林顿和他的一些盟友的提前的和热情的支持，但是肯尼迪的竞选结果一团糟，而左派也分裂了。汤姆·海登，在20世纪60年代早期曾与哈林顿就意识形态和策略问题发生争吵，现在却与哈林顿站在了同一立场，意识到以政治组织对抗公司权力的必要性，他在加利福尼亚组织了一个经济民主运动，支持加利福尼亚州长杰里·布莱恩参加初期的总统竞选。社会主义者巴里·康芒纳以公民党的名义发动了一个相当高调的总统竞选活动，从许多方面来看，这一活动可以看作是25年后的绿党的前身。而伊利诺伊的国会议员约翰·安德森以一个理性的自由主义总统候选人的身份竞选共和党的提名人，同时，他还以独立合伙人的身份与前威斯康星州长帕特里克·露西一起参加秋季竞选，露西是肯尼迪的同盟，他们的竞选所传达的改革信息吸引了大学生和年轻教授们。

　　1980年的总统选举季对民主党，同时也对广义的进步运动来说，是一场灾难。哈林顿没有充分认识到他在与时间赛跑。当他与他的同事奋力使民主党向左转的同时，新时代、新世纪提出的挑战也需要同等的重视，得到更好资助的保守派运动同样如火如荼，而且更加成功地使共和党向右转。罗纳德·里根在1981年1月当选了总统，民主党不得不靠边站。为了防止未来的政治斗争，民主党中期会议也相应地削减甚至最终被取消了。20 世纪 70 年代晚期的妥协削弱了民主党，但民主党非但没有认识到这一点，还在游说集团和公司捐助人于 80 年代不断地占据领导层的情况下，编织幻想，认为民主党更加自由了。这是一个可笑的时刻，也是一个媒体越来越不愿意报道政治问题的时代。哈林顿与他的同盟，以及他的一些旧敌敏锐地予以回应，他们把民主社会主义组织委员会与新美国运动联合起来，建立了民主社会主义党，通过这一活动把美国最有头脑的社会主义者纳入该组织，包括作家巴巴拉·埃伦瑞奇和西海岸的老牌活动家多萝西·希利。但是里根的时代对哈林顿来说是一个艰难的时代，他的身体日益衰退，他的能力已经不足以召集使民主党左转的活动，那些曾标榜自己是"自由主义者"的人现在已经不情愿再参加"自由主义"名义下的活动，更不用说"社会主义"名义下的活动了，这使哈林顿的事业受到损害。最让哈林顿感到沮丧的是（我正是在那时认识他的），民主党高层倾向于认为他们只要不是共和党就能轻易地赢得选举。在里根及其副总统乔治·赫伯特、沃克·布什因为"伊朗门"丑闻而受到影响后，针对民主党产生的错误幻想，认为"'伊朗门'将使里根倒台，民主党甚至不用去想这件事"，哈林顿提出了警告。

1987 ~ 1988 年，杰克逊的"彩虹联盟"运动重新燃起了民主党的希望，或许民主党可以再干些事情，在这种考虑之下，民主社会主义党提议支持民权运动领袖杰克逊，他在民主社会主义党及其工人联盟组织的一系列活动中脱颖而出。哈林顿说杰克逊是在经济和外交事务上"唯一一个谈论得头头是道的候选人"。民主社会主义党的帕特里克·斯菲尔德承认，虽然"杰克逊肯定不是社会主义者"，但是这位候选人确实"提出了实实在在的经济问题，吸引了劳动人民，值得我们来支持"。然而，当民主社会主义党准备支持杰克逊的消息传出后，杰克逊的竞选策划人却告诉媒体，这样做"没有必要"。"我们希望得到所有人的帮助，但我们不需要所有人的许可。"杰拉德·奥斯丁解释说。杰克逊在看到了《时代周刊》的报道后，才知道奥斯丁对媒体说的话。他立即致电哈林顿说他希望得到民主社会主义党的许可和支持，但他不愿意因为迫害的威胁而受影响。哈林顿回忆说，"杰克逊感到不安，他害怕人们可能会认为他背叛自己的同盟。"

　　由于同盟内部的不同意见，民主社会主义党支持的杰克逊在1988 年的民主党总统提名中排在第二位。但杰克逊并没有参加竞选，同时他也没有为马萨诸塞州州长米歇尔·卡基思领导的选举力量让出位置。卡基思被攻击是"美国公民自由协会的正式会员"，而且他在开始时称自己是"自豪的自由主义者"，然而在后来的竞选中又竭力摆脱这一称呼，在受到攻击后，卡基思遭到惨败。民主党把更多的精力用在了民主党的建设上，而不是用在消除贫困所需要做的工作上。媒体当时也公开地、义无反顾地把关注点投到了"富有而出名的生活方式上"，这就给人们造成了一种印象，似乎里根已经把美国改造成了这样一个国家，其中专家治国论的自由主义者被认为不受欢迎了，社会主义就更没有位置了。然而，也就在两年前，杰克逊竞选团体中一个叫保罗·韦尔斯通的人作为一个狂热的自由主义者被从明尼苏达选到了美国参议院；独立社会主义者伯尼·桑德斯被从佛蒙特选到了美国众议院（佛蒙特州两次投票支持里根，1988 年投票支持布什）。两个人都击败了当时共和党的领导，成功地代表他们所在州的保守派赢得了选举，这就表明，卡基思的问题更多是因为他无特色的竞选活动，而不是因为任何意识形态的执迷。这一点也正是哈林顿所阐述的，肯尼迪在1988 年夏天也触及过这一话题，当时，这位杰出的社会主义者吸引了600 名崇拜者聚集在纽约的玫瑰花园庆祝他的六十岁生日。聚集者中包括爱德华·爱斯纳、贝拉·艾布扎格、葛罗莉亚·斯坦能，以及哈林顿的劳工朋友，如机械师工会主席威廉姆·温佩辛格和农业工人联盟的恺撒·查韦斯。肯尼迪，这位来自马萨诸塞州的参议员对聚集者们说："在我们生活的时代里，是米歇尔·哈林顿更努力地去实现我哥哥罗伯特·肯尼迪所设想的美国。我哥哥曾说：'一些人把事物当作不变的，他们的问题是，为什么要改变，而我梦想着事物从来没有过的样子，我的问题是，为什么不去改变？'"

肯尼迪承认"一些人认为哈林顿所从事的是社会主义"，但他也以主宾的身份表达了这样的观念："我认为米歇尔·哈林顿是站在高山上向美国人民布道。"

这位参议员仍然在听哈林顿的布道，而且作出了回应。他认为，在从"里根主义"向一个"更善良、更仁慈"的美国的转变过程中，以及随着国际社会的冷战消退的过程，民主党应该肃清错误的"意识形态如自由放任主义和适者生存的观念"。"保障我们的工人能够充分就业，满足人们的基本需要，为我们的孩子提供第一流的教育，为所有的美国人提供高质量的医疗保障，这些不是过时的梦想。"肯尼迪在 20 世纪 80 年代晚期呼吁他的党大胆地回应民众的渴望，"承担起完成未满足的需求、未实现的议程的领导重任"。

虽然 1989 年哈林顿的逝世引来了报纸的如潮好评和热情的社论，但是新一任民主党领导人不愿意去思考自由主义理念，更不用说某些社会主义观念了，即使这些观念富兰克林·罗斯福、哈里·杜鲁门、约翰·肯尼迪和林登·约翰逊曾经频繁地讨教过、争论过，甚至采纳过。

杜卡基斯是最后一位允许自己被定义为自由主义的民主党总统竞选提名人，而从许多方面来看，他确实是一位自由主义者。从民主党进程中排除了草根民主党员后，华盛顿的精英和他们的同盟更进一步把民主党从代表大众推向代表华尔街。比尔·克林顿，这位道德败坏的民主党领导委员会的领导（杰克逊曾说这个委员会的开头字母，DLC，只是代表"有闲阶级的民主党"，Democrats for the Leisure Class）错误地认为，他在1992年总统选举中获胜，是因为在"索尔嘉妹妹"的系列事件中，他站在了正确的立场，与民主党底层的非裔美国人、工会、社会自由主义和经济社会民主主义划清了界限。立场比较温和，更倾向于自由主义的阿尔·戈尔在八年后总统选举中赢得了50万张选票，他本来可以当选总统，但却失败了，因为他和他的助手们告诉群众待在家里，不要在表达公意的场所做斗争，不要去反对佛罗里达政府的明显的党派干涉，不要去反对该州最高法院对老社会党的专横，这种专横摆明司法判决的主要意图就是要挫败民主党。在接下来的共和党的过渡期，民主党显示出一些活力，但是这些活力总是被华盛顿的党魁所扼制，他们设想民主党重新回到白宫和国会的最佳途径是不去代表任何立场，这样比"反对乔治·布什，反对迪克·切尼"要好。2002年，保罗·韦尔斯通去世，他曾是他命名为"民主党内的民主党派"的领导；2004年，霍华德·迪恩的温和的总统选举运动被打败；之后，民主党所打出的政治的定位王牌毫无先进之处，以至于旧的南方的"可耻的民主党"，甚至可以说，"任何民主党，无论多么没有智力和意识形态的创见，都可以做到"，他们把民主党定义为先投票再提问。

自由主义者和社会民主主义者始终是民主党的基础——民主党全国代表大会的民意调查总是表明，绝大多数代表更愿意出席一个美国民主社会主义大会，或者参加社会党的野餐会。

然而，在杰克逊的彩虹联盟运动衰退和杜卡基斯失败的20年里，民主党的精英阶层仍然使民主党大幅度地向右转，尤其是在经济问题上，以至于哈林顿关于自由主义是通往社会主义的中间站的观念被人们质疑。在20世纪的大多数时间里，民主党向社会主义者所提出的观念敞开大门，就像共和党在 19 世纪和 20 世纪早期所做的那样。但是在比尔·克林顿和贝拉克·奥巴马就任总统期间，接受哈林顿的基本观念，即"一个民主党政府总是为那些站在左边的人留下空间"，变得越来越困难了。

当然，那些站在左边的人，或者至少说他们中的很多人都希望 2008 年奥巴马当选总统后左边的空间会大一些。毕竟，奥巴马对左派与右派的边界是熟悉的。孩童时代的奥巴马在夏威夷接触过足够多的激进人士，作为哥伦比亚和哈佛的学生，奥巴马参与过右派的理论策划。他也曾经与芝加哥的学生和不同身份的激进人士一起经历了足够多的事件，这些经历引发了共和党竞选人约翰·麦凯恩在选举后期，歇斯底里地称奥巴马"以自由主义左派的政治路线开始他的竞选，而且从未离开左派的立场"。

但是实事求是地说，贝拉克·奥巴马无论从哪个方面看，从来也不是切·格瓦拉，就像右派攻击机器所编造出来的那样。麦凯恩在选举即将结束的时候叫嚣，奥巴马的履历在国会山中"比一个称自己为社会主义者（佛蒙特的伯尼·桑德斯）的人还更具有自由主义因素"，这种说法是滑稽的。前参议员弗雷德·汤普森在对共和党全国代表大会的致词中说奥巴马是"最具自由主义的民主党总统竞选提名人"，奥巴马当然也配不上这一强加给他的称呼。汤普森显然忘记了，不仅麦克高文，而且还有沃尔特·蒙代尔和米歇尔·杜卡基斯，所有这些试图参与总统竞选的人，都比 2008 年的奥巴马更像是左派候选人。而且正如麦克高文，这位出色的历史学家提醒我们的：说到拥护和发展激进观念，富兰克林·罗斯福会让当代的民主党们感到羞愧。

对奥巴马的担忧不断被夸大，走向了妄想症的境地，同样对奥巴马当总统的希望也不断被夸大，具有妄想症的成分。奥巴马作为一个候选人就像一个芭斯罗缤冰淇淋，在竞选当月的每一天都为美国人供应有味道的意识形态。奥巴马既不是一个"为真理奋斗"的久经考验的战士，也不是一个克林顿式的妥协者，或者民主党的领导理事会的社团主义者，在同被认为遥遥领先的希拉里·克林顿的竞选过程中，他为民主党的主要投票人提供了他们所喜欢的选择。在获得了民主党的提名后，奥巴马对意识形态采取了更加模糊的态度。奥巴马的总统竞选并不是一件难事。对华盛顿来说，奥巴马是年轻的新人，虽然不完全是一块白板，但是已经足够让马克思主义者和自由主义者来寻找路径支持他。民权运动领导人的儿子和孙子们与德怀特·艾森豪威尔、理查德·尼克松、贝利·高华德、罗纳德·里根的儿子和孙子们一起支持奥巴马当总统。共和党策划者和他们的媒体回声虫"爆料"奥巴马的牧师是一个"激进主义者"，这无疑是2008年总统选举最滑稽的时刻。共和党认为这是对民主党的打击。事实上，随着奥巴马不断向右转，"底层"民主党把对辩论的纪念当作了救命稻草，包括对耶利米·怀特的纪念，以使他们自己相信奥巴马确实可能代表着一种决裂，与意识形态极端化的共和党人和管理层民主党人的无聊团体的决裂，在他们看来，意识形态极端化的共和党人和管理层民主党人从来没有彻底清除他们继承的思想遗产带来的麻烦。在与《财富》杂志的访谈中，奥巴马听起来也许像是一个中立主义者，自由主义者也正是以此来安慰自己，但是这只是竞选初期的姿态，并不能真正表明一个人的小心和妥协的倾向。

奥巴马所坚持的、比竞选更吸引他的信念并不完全是浪漫和无理性的。曼宁·马拉贝博士是哥伦比亚大学非裔美国人研究所的创始人、主任，20世纪晚期和21世纪初期美国左翼斗士中一位充满智慧和享有世界声誉的老活动家，他认为，"很多有左翼经历的人是最早支持奥巴马的人。他们坚信奥巴马就任总统的话可能会改革民主党内的政治宗旨。"

　　奥巴马做了一些努力来增强人们的这一印象。虽然他除了声明"社会主义"这个词不适合来形容他外，避免使用"社会主义"这一词语。作为候选人，奥巴马用社会和经济正义运动这样的词语来争取左派的认同。在获得了代表民主党参加总统竞选的资格后，奥巴马来到亚特兰大郊区的市政大厅，在那里，他被质问：作为初选中的进步主义者现在是否要转到中间立场。

　　参议员奥巴马显然被这个问题激怒了，"让我来谈一谈流行的说法，人们说我正在转向中间立场，或者说我是摇摆不定的，转向这里，转向那里，或者转向其他什么地方"，他这样开始了他的回答，"你知道，说这些话的人显然没有倾听我的声音。"

　　奥巴马继续说："我无疑是进步主义者。我相信我们需要税收改革以争取更多的公平；我相信全民医疗保险是必要的；我相信要让大学生交得起学费；我相信要给教师提高工资；我相信要提高儿童早期教育的质量；我相信所有那些使我成为进步主义者的事情。"

　　这些话并不是偶然想起来的。贝拉克·奥巴马知道当他说到"进步主义"时意味着什么。当他表明自己的左派立场时，他并没有仅仅避开"自由主义"这个词，像他的那些愚蠢的左派批评者所经常设想的那样。奥巴马实际上是知道美国左派的微妙差别的。哈罗德·华盛顿，一个真正的左派，作为芝加哥第一个非裔美国人市长，几乎从未错过芝加哥社会民主党举行的德比—托马斯年度晚宴，他在1983年竞选国会议员，并在芝加哥引发了政治运动，当时奥巴马也搬到了芝加哥，成为政治运动的一分子。奥巴马研究过索尔·阿林斯基的"激进主义者的规则"中的组织技术，他与著名的激进主义劳工领袖一起为保护基础工业，避免裁员而努力；他用在哈佛学到的法律知识来争取扩大投票权利；他受到前民权运动立法者和联邦法官阿伯纳·米克沃的指导；他与爱德华·萨义德和拉希德·哈立德讨论棘手的中东政治；他从他的老朋友和邻居昆廷·扬博士，国家健康计划医生联盟的长期协调者那里知道了单一支付医疗制度；而且最引人注目的是，奥巴马在伊拉克战争前，不仅发出反战的声音，他还出现在芝加哥市区的反战集会人群中，举着"战争不是出路"的标语，在队伍中挥舞。

奥巴马是作为对左派不仅略知一二，而且堪称精通的人登上了政治舞台的。他并不需要用进步观念来包装自己，来巧妙地回应经济衰退、环境和能源问题、全球危机和民主的功能紊乱。在过去 1/4 世纪的最好阶段，他已经在谈论、书写这些进步观念，并同为这些观念而奋斗的人们密切合作。当然，这并不意味着他完全拥护这些观念，或者他有作为总统来促进这些观念的信心。

我第一次报道奥巴马是在 1995 年末到 1996 年初，当时他作为新党推荐的民主党候选人竞选伊利诺伊州的参议员，新党领导的是左翼劳工运动，宣称"美国的社会、经济和政治进步要求一个民主化改革——把权力归还给人民"。在新党开展运动的日子里，奥巴马想要把比尔·克林顿领导的民主党从谨慎地带推向前进的决心即使不能说是十分热切的，也可以说是非常明确的。卡尔·戴维森，芝加哥进步党的一个老前辈，回忆说奥巴马这个年轻的候选人总是在回答问题时持谨慎态度："即使这样，他仍然关注这些问题。你能感觉出他在回答问题时始终在思考，努力不去说任何引起争议的话。"这也就是说，奥巴马在政治上有足够的左翼倾向来获得新党和芝加哥民主社会主义党宪章的许可，这些组织采纳的是德比—托马斯—哈林顿的政治传统：

　　我们的任务通过培训和动员社会主义活动家，使他们在地区和国家层面参加充满活力而又多样化的社会主义组织，从而确立民主社会主义在美国和世界的政治势力。民主社会主义党向公众宣传民主社会主义价值观和政治观，并建立进步同盟来争取成功促使美国和世界向社会民主方向转变。民主社会主义者的短期目标是进行改革，使权力和资源从公司精英转到普通市民的手中。民主社会主义者的长期目标是通过奋斗建立一个人人平等的世界，其中，人们可以平等地管理影响人们生活的经济、政治、文化制度和社会关系。

15 年前，当奥巴马还被认为是一个激进年轻人的时候，我就看出他更感兴趣的是"建立一个进步联盟来赢得选举"，以此作为解决问题的方式，而不是更感兴趣于"把民主社会主义发展成为美国的一种政治势力"。但是，从那时起及其后的几年里，把奥巴马作为一个韦尔斯通的"民主党中的民主党派"成员当然也是可以的。当我采访他的时候，奥巴马的影响不断扩大，尤其是 2004 年，他竞选伊利诺伊国会议员的时候，他对我说，他认为威斯康星州的民主党人拉斯·法因戈尔德是内阁中的最好的楷模。法因戈尔德是爱国者法案的孤独的异议者，众议院中最坚定的反战人士，同时也是反对大银行和公司发起的"自由贸易"的老战士，在 2010 年的民主党崩溃局面中，他失去了众议院的席位。

但是当奥巴马当选了参议员后，他的所作所为远远没有法因戈尔德那么进步，而且与其他人相比反而大幅度退步，极为温顺，如独立的社会主义者伯尼·桑德斯，或者国会的美国黑人国会同盟和进步派国会小组的成员，这些人仍然与民主社会主义者、美国进步派民主党人组织和左翼人士工会的人一起工作。

自从来到华盛顿后，奥巴马明显变得小心翼翼起来，生怕过于接近某些人和某些观念，使自己可能被涂抹上"社会主义"这个鲜红大字。这使他成为一个缺少总统气质的总统，没有思想、没有远见。这也给了那些批评他的人以把柄，这些人利用奥巴马和民主党的谨慎来污蔑其某些政治理念，在并不遥远的过去，这些理念还是温和的共和党人复兴经济的工具，如增加教育和基础设施的费用，而现在这些理念却成了马克思主义的口号。

如果这些问题来自和终结于奥巴马，甚或在左翼对这位第一位非裔美国总统的夸张攻击范围内，都是可以放心的，没什么大不了。但是，奥巴马当然是这个时代典型的民主党高层：过度小心，过分执迷于把自己装扮成"合于民意"，哪怕这种合意是以牺牲原则为代价。奥巴马的漂亮言辞永远要比他的实际行为更有力，这也就是说他始终是我第一次报道的那个人：一位非常符合预期的政治家。那就顺其自然吧。

总统很少站在先锋位置。在他们当总统期间他们总是在设定好的参数内做事。因此，一个来自于纽约海德公园的贵族可以用社会民主的方式治理国家，另一方面，一个来自阿肯色霍普小城的平凡人家的儿子却取消了富兰克林对大银行的监管，让华尔街沉迷于追求金钱的狂欢中，他们的行为令强盗、贵族也自愧弗如。欧洲盟军最高统率使朝鲜战争平息下来，而一个来自于南加利福尼亚的教友派信徒却使越南战争的泥沼进一步延伸到老挝和柬埔寨。在几位不断倾向于右翼的共和党总统支持下，社会福利计划得到扩展，但比尔·克林顿却签署了一份"福利改革"法案，这份法案如此严厉，以至于他自己的助理，美国公共与卫生服务部的部长也辞职以示抗议。

对总统的担忧不过是政治流行曲，对政党的担忧则是严肃的、必要的、需要付出努力的。而现在对于民主党，人们有理由担忧得更多，因为民主党提出的纲领是如此保守，以至于吉米·卡特，一个哈林顿及民主党议程与之就意识形态发生冲突的人，在今天民主党的领导人看来都成为了意识形态的偏执者，他是如此靠近左翼（尤其当涉及国外政策的时候，比如中东和平进程），甚至在民主党国家会议召开的时候被拒绝给予讲话的机会。

哈林顿也许是正确的，20世纪60年代和70年代民主党的政策和政治突破运动接近尾声之际他提出："我赞同与自由主义者在这个国家马上实施这一计划，因为最好的自由主义导向社会主义。"但是他说这些话时想到的是有勇气的国内自由主义者，如富兰克林·罗斯福。罗斯福曾说：

> 对我们大多数人来说，我们曾经赢得的政治平等在经济不平等面前已经没有意义了。一小撮只顾个人利益的人几乎控制了其他人的资产、其他人的钱财、其他人的劳动甚至其他人的生活。对我们大多数人来说，生活不再自由；自由不再真实；人们不能再去追求幸福。为了对抗如此这般的经济暴政，美国公民只能求助于政府的组织力量。1929年的大萧条已经暴露了经济暴政的嘴脸，1932年的美国选举体现了终止经济暴政的民意。在人民的要求下，经济暴政终止了。

哈林顿所想到的还有泰德·肯尼迪，在1980年民主党全国大会上，肯尼迪面对与会人士宣称：

> 让我们宣誓，我们将永远不滥用失业、高利率和人民的痛苦来作为对抗通货膨胀的错误武器。
>
> 让我们宣誓，保障就业是我们的经济政策的第一要务。
>
> 让我们宣誓，给那些有工作的人以安全感，给那些没有工作的人以工作；我们将不在工作问题上作出任何妥协。

　　这并不仅仅是简单的誓言。简言之，它们是我们传统的核心，也一直是我们几代民主党的灵魂。

　　为那些没有发言权的人说话，纪念那些被忘记的人，抚慰那些受挫折的人，满足所有寻求在更好的国家过更好的生活的美国人的愿望，这是我们传统的荣耀和伟大之处。

　　我们决不放弃这些传统。

　　不幸的是，20 世纪后半期的美国自由主义者，在很大程度上被那些几乎不（和很少）敢于说自己是自由主义者的"自由主义"所取代了，而当他们敢于称自己是自由主义者时，他们所说的更多的是19 世纪格莱斯顿式的自由主义，不加质疑地拥护自由贸易、害怕国有化、讨论得很多但从不真正地实现"经济平等"的诺言。从美国的自由主义在今天的表现看，无论在气质上还是在意识形态上，与1935 年富兰克林·罗斯福、1965 年约翰·林登、1968 年巴布·肯尼迪、1972 年乔治·麦克高文、1982 年洛威尔·威克，或者 1992 年保罗·韦尔斯通所提出的规划都有很大差距。

　　20 世纪 80 年代以来，自由主义遭受妥协、混乱和辩解的综合毒害，民主党的讨论也被这些词语所定义，现在自由主义这一概念已经远远不能与富兰克林和肯尼迪兄弟时的自由主义相比，富兰克林和肯尼迪是哈林顿与之"争论不相上下"的人。同样，"进步主义"一词也遭遇同样的命运，在历史上，进步主义界定了我作为一个威斯康星后代的政治信念，也界定了罗伯特·M. 拉裴特的民粹主义传统，以及拉裴特及他的拥护者在蓝色河流所举行的反帝国主义、反公司的圣战——威斯康星，这是我的曾祖父们以及与密尔沃基的社会主义者结盟追求理想的地方。

　　今天，那些小心谨慎，不想被称为"自由主义者"的政客把他们自己标榜为"进步主义者",就像这两个词语可以互换一样。而与公司友善的民主党领导委员会的智囊团则把自己称为"进步政策研究所"。

也许现在仍然有意义的左翼词语就只有"社会主义"了。

如果奥巴马拷问自己是否是我们所希望他成为的样子,他或许也会关注社会主义的问题。如果民主党关心的不仅是赢得选举,而且还在他们的管理范围内做些实事,他们也许会问自己是否把自己的党从意识形态的幻想中转到了此刻最需要回应的问题上。但是没有人认真地关注这些问题,而这些问题在 21 世纪是刻不容缓的,等待奥巴马或者民主党去理清他们与"社会主义"这一词的关系是要付出代价的。

对那些认真的、真正的自由主义者和进步主义者来说,对那些希望民主党像共和党一样,是一个强有力的政治组织的人来说,或者对那些准备在民主党左派构建新的、强大组织的人来说,一些超越了求知欲的更重要的事情使他们重新考虑社会主义观念在美国历史、现实与未来的位置。这并不意味着他们必须遵循特殊的分析纲领和路线,也不意味着他们必须为自己所要成为的人做辩护。关键之点不在于任何站在左派的人都要拥护社会主义的所有方面或者关键点,拥护社会民主观念。但是如果说在一般意义上过去 1/4 世纪的经历,在特殊意义上贝拉克·奥巴马就任总统一年的经历教给那些站在左边的人什么东西,那就是他们应该好好考虑他们与社会主义这个词语的关系,社会主义是仍然能够让美国人感到震撼、为他们提供信息,也让他们受到鼓舞的词语。

显而易见,这场斗争的结果是赢得一个有意义的政治,而不是软弱抱怨和辩解的政治。美国那些自我定义的自由主义和进步主义缺乏政治意义,就像 20 世纪 90 年代《修善》杂志的编辑米歇尔·莱纳和彼得·盖伯尔已经很好地说明的，这些自由主义者和进步主义者甚至没有能力组织独立的运动，来促使民主党在 2008 年的选举中给人们以"希望与变化"的承诺。政治上的失败带来了"热情的鸿沟"，使奥巴马和民主党在政治上被孤立起来，甚至他们的基础选民也在 2010 年损失惨重的中期选举中放弃了他们。

尽管前白宫办公厅主任拉姆·伊曼纽尔甚至把温和的自由主义的行动主义粗俗地称为"他妈的智力低下"，但问题并不在于左派要求得太多，而在于这种行动主义都被公共关系游戏训练得无法赢得选举。如果他们提出什么要求，他们就会被贴上"社会主义者"的标签。所以，他们要求得越来越少。事实上，由于害怕"社会主义"这一词语，我们的政治已经稳定地进一步向右转。

由于全国性话题已经倒向了中间，甚至转向了右边，在美国所进行的争论大多数通常是模糊的，只是毫无热情地背诵怎样应对最近的自由市场颂歌和至高无上的消费主义。也正是因为这样，承诺"变化"而被选举出来的总统奥巴马，使布什时代的官员仍然处于权威的位置上，无论是在五角大楼，还是在美联储。我们国家的争论变得越来越无聊，而且似乎是（虽然不总是）无意义的吹毛求疵，医疗保障"改革"的反对者呼天喊地地声称他们"不赞同政府的接管"，而那些所谓"改革"的领导者宣布他们当然，呵，"决不会提出任何一种政府的接管方式"。事实上，早些年的泰迪·罗斯福和共和党人是正确的：有一些事情，由人民选出和为了人民的政府做可以比那些谋取私利的大银行和公司做得更好。当"政府接管"这一选择被所谓改革者排除考虑之后，"改革"通常会成为一个口号，而不是现实。而"热情的鸿沟"的扩大，使即便最忠诚的自由主义者和进步主义者怀疑赢得选举还是否重要。是"热情的鸿沟"，而不是广大的美国人民真正地向右转，可以解释民主党发现自己现在处于困境的原因。同时也是"热情的鸿沟",引起人们怀疑,在奥巴马 2008 年转向选举运动后,我们的政治是否变得越来越像是一种吸引眼球的体育运动。

对美国来说,这是一个很糟糕的结束方式,追溯它的起源,它始于托马斯·潘恩对改革和土地正义的呼唤,发展于范尼·怀特和霍勒斯·格里利对不正义的谴责和对尤金·维克多·德比、A. 菲利普·伦道夫号召的响应,以及在不久之前对贫穷开战的设想。

难怪美国人对今天的所谓政治感到不满。

他们应该不满。

美国建立在对启蒙理念的激进理解之上,并用更加激进的对南方贵族的打击去实现这些激进理念,通过 20 世纪前 3/4 世纪的进步主义改革、新的公平贸易和对贫穷和不平等的战争,这个国家变得更加人性化和负责任,但是现在,却在 21 世纪的挑战边缘疲于修修补补。我们的呆板的争论更加狭窄,更加受到限制,也比历史上的任何时期都更加没有意义。一个人不需要在理论上和实践上承认社会主义也能认识到,公共政策的讨论应该容纳所有的观念——从右到左,而不是从极右到中右。在历史上,美国人对不同的观念敞开胸怀,并从不同观念的争论中受益。米歇尔·哈林顿曾承诺建设一个这样的国家,这个国家仍然相信"在社会主义制度下,历史将不会终结,但会有一个新的境界"。然而从那时起我们却被另外一些人告知,我们已经到了"历史的终结",新自由主义的经济和新保守主义的外交政策是我们的命运,不管事实证明这种观念多么错误。而我们甚至不能去提"社会主义"这个词。

不是吗,至少人们认为讲道理的人不需要去提它。

而不讲道理的人却总是提到它。从 2008 年夏天起,"社会主义"这个词就以强劲之势重新进入了美国的政治词典中。社会主义在今天比近几十年的任何时候都被更多地提到。在网上搜索"自由极权主义"——这并不是一个负面的意识形态词语，可以看到有800万点击率；搜索"自由主义"，可以看到1460万点击率；"保守主义"有1570万点击率。搜索同一时期的"社会主义"，可以看到2400万点击率。不是最近的一个月，或者最近的一个时期，而是每天，几乎很难发现一个保守主义的电话访谈和电视访谈名人不用"社会主义"作为他或她的选择绰号。前阿肯色州州长迈克·哈克比，一位福克斯电视节目主持人和经常在选举中处于领先地位的政客，评论2012年美国共和党总统选举的优势与弱点时，对保守派活动家们说："美国社会主义共和党联盟诞生了。"他不屑地把奥巴马的亲华尔街政策称为"列宁和斯大林将会喜欢这些东西"——显然忘记了高盛投资公司和美国银行会更喜欢这些东西。前美国议会代表发言人，纽特·金里奇，一位把自己想象成类似于保守派知识分子的人，在2010年春出版了一本书《拯救美国：阻止奥巴马的世俗社会主义机构》。右翼电台节目主持人亚伦·克莱恩也展示了自己写的书《异族总统：贝拉克·奥巴马与共产主义、社会主义和反美国极端主义的关联》。而北卡罗来纳参议员吉姆·德敏特写的书则是《拯救自由：我们能够阻止美国倒向社会主义》。德敏特是自约翰·麦卡锡以来最有能力的"红色恐怖"迫害者，也是茶党在共和党内主要斗争的负责人和2010年秋季选举的提名人，他对听众说，奥巴马总统现在是"世界上最大的社会主义销售商"。

　　认为一个中立的民主党人，一个比理查德·尼克松还要小心翼翼地管理国内事务的人可能是什么"社会主义销售商"，这当然是荒唐的。社会主义的真正的销售商是哈克比、金里奇、德敏特和萨拉·佩林一类的人，他们拒绝承认美国的广泛的争论本来就包含共和党对民主党、自由主义对保守主义，或者奥巴马对他的反对者。相反，佩林认为美国的争论发生在"那些爱美国的人"和那些"支持这种事物——社会主义的人"之间。

把"社会主义"这个词拉出来是一种政治权利。

但是在这一过程中,茶党却展现出滑稽的一面。

非但没有吓住美国人,谄媚的保守党人反倒把已经在美国历史上展开的威胁性意识形态再一次介绍给追随他们的公民。

2010 年 7 月,福克斯商业频道宣布,"官方消息:奥巴马是一个社会主义者"。然而并没有白宫的新闻发布会或者晚八点发布会来公布这一消息。事实上,奥巴马当天是在讨论国家艾滋病战略,其恰当的方法得到了民主党和共和党的共同支持,总统及其白宫新闻官员在那一天所关心的绝非一个秘密的社会主义计划。所谓的"官方"只不过是一个月前由民主团体开展的一项民意调查,他们访问 1000 个选民,问的问题是"社会主义"这一词语适合于描述奥巴马总统的程度。55% 的受访者回答"适合"或"非常适合"。"公正而客观"的福布斯商业评论员大卫·阿瑟曼总结说:"这一结果一定会让那些媒体和知识分子的精英人士感到吃惊,他们认为这种说法只是格林·贝克的一面之词,并不是大多数投票者的看法。但是,是的,再一次证明它是的。这种看法是格林·贝克的,也是美国人民的。而当你看到这一证据时,做出反驳是困难的。"

另外一些事情也很难做出反驳。几乎就在民主团体公布调查结果的同时,CNN,与新闻集团和伊普索斯/麦克拉奇民调公司也进行了民意调查,结果都显示大约有 50% 的美国人认可奥巴马的总统工作,同时美国新闻广播公司和《华盛顿邮报》刊出了这一调查结果——52%。因此,可以说至少一半,也可能是绝大多数美国人赞同被恰当或非常恰当地定义为"社会主义者"的总统。

当然,这并不等于说一半的美国人都是社会主义者。但是至少可以证明大多数美国人对社会主义这个词及其意识形态并不排斥，至少在某种程度上他们比美国媒体和政治阶层更懂得这个词语的大概意思。

这一点在 2010 年春被皮尤大众和媒体研究中心进行的一项全国性调查所证实。皮尤研究中心的人用这样一句话来总结他们的发现："'社会主义'并不是多么负面，'资本主义'也不是多么正面。经过了两年多来的极度恐慌，经过了把社会主义当作一个外来的和有威胁的词语加以谴责和错误概括后，大概有 30% 的美国人承认他们对社会主义持有正面的认识（25% 的男人和 33% 的女人）。"

根据皮尤中心的调查，在非裔美国人群中，有 53% 的被调查者认为"社会主义"是正面词语，有 35% 的人对"社会主义"这一词语持置之不理的态度。事实上，有数以百万的美国人认为社会主义这一词语至少比资本主义更为亲切，某些时候甚至认为是非常亲切的词语。这项调查最突出的是揭示出对社会主义反感的人是那些在他们的一生中总是听到谴责和贬低社会主义的一代人。皮尤发现，年龄在 18～29 岁的选民中，有 43% 的人认为"社会主义"是一个积极的词语，这一比例与认为资本主义是一个积极的词语的比例正好相同。

这很反常对吗？未必。拉斯姆森，这是一个接近共和党的调查公司，2009 年春的报告显示，20% 的美国人相信社会主义制度优越于资本主义制度。另外 27% 的人拿不准社会主义和资本主义制度哪一个更优越。拉斯姆森报告还发现年轻的美国人更倾向于选择社会主义，有 33% 的 30 岁以下的年轻人认同"社会主义"这一词语，30% 的 30 岁以下年轻人说他们很难在社会主义和资本主义之间作出选择。

这些年轻人可能对社会主义知道的并不多，但是在他们所经历的资本主义时代，高失业率和看不到前景的经济使他们对不同于资本主义的另一种选择持开放态度。他们应该注意的是在寻求另一种选择时，他们并不是在选择国外的意识形态。他们所关注的是美国的"主义"，这一主义即使不总是在观念上，也是在实践中是自共和国诞生的第一天起的我们历史的一部分。一个半世纪前，在内战的前夜，那些反对南方奴隶制和北方工资奴隶制的激进主义者们称自己为"社会主义者"，或者"共和主义者"。一个世纪前，民权和公民自由的拥护者、和平拥护者和那些使美国得以产生的反殖民主义者称自己为"社会主义者"。半个世纪前，作家、组织者和为了工作和自由的游行者和"向贫穷开战"的斗士称自己为"社会主义者"。这是美国的历史。这一历史体现在白宫的图书馆中，而不仅仅反映在被我们那位写博客的朋友去开共和党大会时所拍摄的照片中。在不远处的书架上，离詹姆斯·巴布和他的小组所放的书几尺之遥，摆放的是米歇尔·哈林顿的《另一个美国》的第一版。

也许这正是沃尔特·海勒递给约翰·F. 肯尼迪的那一本，当肯尼迪总统问起关于一个富裕的国家贫困却蔓延的问题有什么样的说法时，海勒把《另一个美国》交给他作为参考。当然，这也是一个值得纪念的时刻，那时一个并不是社会主义者的总统还有足够的智慧，能够认识到社会主义者及其观念对这个国家有很大用处，美国仍然在寻找途径实现托马斯·潘恩的诺言，潘恩的思想激励了托马斯·杰斐逊，杰斐逊又激励了弗朗西斯·怀特，怀特对美国人民说，他们所从事的事业是前所未有的。这就是沃尔特·惠特曼的"甜蜜回忆中最甜蜜的'红色女神'"，她宣扬的是"反抗压迫的共同事业"。范尼·怀特的希望和改革在哪里？"它在地球上那些奋力摆脱全副武装的压迫者的被压迫人民那里，压迫者们合法地使被压迫者忍饥挨饿，压榨他们的劳动直到死亡的状况去而复返了。"她宣称。"这是劳动者起来反对无所事事的人，工业反对金钱，正义反对法律和特权的斗争。"

这些话对 1829 年的大多数国家来说，是太过于激进了，但是对她生长的国家来说，却并不激进，那是个革命的国家，在那里想象"所有人的自由和正义"不仅是一个词语的优雅转换，而且是美国理想主义者称为"社会主义"的蓝图。

资料来源注释

　　本书关于美国的主流社会主义和社会民主党的丰富而有吸引力的资料皆来自于我多年来的好朋友和同事——弗兰克·泽德勒。终其一生，他是一位活动家、档案保管员和历史学家。我在 20 世纪 70 年代晚期认识了弗兰克，从 90 年代中期与他建立了密切的关系，直到 2006 年 93 岁的他去世。弗兰克和我曾经在密尔沃基的老世界第三街的社会党总部共度漫长的下午，这个地方离市政大厅只有几个街区远，作为一个自豪的社会主义者，弗兰克曾经在市政大厅领导了美国这个最大的城市几十年。社会党总部的办公室里悬挂着尤金·维克多·德比和诺尔曼·托马斯的肖像，同时堆放着弗兰克从 1949 年起竞选州财政部长的海报和他从 1976 年起竞选总统的胸针，这里无疑是我所参观的最好的鲜活博物馆，而弗兰克是它的最伟大的展品。弗兰克与我在正式访谈和非正式谈话中讲到的私人回忆为我提供了亲自接触维克多、不同时期的贝尔格尔、海伦·凯勒、杰西·瓦莱士·胡根、丹·豪、诺尔曼·托马斯、A. 菲利普·伦道夫，以及其他百十个弗兰克的密尔沃基乃至全国的社会主义同事的机会。弗兰克提供了本书全部内容的线索。

　　同时，我与其他人的访谈和对话也为本书提供了大量的资料。这些年里，我作为一个报道美国的社会党、社会民主党、国际社会主义组织、通信委员会和其他社会主义和社会民主群体举办的大会与新闻发布会的时政写作者，与米歇尔·哈林顿、贝尔格尔·鲁斯丁、维克多·路则、伯尼·桑德斯、哈克·古特曼、汤姆·海登、提姆·卡彭特、芭芭拉·伊伦里希、卡尔·戴维森、哈罗德·梅尔森、史蒂夫·卡伯尔、杰西·杰克逊、卡尼尔·韦斯特、比尔·弗莱彻、戴维德·麦克伦纳兹、格斯·豪尔、安吉拉·戴维斯、梅尔特勒·凯斯特纳、肖恩·理查曼、鲍伯·肯布罗、洛蒂·戈登，还有我亲爱的朋友克莱伦斯·凯琳和几十个其他的社会主义者、社会民主党人、不同阶层的激进主义者进行了访谈和对话。一些学者如霍华德·金恩、艾伦·鲁夫、保罗·布尔、林达·戈登、阿伦·亨特、保尔·里·布兰克、菲利普·古斯伯，最主要的，鲍伯·麦克切尼扩大了我的思想视野，一些作者，如保罗·福特和纳欧米·克莱恩也同样如此。历史从来都不应该仅仅是书籍中的，它应该尽可能地被感知和经历，而正是上述这些人帮助我写出这样的历史。虽然我的主要著作是关于民主党和共和党的政治运动的，但是我总是不限于此，而是努力报道左派和右派的第三、第四、第五政党的总统和副总统候选人的情况。这种努力使我能够有机会与社会党1976年的候选人泽德勒，1980年的候选人麦克切尼交往。我也访问了一些社会主义者、独立的社会主义者和其他有社会主义和社会民主主义倾向的候选人，同时也包括自由主义者、宪政主义者，还有罗尔夫·内达尔（他富有诗意地记录了他在年轻时代与诺尔曼·托马斯的交往）。经常地，我与社会党竞争者的对话中总是有一种历史潜流在，这使得与他们的对话比我与乔治·H．W．布什、比尔·克林顿、乔治·W.布什和贝拉克·奥巴马的对话更有趣、更有意义。他们也帮助我认识到人们对社会主义在我们的政治中即使不是经常的也是持续的存在，同时几个显著的美国社会主义传统也存在于民主党内外，存在于过去和现在的劳工、民权运动和环境保护运动中。

最后，这本书是根据关于美国社会主义传统的记录所写的，或者我应该说是根据众多的社会主义传统。本书各章的主要资料来源是第一手文献，是从社会主义群体和出版物的档案馆，以及主流杂志和报纸中找到的。我尤其注意却打破错误引用和错误理解的模式，这种模式以很糟糕的方式引起了人们的戒备，而戒备成为了当代评论家们接近美国历史的方式。例如，我一直非常想引用林肯的一段话，这段话据说是写于内战即将结束的时候：

> 我们可以自我庆祝，因为这场战争即将结束了。战争耗费了大量的金钱和生命……它确实是一个考验共和党的时刻。但是我觉得在不远的将来，另一个危机正在到来，它使我不安，使我为我的祖国的安全深感忧虑。作为战争的结果，公司登上历史舞台，紧随其后的是上层社会的腐败，通过对人们的不平等对待，金钱将进一步延伸它的统治，直到财富聚集到少数人的手里，而共和党将被损害。此刻我比在任何时候都更加为国家的安全而担心，甚至在战争中也没有这样担心过。愿上帝保佑我们，使我的担心成为多余的。

上述话语非常符合林肯在那个时代的书信和演讲的主题，而且我能够想象正如人们所说的，他是在 1864 年 11 月 21 日写给威廉·F. 伊伦肯斯的信中写下这些话的。我当然愿意在林肯与马克思的章节中引用这段话，但不幸的是，在所有的林肯书信的精致收藏中都没有提到这封信，而我恐怕被美林·彼得森在他的《美国记忆中的林肯》(*Lincolnin American Memory*, Oxford University Press, 1994) 中的深入研究和评论说服了，他认为，这位第十六任美国总统并没有说过这样的预言，我们没有必要非得把这些话安到林肯身上。毕竟，如彼得森所说："理解林肯对社会激进主义的呼吁是容易的，社会主义者威廉姆J.根特说，因为林肯对劳工权利的观点非常先进。早在1847年林肯就写道，'使每个劳动者都能得到他自己生产的产品，或者尽可能地得到，这是任何一个好政府的值得追求的目标'，说这样的话对于一个当时的牧场律师来说，是相当令人称道的。1860年，新英格兰的制鞋工人林恩带领工人进行罢工，林肯赞同罢工的权利。他的关于价值劳工理论的清晰断言是在1861年的一段话中：'劳动优先，也……优越于资本'，而他关于国内和国外劳动者的看法表明，他的思想中有一种马克思主义的色彩。他当然是劳动人民在白宫的最好的朋友。"

这本书的宗旨是得出关于历史正义的精确细节，同时，以新的理解，即社会主义和其他激进主义一直是美国历史的一部分，来丰富关于美国的叙事。因此，它遵循伟大学者的足迹，去探索和阐明隐藏历史背后的诸多事物。从实质上看，去探索隐藏于历史背后的事物的书籍有很多，它们以我的朋友和导师霍华德·泽恩所阐发的信条为起点，泽恩在本书的写作过程中去世了。霍华德是最好的老师、收藏者和任何一位年轻作者都可以求助的支持者，他的《美国的人民历史：从1492年到现在》(*A People's History of the United States：1492 - present*，Harper Perennial Modern Classics，2005 edition)是我们这些作者开始写作的参考书。虽然泽恩去世了，但他的众多的书籍和文章，尤其是他关于费欧拉罗·拉瓜迪亚和维托·马肯托尼欧，以及其他左翼领导人的政治生涯的作品，都提供了对经常被人遗忘的选举成功的激进候选人的深刻描述。《泽恩读本：关于反抗与民主的作品》(*The Zinn Reader：Writings on Disobedience and Democracy*，Seven Stories Press，2003)是一个标准读本，《独立宣言：美国意识形态大检阅》(*Declarations of Independence：Cross-Examining American Ideology*，

Perennial,1991）同样也是这样的书。作为起点参考书，我也应该向读者推荐几本米歇尔·哈林顿的书，尤其是《社会主义》（*Socialism*，Saturday Review Press，1972），《世纪的片断：一个社会的自传》（*Fragments of the Century：A Social Autobiography*，Saturday Review Press，1973）和《社会主义：过去与未来》（*Socialism：Past & Future*，Arcade Publishing，1989）。

在完成本书的宗旨方面，艾瑞克·福纳的观念是非常有价值的。从没有一个历史学家如此深入、透彻地研究了美国关键之点的政治历史，尤其是内战前后的阶段。一些书，如《自由土地、自由劳动、自由人：内战前期共和党的意识形态》（*Free Soil，Free Labor，Free Men：The Ideology of the Republican Party Before the Civil War*，Oxford University Press，1995 年新序再版），《内战期间的政治和意识形态》（*Politics and Ideology in the Age of the Civil War*，Oxford University Press，1980），《仅仅是自由：解放及其合法性》（*Nothing but Freedom：Emancipation and Its Legacy*，Louisiana State University Press，1983），这些书不仅给我们提供了一个特殊时期的详细情节，而且对理解美国经历来说也是必要的，福纳的另一本书《托马斯·潘恩与美国革命》（*Tom Paine and Revolutionary America*，Oxford University Press，1976）也是如此。我的这本书还参考了福纳的叔叔菲利普的著作。菲利普是一个充满热情而又具有自由意识的激进历史学家，他的著作中有很多早期劳工和社会主义斗争的细节，能够指导研究者进入档案馆查阅大量原始文献，否则的话，这些文献将被人们所遗忘。

还有两位关注于特殊个体与时期的敏锐而活跃的历史学家，他们出版的书有丰富的信息含量，从根本上促使人们全面理解美国的社会主义历史，他们就是尼克·塞尔瓦托，《尤金·V. 德比：公民与社会主义者》（*Eugene V. Debs：Citizen and Socialist*，Reprinted by University of Illinois Press,1984)的作者，和莫里斯·艾萨曼，《另一个美国：米歇尔·哈林顿的生平》(*The Other American: The Life of Michael Harrington*,Public Affairs,2000)的作者。《另一个美国》是本书经常引用的参考书。艾萨曼还写下了其他两本经典读本：《你站在哪一边？第二次世界大战期间的美国共产党》(*Which Side Were You On? The American Communist Party during the Second World War*,University of Illinois Press,1993)和《如果我有一把锤子……老左派的死亡与新左派的诞生》(*If I Had a Hammer... The Death of the Old Left and the Birth of the New Left*,Basic Books,1987)。

最后，我还要感谢已故的珍妮·保尔斯通，她为本书的写作提供了灵感和鼓励，珍妮是研究早期的妇女与性别的历史学家，于2008年大选前几天去世。在一年四季里与她长时间散步的过程中，她为我介绍了许多历史的事实与面貌，对这本书的一些重要章节的写作有很大影响，尤其是关于内战前期的章节。珍妮的文章与书籍，尤其是《家庭与工作：家务、工资和早期共和党的劳动观》(*Home and Work: Housework, Wages, and the Ideology of Labor in the Early Republic*,Oxford University Press,1994)，对接下来的历史学家们和学者们有很大的指导作用。而且，像所有的杰出激进主义者一样，她有一种顽皮的幽默感和令朋友感到温暖的天赋。

下面，我来介绍个别章节的资料来源。

前言与致谢

你可以在《自由土地》上读到艾玛·拉扎罗丝的最好的著作，是用粗体字写的。艾玛·拉扎罗丝最好的作品集是《艾玛·拉扎罗丝：诗和其他著作选集》(*Emma Lazarus: Selected Poems and Other*

Writings，Broadview Press，2002)，由格雷戈里·伊瑟林主编。艾斯特·斯珂尔的杰出传记《艾玛·拉扎罗丝》(*Emma Lazarus*，Schocken，2006)是一本不可多得的参考书。对斯珂尔的全面访谈由国家公共电台于 2006 年 10 月 21 日播出。你也可以在 www. npr. org 上听到。

《艾玛·拉扎罗丝的世界》(*The World of Emma Lazarus*，Schocken，1949；Kessing Publishers，2007)，是由 H. E. 雅各布斯所写的一本先驱性著作，非常有参考价值，而且引人入胜。

犹太妇女档案馆有很多关于拉扎罗丝的资料，http://jwa. org/historymakers/lazarus。它也是犹太妇女俱乐部的艾玛·拉扎罗丝联盟的背景资料的来源，其中包括琼·安特勒所写的关于这个组织的很有思想内涵的文章。艾玛·拉扎罗丝联盟的录音资料保存在美国犹太档案馆，在 http://www. americanjewisharchives. org 网站上有关于该俱乐部的背景介绍文章。

我的写作也利用了《纽约时报》的档案，其中有一份 1960 年 8 月 13 日，关于驱逐琼·戈登的威胁性报告，但戈登留在了美国，一直作为联邦执行主任，直到他于 1967 年去世。

第一章 　"超乎想象的社会主义者"： 沃尔特·惠特曼和典型的美国精神

所有从惠特曼诗中引用的诗句都来自于《惠特曼诗作全集》(*The Complete Poems*(Penguin Classics，1977))；散文引用来自于《惠特曼散文全集》(*The Complete Prose Works of Walt Whitman*，Nabu Press，2010)，由爱德华·福尔松和肯尼思·皮瑞斯编辑的惠特曼文档和网站 http://www. whitmanarchive. org，提供了有用而珍贵的关于惠特曼的编年史和大事记，福尔松和皮瑞斯还提供了关于惠特曼的生平细节。在众多的惠特曼传记作品中，有三本对本书的写作尤为重要，它们是：贾斯汀·卡普兰的《沃尔特·惠特曼：一种生活》(*Walt Whitman: A Life*, Simon and Schuster, 1979)，杰罗姆·拉文的《沃尔特·惠特曼：他自己的歌声》(*Walt Whitman: The Song of Himself*, University of California Press, 1999)，以及戴维德·雷诺兹的《沃尔特·惠特曼的美国：一个文化的自传》(*Walt Whitman's America: A Cultural Biography*, Vintage Books, 1995)。我同样要向读者推荐的还有杰森·史黛西的《惠特曼的态度：惠特曼的报刊文章和〈草叶集〉第一卷中的劳动改革和人物角色，1840~1855》(*Walt Whitman's Multitudes: Labor Reform and Personain Whitman's Journalism and the First Leaves of Grass, 1840 – 1855*, Peter Lang Publishing, 2008)，当然，还有牛顿·阿尔文的《惠特曼》(*Whitman*, Macmillan Company, 1938)，以及威尔逊·福利特的 1938 年 11 月 27 日访谈，"惠特曼作为社会主义诗人"。

特劳伯的书《与惠特曼在卡姆登》(由珍妮·夏普曼和罗伯特·麦克艾萨克编辑)，是一巨著，由加利福尼亚的 W. H. 本特雷·瑞尔出版社出版。这本书是个宝藏，在惠特曼档案目录下，以及该出版社的 http://www.wlbentley.comsite 的网站上你可以发现大量资料。这些资料的浓缩版本是由加里·斯米盖尔主编的《与惠特曼交往：惠特曼与贺拉斯·特劳伯的对话精选，1882~1892》(*Intimate With Walt: Selections from Whitman's Conversations with Horace Traubel, 1882– 1892*, University of Iowa Press, 2001)。特劳伯，一个有待深入研究的人物，关于他的研究见于威廉姆·英格莱斯·瓦莱的《惠特曼和特劳伯》(*Whitman and Traubel*, Haskell House, 1969)。

汉尼提与金里奇始于 2010 年 3 月 24 日的对话文稿见网站 http://www.foxnews.com/story/0,2933,589882,00.html。汉尼提与佩林始于 2009 年 6 月 9 日的对话见网站 http://www.foxnews.com/story/0,

2933,525542,00. html。《纽约时报》作者杰夫·泽莱尼的文章"总统正在走社会主义路线"发表于 2009 年 3 月 7 日,泽莱尼与奥巴马的对话见网站 http://www. nytimes. com/2009/03/08/us/politics/08obama - text. html? ref = politics。《纽约时报》描述诺尔曼·托马斯对美国政治影响的文章"诺尔曼·托马斯:70 岁仍然光彩照人",发表于 1954 年 11 月 20 日。

至于共和党把民主党重新命名为社会主义的努力,可见之于文章"共和党全国委员会决议认为民主党走向了社会主义",这篇文章可以在 http://www. repconcaucus. com/content/proposed_rnc_resolution_recognizing_democrats_march_towards_socialism 网站找到。而从 2009 年 3 月 20 日起的《基督教科学箴言报》则发表了对共和党决议的反思性文章,"共和党全国委员会决议称民主党人为社会主义者"。1950 年,由共和党保守派发起了"自由主义对抗社会主义"运动,《纽约时报》对此进行了深入报道,一些主要文章包括:1950 年 2 月 7 日,"共和党提出 50 年是自由主义对抗社会主义的一年";1950 年 2 月 17 日,"杜鲁门在杰斐逊 - 杰克逊晚宴上的讲话";1950 年 4 月 3 日,"共和党的消化辅料'社会主义'问题"。1950 年 6 月 1 日,玛格丽特·切斯·史密斯在参议院发表的"良知宣言"可以在国会文档中找到;它的印刷版本见罗伯特·C. 贝亚特的《参议院,1789 ~ 1989:精典演讲,1830 ~ 1993》(*The Senate,1789 - 1989:Classic Speeches,1830 - 1993*, Government Printing Office,1994)。史密斯的自传,其中有史密斯如何发表演讲以及相关材料的书是吉纳安·谢尔曼的《没有妇女的位置:参议员玛格丽特·切斯·史密斯的一生》(*No Place for a Woman:A Life of Senator Margaret Chase Smith*, Rutgers University Press,2000)。

历史学家特里斯·贝尔的文章"社会主义者作为爱国者",讨论了冷战期间的医疗改革问题，这篇文章发表于 2009 年 9 月 14 日，作为《纽约时报》发起的讨论："2009 年的社会主义是什么"的一部分。同样是这一讨论文章的还有派崔克·阿里特的"有什么可大惊小怪的?"。艾萨曼的《另一个美国》和斯克特·斯通塞尔的《军士：军士施莱弗的生平与时代》(*The Other American and Scott Stossel's Sarge : The Life and Times of Sargent Shriver*, Smithsonian Books, 2004) 提到了哈林顿和肯尼迪兄弟。其他更多详细资料可以在波士顿的约翰 F. 肯尼迪总统图书馆和博物馆中的杰出军士施莱弗的收藏品中找到。

更多关于爱德华·卡朋特和他与惠特曼的令人赞叹的关系的资料见谢拉·罗伯德曼的《爱德华·卡朋特：自由的生命与爱》(*Edward Carpenter : A Life of Liberty and Love*, Verso, 2008)。卡朋特自己写的《与沃尔特·惠特曼在一起的日子》首次发表于 1906 年，他的《沃尔特·惠特曼的朋友》发表于 1924 年。爱德华·卡朋特的文档见网站 http://www. edwardcarpenter. net。英格兰博尔顿的博尔顿博物馆和档案馆有很多好的关于詹姆斯·威廉姆·瓦莱士与惠特曼的收藏品。不错的资料和相关内容可见网站 http://www. boltonmuseums. org. uk/bolton - archives/walt - whitman/。

惠特曼提到范尼·怀特的史料可见于特劳伯的《与惠特曼在卡姆登》。有几本关于怀特的很好的传记，我印象深刻的是谢里·莫里斯·艾克哈特的《范尼·怀特：美国的反叛》(*Fanny Wright : Rebel in America*, University of Illinois Press, revised edition, 1992)。罗福·汤普森的《纽约时报》访谈"真正的怀特"发表于 1938 年 10 月 25 日。德比和惠特曼的友情和交往可见于另外的《纽约时报》中的文章，"德比认为是快乐：沃尔特·惠特曼的友谊所赋予的……"，发表于 1907 年 6 月 1 日。

第二章 "广义的爱国主义": 托马斯·潘恩和红色共和主义承诺

本书对托马斯·潘恩言论的所有引用均出自《托马斯·潘恩选集》中的《常识》《危机》《人的权力》《理性的时代》小册子，及文章、书信（美国图书馆，1995 年版，艾尔克·福纳编辑）。按照主题对潘恩作品的有参考价值的评论是约翰 P. 卡明斯基的《公民潘恩：托马斯·潘恩关于人类，政府，社会和宗教的思考》（*Citizen Paine: Thomas Paine's Thoughts On Man, Government, Society, and Religion*, Rowman & Littlefield Publishers, 2002）。关于潘恩的自传来自于福纳的《托马斯·潘恩和革命的美国》、哈维·凯耶的杰作《托马斯·潘恩：革命火种的传播者》（Oxford University Press, 2000）、迈克尔·富特和艾萨克·卡尔姆尼克的《托马斯·潘恩》读本、克雷克·尼尔松的受人欢迎的《托马斯·潘恩：启蒙、革命和现代国家的诞生》（*Thomas Paine: Enlightenment, Revolution, and the Birth of Modern Nations*, Viking, 2006）。福纳、尼尔松和我一起出席了 2009 年 6 月为纪念潘恩去世 200 周年而精心准备的纪念活动，由托马斯·潘恩朋友有限公司在托马斯·潘恩小公园主办，这个公园是保罗·O. 德怀特在曼哈顿南部建造的。我为《国家》和其他杂志写稿的那些年写的正是潘恩。其中的一篇文章在本章中有所体现，写于贝拉克·奥巴马的就职典礼之后，名为"奥巴马为托马斯·潘恩的辩护"，2009 年 1 月载于《国家》。

哈罗德·福斯特最喜欢的历史小说《公民潘恩》，1994 年由格鲁夫出版社编辑出版。卡耶的《托马斯·潘恩：自由的播火者》提供了富兰克林·罗斯福和罗纳德·里根等人关于潘恩思想遗产争论的很有价值的细节，同时，他的书也是关于潘恩持续性影响的洞见之巨大源泉。

格林·贝克的书名为《格林·贝克的常识：被托马斯·潘恩所激励的反对失控政府的例子》(*Common Sense：The Case Against an Out - of - Control Government*, *Inspired by Thomas Paine*, Threshold Editions, 2009)，从中你了解不了多少潘恩，你能够了解的只是贝克。为准备写这一章，我阅读的贝克关于潘恩的文章、评论和文稿，而且重新看了他对其他开国元勋的评论。我也检视了上百小时的贝克的广播和电视节目，这一工作只要查阅 http：//mediamatters. org 网站就能轻易地完成，因为媒体事务公司已为这些作品进行了分类。贝克的叫嚷"贝拉克·奥巴马，社会主义者"在 2010 年 4 月 7 日的广播播出，而读者也可以在 http：//www. foxnews. com/story/0,2933,590532,00. html 网站上找到它的文稿。贝克对潘恩的反思文稿见 http：//www. youtube. com/watch？ v = j5qEkWF7HBo 网站和 http：//www. glennbeck. com/content/articles/article/198/22914/网站。

社会保障总署关于潘恩的言论可以在美国社会保障总署的公共散发物，以及它的关于历史倡议的网上 http：//www. ssa. gov/history/tpaine3. html 找到，根据网上的东西还出版了"土地正义"完整版的小册子。

迈克尔·福特专门写了关于潘恩的作品。他和卡尔姆尼克合作的《托马斯·潘恩读本》于 1987 年由企鹅经典出版社出版，其中包含非常有见地的评论。读者也可以在托马斯·潘恩社团网站看到一些作品(www. thomaspainesocietyuk. org. uk)，这个社团多年来由福特主持工作。"迈克尔·福特，走激进辩论家路线的最后一位辩论家"，是关于福特和潘恩的很好的文章，由历史学家（现在的国会议员）特里斯特拉姆·亨特撰写，最终于 2010 年 3 月 7 日发表于英国的《观察者》报。还有许多反思潘恩和激进传统的非常好的文章，包括历史学家凯瑟琳·霍尔的作品，都可以在卡耶和基思·麦克里兰所写的《E. P. 汤普森：从批判视角看》（*E. P. Thompson：Critical Perspectives*，Temple University Press，1990）找到，这本书是对英国历史学家和潘恩的拥护者 E. P. 汤普森的事业的描述。

尤金·维克多·德比的引言（"托马斯·潘恩远远超过他们所有人……"）在约翰·伊拉泽尔·罗姆斯伯格的"托马斯·潘恩：自由的信徒"有提到，这是一个对潘恩影响加以丰富和详细描述的小册子，于 1917 年由真理追寻者有限公司出版，这家出版社是 20 世纪早期众多的想要重新宣扬潘恩的出版社之一。德比的"无知本身"的引言出自他 1904 年 9 月 1 日在印第安纳州的印第安纳波利斯的演讲"社会党和工人阶级"。他在监狱中的言论可以在大卫·卡尔其纳尔的《德比：他的被批准的生活和从伍德斯托克监狱到亚特兰大的书信》（*Debs：His Authorized Life and Letters from Woodstock Prison to Atlanta*，Boni and Liveright，1919）中找到。其他的德比的言论来自于《尤金·维克多·德比的作品：美国最著名的社会主义者选集》（*Eugene V. Debs：A Collection of Essays by America's Most Famous Socialist*，Red and Black Publishers，2009），以及乔纳森·M. 汉森的《爱国主义失去的承诺：美国自由主义的辩论，1890～1920》（*The Lost Promise of Patriotism：Debating American Identity, 1890 – 1920*，University of Chicago Press，2003）。

关于潘恩和亚当斯之间冲突的深刻分析有很多资料，其中最丰富和最有可读性的是罗森·菲尔德的《美国的奥罗拉：民主共和党的回归；我们国家早期被压抑的历史和试图对其进行报道的无畏报纸》（*American Aurora：A Democratic - Republican Returns；The Suppressed History of Our Nation's Beginnings and the Heroic Newspaper That Tried to*

Report It，St. Martin's Griffin，1998）。卡耶的《托马斯·潘恩和美国的承诺》是另一份不错的资料，约瑟夫·埃利斯的访谈"美国左派的创建人"，发表于《纽约时报》2005年7月31日。

马修·康特纳提的"茶党的两副面孔：里克·桑特利，格林·贝克和民粹主义骚动的未来"2010年6月28日发表于《旗帜周刊》。威拉德·斯特恩·兰德尔所写的别具一格的传记《托马斯·杰斐逊：他的一生》（Thomas Jefferson：A Life，Harper Perennial，1994），提供了关于这位《独立宣言》作者最后岁月的深刻分析，兰德尔的书中对杰斐逊与潘恩关系的深刻反思同样是有价值的。我在这一部分的写作中也参考了兰德尔的《乔治·华盛顿：他的一生》（George Washington：A Life，Holt Paperbacks，1998）。

阿莫斯·吉尔伯特1834年所写的关于19世纪早期激进主义活动家托马斯·斯基德莫尔的书《托马斯·斯基德莫尔的一生》，于1984年由查尔斯·H. 卡重新编辑出版，新出版的书中有非常棒的评论，以及由马克A.劳斯编辑所写的一篇背景介绍文章。斯基德莫尔的"人们拥有财产的权利！"也被收录其中。

有不少关于范尼·怀特的很好的传记，包括谢里·莫里斯·艾克哈特的《范尼·怀特：美国的反叛者》。芭芭拉·艾伦里奇写过一篇关于怀特的非常好的文章，发表于1984年11月的《母亲琼斯》杂志。关于劳动人民党的作品也不少，1907年9月，《政治学季刊》第三期，总第22卷发表的F. T. 卡尔顿的"纽约市的劳动人民党：1829～1831"，对于着手了解劳动人民党来说是个不错的选择。菲利普·福纳的《美国的劳工运动历史》第一卷（History of the Labor Movement in the United States, International Publishers，1947）当然是有参考价值的，贝尔斯通所写的关于早期共和党的性别和工人阶级问题同样也是有价值的。

乔治·艾文斯和派内特的活动家们，如何从劳动人民党起家，而后在激进的土地改革运动中成长为重量级人物的情况，在两本重要的著作中有所体现，它们就是吉米·布朗斯坦的《英国和美国的土地改革和工人阶级历史》（*Land Reform and Working-Class Experience in Britain and the United States*, Stanford University Press, 1999）和马克·劳斯的《年轻的美国》（*Young America*, University of Illinois Press, 2005）。关于阿尔文·布瓦尔的大量珍贵信息都可以在威斯康星历史社会档案馆找到。我曾经为许多出版物写过关于布瓦尔的专门文章，包括在麦迪逊的《资本主义时代》，以及《国家》。最近的一篇文章，"吸引奥巴马的真正的共和党人：前国会议员里奇对符合共和党基本价值观的民主党候选人的认可"发表于《资本主义时代》2008 年 8 月 27 日。

由约翰·R. 考门斯所写的开创性的文章"霍勒斯·格里利和共和党的工人阶级起源"，于 1909 年发表于《政治学季刊》第三期 XXIV 卷。威廉姆·赫顿对他的法律搭档的评论文章"赫顿的林肯"，2006 年由伊利诺伊大学出版社出版。德比的关于"共和党曾经是红色的"言论出现在《纽约时报》1920 年 3 月 14 日的文章中，同时，他在监狱中的记录——美国历史中最令人难忘的一幕可以在 DEBS v. US, 249 U. S. 211（1919）中找到。

第三章　亚伯拉罕·林肯解读马克思：　乌托邦社会主义者、德国共产主义者和其他共和党人

本书所引用的亚伯拉罕·林肯的话是从不同渠道收集来的。单就这一章而言，我主要依靠的文本是《亚伯拉罕·林肯文选》，这是一本具有开创性的书，是关于林肯的书信、演讲和其他作品的多卷本著

作。亚伯拉罕·林肯社团的这个出版计划初创于 1953 年，这个非同凡响的资料来源是由林肯研究学者罗伊 P. 巴斯勒和一个编委会用了 5 年的时代编成的，五年里，他们对林肯的论文进行了抄写和注解。林肯社团还把《林肯选集》放到了网上，http://quod. lib. umich. edu/l/lincoln/。为纪念林肯诞辰 200 周年而成立的亚伯拉罕·林肯 200 周年纪念委员会收集了林肯演讲，本章的大部分引用出自那里。可在 http://www. lincolnbicentennial. gov/lincolns – life/words – and – speeches/网站找到。美国图书馆也出版了两本非常好的选集，如《林肯：演讲与作品 1832 – 1858》和《林肯：演讲与作品 1859 – 1865》，研究林肯的学者唐纳·爱德华·费尔巴哈的编辑工作做得非常出色，他的书《文本与文献中的林肯：作品选集》(*Lincoln in Text and Context：Collected Essays*，Stanford University Press，1988) 也很不错。

　　"悲哀的，四分五裂的一年"，像其他一些关于沃尔特·惠特曼的引用一样，出自他的诗"1861"。菲利普·肖·帕卢丹的《亚伯拉罕·林肯的总统职位》(*The Presidency of Abraham Lincoln*，University of Kansas Press，1995)，获得了 1995 年的林肯奖，书中提供了有价值的细节，托马斯·马林的引人入胜的文章"寻找林肯的华盛顿"，发表于 2009 年 1 至 2 月的《保存》杂志，同样提供了有价值的细节。霍勒斯·格里利写了一本奇特的自传《对一个繁忙生平的反思》(*Reflections on a Busy Life*，University of Kansas Press，1995)，这本书已出版了好几次，仍然具有广泛的需求。威廉·哈伦·黑尔的《霍勒斯·格里利：人民的声音》(*Horace Greeley：Voice of the People*，Harper & Brothers，1950) 是一本很好的传记作品，而我非常喜欢罗伯特 C. 威廉姆的《霍勒斯·格里利：美国自由的战士》(*Horace Greeley：Champion of American Freedom*，NYU Press，2006)。詹姆斯·福特·罗兹的《始于 1850 年妥协的美国历史》（*History of the United States from the Compromise of1850*，Harper，1906），对《论坛》的影响进行了深刻的分析，尤其是关于自由土地和激进的共和党活动家们的分析。为准备写作这本书，我也参阅了亨利 J. 梅哈佛的《将军和记者们：尤勒斯 S. 格伦特、霍勒斯·格里利和查尔斯·达内》（*The General and the Journalists*：*Ulysses S. Grant，Horace Greeley，and Charles Dana*，Brassey's Books，1998）。达内是格里利的最有能力的编辑，他值得当代作者为其作传，但是写于 1907 年的詹姆斯·哈里森的《查尔斯·A. 达内的一生》（*The Life of Charles A. Dana*，Harper Brothers，1907）在当代也仍然是有价值的。我对《论坛报》的研究资料基本上都可以在南缅因州大学历史系副教授亚当塔钦斯基那里找到，他的书《霍勒斯·格里利的纽约论坛报：内战 – 社会主义与自由劳动危机的时代》（Horace Greeley's New York Tribune：*Civil War – era Socialism and the Crisis of Free Labor*，Cornell University Press，2009）写得非常出色。塔钦斯基的书秉承的学术传统可以追溯到 L. D. 英格索的重要著作《霍勒斯·格里利的生平》（*The Life of Horace Greeley*，Union Publishing Co.，1873），查尔斯·索德伦和艾里斯·海纳曼索德伦的著作《霍勒斯·格里利和美国社会主义的其他先驱》（*Horace Greeley and Other Pioneers of American Socialism*，M. Kennerley，1915），当然，菲利普和艾尔克·福纳的著作也能看出这种传统。尽管有这种学术传统，但塔钦斯基的著作还是体现出新意，有着令人赞叹的内涵，尤其是对 19 世纪 40 年代运动中不同的社会主义乌托邦的反思是细致入微的。更多关于格里利和内战前期的改革运动的资料请参阅罗伊·马文·罗宾斯的文章"霍勒斯·格里利：土地改革和失业：1837 ~ 1862"，这篇文章发表于 1933 年 1 月版本的《农业遗产》杂志。

一些关于卡尔·马克思传记，涉及他为《论坛》写作的情况，比如塔钦斯基的作品中当然有这方面的内容。但是还有其他两份资料同样有参考价值，其一是黑尔的文章"当卡尔·马克思为霍勒斯·格里利工作时"，发表于1957年4月的《美国遗产》杂志，而且恰好吸引了马萨诸塞州参议员约翰·F. 肯尼迪的注意；其二是由詹姆斯·李德贝特和弗朗西斯·韦恩所写的《纽约论坛的信件：卡尔·马克思的记者作品选》(*Dispatches for the New York Tribune：Selected Journalism of Karl Marx*，Penguin Classics，2008)，其中有一些深入分析的文章。韦恩的传记作品《卡尔·马克思：一生》(*Karl Marx：A Life*，W. W. Norton & Company，2000)是另一个了解马克思为《论坛》写作的很好的途径。马克思和恩格斯为《论坛》所写文章的大量汇集可见网站 http://www. marxists. org。

约翰·怀尔的《一个足够伟大的人：亚伯拉罕·林肯通往内战的路》(*One Man Great Enough：Abraham Lincoln's Road to Civil War*，Mariner/Houghton Mifflin Harcourt,2007) 出色地记叙了林肯的阅读习惯，而且真正深入描述了这位第十六任总统在19世纪40年代晚期到50年代早期，远离政坛期间的生活。正是在这段时间，林肯使旧的辉格党转向了新的共和党。关于林肯作为一个辉格党的文献有很多，而关于他致力于亨利·克莱的理念和政治事业的文献则更多。林肯对克莱的称道是一个基本的文献，你可以在许多地方看到它，但是我推荐读者去访问弗吉尼亚大学米勒公共事务中心主办的一个很棒的网站 http://millercenter.org。最近的一本关于"伟大的妥协"自传书是由大卫·海德勒和吉纳·海德勒合著的《亨利·克莱：精华美国人》(*Henry Clay：The Essential American*，Random House，2010)，书中提供了关于林肯和克莱关系的洞见。艾里克·福纳的《自由土地，自由劳动，自由人》对于那些试图理解那个时代的政治的人来说，是很有用的，类似的书还有肖恩·韦兰泽的《美国民主的崛起：从杰斐逊到林肯》(*The Rise of American Democracy*：*Jefferson to Lincoln*，W. W. Norton，2005)。洛伊斯·勒曼的《林肯在皮奥瑞亚》(*Lincoln at Peoria*，Stackpole Books，2008) 把众多的线索串联在了一起。

论述德国"48 年人"对内战前夕的社会运动和伊利诺伊、威斯康星和其他州的左派政治家的影响的书有很多，很不错。我很欣赏艾略特·肖尔、肯·福纳斯和詹姆斯·菲利普·唐纳所写的《德国—美国的激进主义报刊：左翼政治文化史，1850 ~ 1940》(*The German – American Radical Press*：*The Shaping of a Left Political Culture*，*1850 ~ 1940*，University of Illinois Press，1992)中的观点。吉米·唐卡耶关于当时的外语和非裔美国人报纸的论述很有见地，而他对那些创办这些报纸的人和政治家们所怀有的敬意这些年来一直激励着我。由马里乔·布勒、保罗·布勒和唐·乔尔卡斯编辑的《美国左派的百科全书》(*The Encyclopedia of the American Left*，Garland，1990) 讲述了移民激进主义者的故事，具有很高的价值。如果你想阅读马克思主义指挥官在林肯军队中的故事，你可以把卡尔·奥伯曼的书《约瑟夫·韦德梅耶》(*Joseph Weydemeyer*，International Publishers，1947)复制一本。"48 年人"中最杰出的一位，卡尔·舒尔茨，是汉斯·L. 特雷福斯的《卡尔·舒尔茨传》(*Carl Schurz*：*A Biography*，Fordham University Press，1998) 研究的主题，也是 20 世纪 20 年代和 30 年代在《威斯康星历史杂志》中很多杰出文章的主题，包括：芭芭拉·唐纳的"卡尔·舒尔茨作为官方搜查人"(1936 年 12 月) 和"卡尔·舒尔茨外交官"；卡尔·罗素·费舍的"卡尔·舒尔茨——美国人"(1929 年 6 月)；约瑟夫·斯卡弗的"卡尔·舒尔茨，移民发言人"(1928 年 6 月)。在亨利·伯恩斯坦的作品对《论坛》的影响方面，可参阅米尔勒·库提的"1848 年革命对美国政治思想的影响"，《美国哲学社团的行动》(*Proceedings of the American Philosophical Society*, 1949；read November 4,1948)，以及塔钦斯基的书。

在林肯与土著美国人的紧张关系方面，大卫·尼古拉斯（与我没有亲属关系）在他的佳作《林肯和印第安人：内战的政治和政治家》(*Lincoln and the Indians：Civil War Policy and Politics*, University of Illinois Press, 1999) 提供了洞见，而丹尼尔·W. 霍姆斯特德的"亚伯拉罕·林肯：对明尼苏达伟大的库族起义中300名印第安犯人命运的决定"，发表于2001年12月的《美国历史》杂志，则提供了一些细节以及这一令人痛苦的主题的细微之处。格里利的矛盾的、有时落后的思想在上述提到的自传中有所概括，而格里利自己的《1959年夏从纽约到圣弗朗西斯科的陆路跋涉》(*An Overland Journey From New York to San Francisco in the Summer of 1859*, C. M. Saxton, Barker and Co. ,1860) 也有涉及。格里利与林肯就解放的争论是经常被人提及的，阿伦·C. 格尔佐的《林肯的解放宣言：美国奴隶制的结束》(*Lincoln's Emancipation Proclamation：The End of Slavery in America*, Simon and Schuster,2006) 对此进行了综合论述。从我的角度看，无论如何，这方面的全部历史并没有被完全挖掘出来。我尤其失望于大多数历史学家对副总统汉尼拔·哈姆林和查尔斯·达内在这方面争论中所扮演角色的忽略。

关于林肯对待纽约工人群体方面的资料，我推荐大家访问林肯研究所主办的一个很好的网站："林肯在纽约"，http://www. mrlincolnandnewyork. org。在我看来，这是一个很好的研究出发点。林肯研究所的"林肯先生的白宫"网站提供了林肯就任总统时的日程和会议安排，网址是 http://www. mrlincolnswhitehouse. org。

有几本关于查尔斯·弗朗西斯·亚当斯的传记涉及了他的大使工作和他在内战期间扮演的微妙角色。我喜欢马丁·杜伯姆的《查尔斯·弗朗西斯·亚当斯，1807～1886》（*Charles Francis Adams, 1807-1886*，Stanford University Press, 1968）。亚当斯的日记以《查尔斯·弗朗西斯·亚当斯》（*Diary of Charles Francis Adams*，Belknap Press, 1964）为名出版。在哈佛大学的涵盖广泛且正在进行的亚当斯论文整理项目中，也可以得到这些材料。关于亨利·亚当斯和马克思的细节描述，请参阅大卫·帕特海姆的"德国哲学中的亨利·亚当斯教育"（《历史观念杂志》，1988），当然还有《亨利·亚当斯作品选集》（*Collected Works of Henry Adams*，Library of America，1983）。

金关于杜波伊斯的演讲被收录在艾斯特·库帕·杰克森的《自由之路文摘：他们自己国度的先知书》（*Freedomways Reader: Prophets in Their Own Country*，Basic Books，2001），其中有一篇康士坦茨·波尔写的不错的文章。杜波伊斯的文章"林肯的伙伴"第一次发表于1922年5月的《危机》杂志。杜波伊斯在《危机》上的文章以不同的方式被收录，读者可以访问该杂志的网站 http://www.thecrisismagazine.com，也可以阅读曼宁·马拉伯的《W.E.B.杜波伊斯：黑人激进民主党》（*W. E. B. DuBois: Black Radical Democrat*，Paradigm Publishers，2005）。

第四章　合法与和平的精神革命：的的确确的社会主义

这一章主要是从我与泽德勒的谈话中产生的，泽德勒是密尔沃基前市长和伟大的"下水道社会主义"传统的守卫者。泽德勒出版了他的回忆录《一个自由主义者在市政府》（*A Liberal in City Government*，Milwaukee Publishers LLC，2005），而他的论文很好地保存在威斯康星的密尔沃基的戈尔达梅尔图书馆里。我曾写过几篇文章记叙了对泽德勒的访谈和与他共度的时光，包括"最后一个下水道社会主义者"，发表于《国家》(2006 年 7 月 14 日)。2010 年春,我在密尔沃基公共图书馆发表了纪念弗兰克·P. 泽德勒的演讲,而密尔沃基公共电视台在这次演讲的基础上制作了一个电视节目,可以在 http://www.mptv. org/shows/specials/网站上收看。历史学家约翰·戈尔达的 2009 年杰出演讲"社会主义者如何拯救了密尔沃基"也可以在这个网站上看到。

关于密尔沃基社会民主党和社会主义者的政治活动的书有几本是有价值的,包括马文·沃克曼的《密尔沃基的社会民主党历史》(*History of the Social Democratic Party of Milwaukee*, *1897 – 1910*, University of Illinois Press, 1945);马里文·霍利的《美国市长:最好和最坏的大城市领导们》(*The American Mayor*: *The Best and the Worst Big – City Leaders*)于 1999 年由宾夕法尼亚出版社出版,书中包括一般意义上的"下水道社会主义者"和特殊意义上的唐·豪恩的丰富资料。在我看来,更加有价值的是莎利·米勒的作品,她的《维克多·贝尔格尔和社会主义建设的承诺,1910~1920》于 1973 年由格林伍德出版社出版,以及爱德华·缪斯克的作品,他于 1960 年在西北大学完成了关于贝尔格尔的博士论文。缪斯克的论文"维克多·L. 贝尔格尔:国会和红色恐怖"(威斯康星历史杂志,1964 年第 4 期,47 卷),还有罗德里克·纳什的"维克多·L. 贝尔格尔:使马克思受人尊敬"(威斯康星历史杂志,1964 年第 4 期,47 卷),这些书籍和杂志对我有很大帮助,威斯康星历史学会同样也提供了很多有用的资料。尤金·维克多·德比在文章"我怎样变成一个社会主义者"中提供了贝尔格尔对他进行指导的资料,这篇文章发表于《同志》杂志 1902 年春季卷。约翰·戈尔达曾经撰写的关于密尔沃基社会主义者的作品近些年来由《密尔沃基前哨报》陆续刊出。我写这一章时特别关注的其中一篇文章是"这里,社会主义意味着诚实、节俭的政府",发表于 2009 年 4 月 4 日。利萨·凯撒尔对戈尔达的一篇出色采访在《牧羊人快递》报纸网站 http://www.expressmilwaukee.com 上可以看到,它是在 2009 年 5 月 24 日发在网上的。

艾尔·卡普内斯的《美国社会主义运动,1897 ~ 1912》(*The American Socialist Movement*,*1897 – 1912* ,Columbia University Press,1952)和霍华德·奎恩特的《美国社会主义的打造:现代运动的起源》(*The Forging of American Socialism*:*Origins of the Modern Movement* ,University of South Carolina Press,1953)就美国的社会主义运动提出了很好的概述,大卫·萨浓的《美国的社会主义党历史》 (*The Socialist Party of America*:*A History* ,Macmillan,1955)也同样如此。但是我尤其喜爱詹姆斯·文斯坦的《美国社会主义的衰落》 (*The Decline of Socialism in America* ,Rutgers University Press,1984)。詹姆斯是我很好的朋友,在他近几年写作的过程中,我们曾经就他的结论进行了友好的磋商,他可以为了与我"谈论社会主义",用一下午的时间从芝加哥驱车前往麦迪逊,但是我仍然对他的学术观点有不解之处,也仍然深切地怀念与他的友谊。

社会主义领导人和活动家写过专门反映社会党在那个阶段伟大影响的书,我从迈克尔·史蒂文斯成功编辑的《维克多和米特·贝尔格尔的通信,1894 ~ 1929 》(*Family Letters of Victor and Meta Berger*,*1894 – 1929* ,State Historical Society of Wisconsin,1995)这本书中找到了很多资料。这些年来我所收集的由贝尔格尔撰写的小册子也同样为这一章提供了很多资料。贝尔格尔的《猛烈抨击》(*Broadsides* ,Social Democratic Publishing Co.,1912)和《维克多·L. 贝尔格尔:国会演讲和社论》(*Voice and Pen of Victor L. Berger*:*Congressional Speeches and Editorials* ,Milwaukee Leader,1929)是他最

好的收录作品集。伊梅尔·塞德尔的《我们在密尔沃基做了什么》
(*What We Have Done in Milwaukee*, National Office of the Socialist Party,
1911) 和《必须往哪里走？国有还是私有铁路？》(*Which Must Go?*
America or Private Ownership of Railroads?, Socialist Party of Wisconsin,
1923)。唐·豪恩的《社会主义和城市：如何从美国城市中移除
混乱置入秩序和美好》(*Socialism and the City*: *How to Remove Chaos*
and Put Order and Beauty into American Cities, Haldeman – Julius
Publications, 1931) 和《城市政府：密尔沃基经历的记录》(*City*
Government: *The Record of the Milwaukee Experiment*, Harcourt, Brace
and Co. ,1936)。莫里斯·希尔奎特的回忆录《繁忙生命中的落叶》
(*Loose Leaves from a Busy Life*, Macmillan, 1934)，上述作品既有丰富
的细节，又有参考价值。

本杰明·戴维斯写了一本有价值的回忆录《从黑人居住区走出
来 的 社 会 主 义 议 员》(*Communist Councilman From Harlem*,
International Publishers, 1969)，西蒙·格森写了《彼特：彼特·V.
卡考因的故事，纽约第一个社会主义议员》(*Pete*: *The Story of Peter*
V. Cacchione, *New York's First Communist Councilman*, International
Publishers, 1976)。西蒙的那些包含共产党选举工作的大量资料的论
文被保存在 Elmer Holmes Bobst 图书馆的 Tamiment Library/Robert F.
Wagner Labor 文档中，读者很容易就能找到这些论文选集。西蒙的祖
母提米本身就是一个伟大的社会活动家，她为西蒙的写作提出了好的
意见。肖恩·理查曼的讣告"一个社会主义者的安魂曲"2005 年 6
月 11 日发表在理查曼的网页 http：//www. shaunrichman. org tells Si's
story well。

克尼·塞尔瓦托写的德比传记是一个关键文本，希尔奎特的
"德比颂词"(《新领导人》1926 年 10 月 23 日) 也同样如此。关于诺

尔曼·托马斯的很好的传记有不少，我主要依赖的是亨利·弗莱切曼的《诺尔曼·托马斯传》(*Norman Thomas：A Biography* ，W. W. Norton & Co. ,1964)；W. A. 斯万伯格的《诺尔曼·托马斯：最后一个理想主义者》(*Norman Thomas：The Last Idealist* ，Charles Scribner and Sons, 1976)；伯纳德·约翰波的《和平进步主义者：诺尔曼·托马斯和美国社会主义的衰落》(*Pacifists Progress：Norman Thomas and the Decline of American Socialism* ，Quadrangle Books, 1970)。我记得我在威斯康星的格里伍工会图书馆借过约翰波的书，当时我才 12 岁。图书管理员感到奇怪，但他并没有太在意。

为写作这一章，我经常光顾《纽约时报》和《时代》杂志的档案馆，它们都有关于 1910～1960 年的社会党和社会主义者以及共产主义的全部报道。这些报道远远比当代的第三党更为公正，也更有尊敬的态度，部分原因在于社会主义者和共产主义者的深远影响，同时也因为那时的媒体对政治事件的报道更加严肃认真。《纽约时报》对诺尔曼·托马斯 1932 年竞选总统及其后影响的报道，与对密尔沃基社会主义者和纽约、宾夕法尼亚的里丁的社会党行动主义的报道对我写作这本书尤其重要，而它对纽约的共产党活动的报道也同样非常有价值。1936 年 4 月 6 日的《时代》杂志报道了密尔沃基市长豪恩的故事，"马克思主义市长"是一篇令人赞叹的文章，因为它以今天难以想象的方式公正地评价了这位激进的城市领导人对美国政治争论的贡献。

值得一提的是，阅读 20 世纪早期激动人心的时代里那些关于社会主义者、共产主义者和左翼分子的运动的报道，是令人感到非常悲哀的，因为这些报道表明在过去的 50 年里，纯粹的精英媒体对我国政治事件的报道变得怎样地狭隘和退步。

第五章 "只是愚蠢的专制"：社会主义者如何拯救第一修正案

第四章注释中提到的关于维克多·贝尔格尔的文章、随笔和书，以及《纽约时报》档案馆中关于贝尔格尔的政治和法律斗争的报道也是第五章的基础性资料。贝尔格尔的故事是那个时代新闻报道的头版头条。我也翻阅了《密尔沃基领导人》（以下简称《领导人》）关于贝尔格尔的报道。所有在威斯康星历史社会学会能够找到的《领导人》胶片我都翻阅了。我的写作最终依赖于关于贝尔格尔的报道和与我有多年合作关系的威斯康星、麦迪逊的《资本时代》中的《领导人》文档。《资本时代》是一份创建于 1917 年的进步报纸，它是为了支持罗伯特·M. 拉裴特的竞选、为捍卫第一次世界大战期间的演讲自由而创办的，它支持了贝尔格尔关于第一修正案的斗争，当时没有几个报纸敢于这样做。

菲利普·福纳的《美国的劳工运动史（第 8 卷）：战后的斗争，1918 ~ 1920》[History of the Labor Movement in the United States (Vol. 8)：Postwar Struggles, 1918 – 1920, International Publishers, 1988] 提供了对第一次"红色恐怖"的详细叙述。霍华德·泽恩的《美国一个人的历史》(A People's History of the United States)和杰弗里·斯通的《危机时刻：从 1798 年的叛乱法到与恐怖分子的战争期间的战时演讲》(Perilous Times：Free Speech in Wartime from the Sedition Act of 1798 to the War on Terrorism, W. W. Norton, 2004) 既有细节又很有参考价值。我向读者推荐阅读的那个时代的书是《致美国人民：对美国司法部的非法活动的报告》(To the American People：Report Upon the Illegal Practices of the United States Department of Justice, National

Popular Government League，1920），这本书中收录了未来的最高法院法官菲利克斯·弗兰克弗特的一篇出色的文章。

我参考了很多关于艾玛·戈德曼与司法部斗争的资料，包括她收录在《亲历岁月》（*Living My Life*，Knopf，1931）和《红色艾玛的言论：作品和演讲集》（*Red Emma Speaks：Selected Writings and Speeches*，Random House，1972）的作品。《艾玛·戈德曼：美国岁月的一个历史文献，第2卷——使演讲获得自由，*1902～1909*》（*Emma Goldman：A Documentary History of the American Years*，Volume 2—*Making Speech Free*，*1902–1909*，University of California Press，2004）提供了有用的背景资料，马丁·杜波曼的《地球母亲：艾玛·戈德曼的史诗般的生命》（*Mother Earth：An Epic Drama of Emma Goldman's Life*，St. Martin's Press，1991），斯通的《危机时刻》以全方位视角揭示了那个时代。霍华德·泽恩的《艾玛：艾玛·戈德曼在两幕戏剧中的演出，美国的无政府主义者》（*Emma：A Play in Two Acts about Emma Goldman*，*American Anarchist*，South End Press，2002）写得也非常到位。

德比与联邦政府工作人员的斗争在他的书《墙壁和栏杆》（*Walls and Bars*，Charles H. Kerr Publishing Company，1927）和由吉因·Y. 图塞伊主编的《尤金·V. 德比的言论》（*Eugene V. Debs Speaks*，Pathfinder Press，1972）中都有回顾。恩斯特·费尔伯格曾写过一本很好的书，讲述了德比在监狱中的故事：《民主党的囚犯：尤金·V. 德比，伟大的战争和异议的权利》（*Democracy's Prisoner：Eugene V. Debs，the Great War，and the Right to Dissent*，Harvard University Press，2009）。我也阅读了安托尼·罗伊斯的文章"正义的福尔摩斯和'杰出的犯人'"，2009年7月2日发表在《纽约书评》，给了我很多启发。最高法院的决议参考的是 DEBS v. U S，249 U. S. 211（1919），读者可以在 http://lawsfindlawcom/us/ 249/211.html 网站找到。

约瑟夫·罗尼的"维克多·贝尔格尔：一个为争取自由演讲的不情愿的殉道者"可以在威斯康星司法系统网站 www. wicourts. gov/about/organization/history/找到。对《领导人》的裁决参考资料是 U. S. EX REL. MILWAUKEE SOCIAL DEMOCRATIC PUB. CO. v. BURLESON，255 U. S. 407（1921），它可以在 http://laws. findlaw. com/us/255/407. html 网站找到。

第六章 为了工作与自由： 那些敢于在华盛顿游行的激进社会主义者

贾维斯·安德森的娴熟之作《A. 菲利普·伦道夫传》（*A. Philip Randolph:A Biographical Portrait*，University of California，1986）第一次使我了解到这位伟大的劳工和民权运动领袖。关于伦道夫的书还有一些，其中几本写得不错。但是安德森，这位《纽约客》杂志非常能干的劳工和民权运动的年代史编者，在他的书中全面地描述了伦道夫和他的使命。这一章得益于他在这本书中的报道和见解，也得益于他在另一本书中的报道和见解，即伦道夫的主要副官和几十年民权运动中的亲密同盟拜亚特·鲁斯丁的传记《我所见过的麻烦》（*Troubles I've Seen*，University of California Press，1998）。安德森去世较早，但是在讣告"贾维斯·安德森，纽约客的作者和鲁斯丁的传记作者，于 67 岁去世"中，他得到了实至名归的评论，这篇讣告是由罗宾·伯格瑞宾写的，发表于 2000 年 1 月 12 日的《纽约时代》上。

在鲁斯丁的生命后期我对他进行过采访，题目集中在他的民权运动经历上，我们也就伦道夫展开了较为详细的论谈。在对前国会议员瑞恩·德鲁姆的工作进行追踪采访过程中，我了解到他的叔叔 C. L. 德鲁姆在打造国会政治中发挥了重要作用。德鲁姆经常谈论起他的叔叔和卧车搬运工兄弟会。本章引用的一个非常好的访谈是由哈里·克拉斯勒在 2000 年 2 月 10 日进行采访的，地点在柏克莱国际研究所，是作为加利福尼亚大学"与历史交谈"系列的一部分。可以在 http://globetrotter. berkeley. edu/people/Dellums/dellums – con1. html 网站找到。

德鲁姆的令人感动的自传（执笔者是 H. 李·赫特曼），《与狮共眠：从奥克兰街头到权力的中心》(*Lying Down With the Lions：A Public Life from the Streets of Oakland to the Halls of Power* ，Beacon，2000)，包括一些对卧车搬运工兄弟会的很好的历史描述。拉瑞·泰尔的《崛起于铁路：普尔曼搬运工和黑人中产阶级的形成》(*Rising from the Rails：Pullman Porters and the Making of the Black Middle Class* ，Holt Paperbacks，2005) 对搬运工兄弟会的历史进行了立体的描述。约翰·伊格尔顿的《现在对过去讲话：南方民权运动前的一代》(*Speak Now Against the Day：The Generation Before the Civil Rights Movement in the South* ，University of North Carolina Press，1995) 讲述和阐明了伦道夫，这位南方兄弟会的领导，人民高等教育研究中心的领头人在民权运动方面所作的贡献。伊格尔顿是罗伯特·F. 肯尼迪图书奖的获得者，他写的书可读性很强。

泽恩和许多其他历史学家很详尽、很有智慧地呈现了劳工运动和非裔美国人之间的紧张关系，尤其是民权运动之前年代的关系。最近出版的几本书对这一关系的讨论也很有帮助，包括罗伯特·罗格斯·卡斯塔德的《民权联合主义：烟草工人和 20 世纪中期的民主党抗争》(*Civil Rights Unionism：Tobacco Workers and the Struggle for Democracy in the Mid – Twentieth – Century South* ，University of North Carolina Press，2003)。比尔·弗莱切和弗南多·卡普辛合著了《团结的分裂，工会工人的危机和通过社会正义的新路径》(*Solidarity Divided，The Crisis in Organized Labor and A New Path Toward Social*

Justice , University of California Press，2008），比尔的作品为我的理解
提供了资料，扩大了我的理解范围。比尔和我在这些年里经常共同讨
论劳工和民权问题，就我的理解，在关于这段历史和经济及种族正义
斗争的当代动态方面，他是最有智慧的评论家。

与弗莱切的作品一道，以作品和口述史评论形式出现的亨特·彼
兹的"杰克"欧戴尔为我们讲述了很多 20 世纪 50 年代的"红色恐
怖"怎样打击了英勇的劳工和民权运动的故事。欧戴尔的口述史把民
权运动的所有伟大历史都收录进来，其中包括诸如泰勒·布兰奇的杰
作《在迦南的边缘：金所处时代的美国，1965 ~ 1968》（*At Canaan's
Edge*：*America in the King Years*,*1965 – 1968* ，Simon & Schuster，2006）
欧戴尔的作品被收录在克莱宾的《雅各布的梯子：杰克欧戴尔的黑人
自由运动作品》（*Jacob's Ladder*：*The Black Freedom Movement Writings of
Jack O'Dell* ，University of California Press，2010）中。克莱宾与约翰·
莫诺尔和伊兰·罗克斯波若 – 史密斯一起作为一本作品随笔选集《杰
克欧戴尔：现在的非常紧急之事》（*Jack O'Dell*：*The Fierce Urgency of
Now* ，Center for Study of Working Class Life，2005）的供稿者。由山
姆·西尔斯于 1993 年 8 月 5 日对欧戴尔进行的口述史访谈中很多他自
己的思想，本章予以引用。这一访谈的文字记录可以在网站 http://
historymatters. gmu. edu/d/6924/上找到。

马丁·路德·金对社会主义、马克思主义和经济正义的评论可以
在《马丁·路德·金论文》中找到，这是由加利福尼亚大学出版社
出版的系列开创性著作。金的论文出版项目是由斯坦福大学的马丁·
路德·金研究和教育所与马丁·路德·金中心和马丁·路德·金房地
产共同组织的，要了解更多关于它的详情，请访问网站 http://mlk-
kpp01. stanford. edu。迈克尔·艾瑞克·戴森的精美著作《如果没
有你我可能做不到：真正的马丁·路德·金》（*I May Not Get There*

With You: The True Martin Luther King, Jr., Simon and Schuster, 2000)较为详尽地呈现了金对于民主社会主义的态度和观点。布莱恩·琼斯写了关于这方面的深刻随笔"马丁·路德·金的最后斗争",发表于《国际社会主义回顾》2008 年 3 至 4 月期。"科瑞塔·斯哥特·金和民权与人权斗争:一份持久遗产",发表于《非裔美国历史杂志》(2007 年冬,第一期,总第 92 卷),这是一篇很好的反映科瑞塔·斯哥特·金的政治和意识形态观的文章。

从 20 世纪 40 年代起,《纽约时报》就密切地跟踪报道伦道夫和他的拥护者们,这一章很多资料都依赖于《纽约时报》的档案。本章所提到的伦道夫的演讲和活动,尤其是他为推动 1960 年大会期间的游行、1963 年的华盛顿游行和为争取自由预算所做的努力都是从《纽约时报》中获得资料来源的。莫里斯·艾萨曼的关于 1960 年游行的文章"1960 年的抗议者帮助改变了世界",发表于《洛杉矶时代报》2000 年 8 月 13 日。1960～1970 年,《黑檀》杂志对伦道夫进行了访谈,提供了关于伦道夫思想的有用资料,尤其是 1969 年那篇史诗般的报道"A. 菲利普·伦道夫:劳动的伟大老人",发表于《黑檀》杂志 1969 年 5 月。在这篇报道中,菲利普反思了他与 20 世纪 60 年代激进主义者的关联,说道:"我自己也曾是一名年轻的黑人激进主义者,一个当年愤怒的年轻人。作为一个社会主义者,一个工会主义的倡导者,一分激进杂志《信使报》的编辑,我不认同任何被树为尊崇的东西,不认同任何属于美国典范和美国体制的东西。我相信旧的政治、经济和社会秩序必须被改变,而且应该立刻改变!"

后　　记

上面提到的米歇尔·哈林顿的书、随笔、文章和演讲,以及莫里斯·艾萨曼优秀的传记和政治作品是本章写作的基础。我要感谢哈林顿、芭芭拉·艾伦瑞克、桃乐丝·哈里雷、比尔·温皮辛格、肯·豪威、哈罗德·梅尔森，以及其他与民主社会主义组织委员会、民主社会党、全美制造业协会和工会有关联的人，这些人为收集关于这些组织的材料，多年来一直与其进行访谈和对话。梅尔森关于民主议程的文章，尤其是他的短文"民主议程的灵魂：另一个自由转折点的回声终于在理性大会的最后时刻被感知"（《美国前景》，2009年2月13日），以及"没有运动，进步主义不可能帮助奥巴马的议程"（《华盛顿邮报》，2010年1月6日），对我的写作特别有价值。梅尔森博大的信念对于理解和尊敬民主社会党在最近几十年的斗争具有关键作用，与梅尔森一样发挥作用的还有其他一些记者，如《异议》的记者，民主社会党《左派》的记者，《在那些时代和旧国家的守护者》的记者，这些报刊在历史上报道了美国左派的进程，在某些情况下，现在仍然在报道着。

这一章主要依赖于1960～1980年《纽约时报》和《时代》杂志的档案，在这段时间，这两个出版物都理性而持续地报道了旧社会党、民主社会主义组织委员会、民主议程、民主社会党和哈林顿的一般性活动。《时代》还定期刊出哈林顿的特写稿，使社会主义者的视角占据一席之地，而且为读者提供了一个广泛的论坛，促使激进观念的频繁出现。《时代》杂志和《洛杉矶时代》还理性而持续地报道了汤姆·海登的经济民主运动，我也要感谢他们的历史档案。

爱荷华国会议员史蒂文·金的保守政治会议演讲发表于2010年2月20日的对话周刊《人类事务》上，题目为"保守政治会议：众议员史蒂文·金的评论"。罗伯·波特的文章"照片为证：米歇尔·奥巴马在白宫图书馆保存社会主义的书"可以在2010年2月18日他的网站 http://www.sayanythingblog.com 上找到。《华盛顿邮报》报道了接下来的争论，发表了史蒂芬·劳曼的网上文章"社会主义图书在白宫图书馆？一篇博客提供了照片证据，但只是故事的一部分"和"社会主义图书在白宫图书馆？是的——自从 1963 年"。这些文章后来张贴在该杂志的网站上，http://voices. washingtonpost. com/shortstack/2010/02/socialist_books_in_ the_white_h. html。

还有其他更多报道，包括《纽约》杂志"更多震惊白宫图书馆的书！"（2010 年 2 月 18 日）；《基督教科学箴言报》"章节与诗篇"的博客"米歇尔·奥巴马在白宫图书馆里收藏了社会主义图书吗？不可能！关于白宫图书馆的藏书，一篇游览博客急匆匆地下了错误结论"（2010 年 2 月 19 日）；《洛杉矶时代》的"夹克副本"的博客"白宫图书馆的'社会主义'图书是杰克·肯尼迪的"（2010 年 2 月 19 日）；还有一篇受欢迎的"图书馆之事"的博客"书目归类：1963 年的白宫图书馆——社会主义图书包括在内"（2010 年 2 月 23 日）。本章要公开感谢所有这些评论"图书门"事件的一语中的的、有趣的博客。

约翰·肯尼迪关于马克思作记者的演讲收录在国会档案中，题目是"参议员约翰·F. 肯尼迪在海外新闻俱乐部年度颁奖晚宴上的讲话，纽约市，1957 年 5 月 6 日"。这一资料在约翰·F. 肯尼迪总统图书馆和博物馆网页的"历史资源"部分很容易找到。肯尼迪提到的那篇文章是威廉·哈伦·黑尔的"当马克思为霍勒斯·格里利工作时"，发表于《美国遗产》杂志，1957 年 4 月刊。肯尼迪与埃莉诺·罗斯福争执的参考资料来源于书信、日记和专栏，由非常好的埃莉诺·罗斯福论文整理项目工作组收藏、保存，以备查阅，该项目组由大学研究中心负责，联合乔治·华盛顿大学历史系共同工作，它的网站是 www. gwu. edu/ ~ erpapers/。

德怀特·麦克唐纳对哈林顿《另一个美国》的书评"可见的贫

困"发表于《纽约客》1963 年 1 月 19 日。迈克尔·卡夫曼的"让总统阅读的危险"发表于《纽约时报》1999 年 5 月 22 日。斯科特·斯图塞尔的传记佳作《军士：军士施莱沃的生平和时代》(*Sarge*：*The Life and Times of Sargent Shriver*，Smithsonian Books，2004)提供了"对贫困开战"运动的深刻剖析，就像哈林顿的书和艾萨曼的传记《另一个美国》一样。我也要感谢迈克尔·欧伯瑞的《约翰·肯尼迪传》(*John F. Kennedy*：*A Biography*，Thomas Dunne Books，2005)。哈林顿的《另一个美国：美国的贫困》连同伊文·豪的介绍由西蒙出版社 (Simon and Schuster) 于 1997 年出版。

麦克钱尼和福斯特的文章"资本主义，荒谬的制度：一个美国的视角"，发表于《书评月刊》2010 年 6 月，这篇文章写得非常好。

关于民主社会党支持杰西·杰克逊的争论资料来自 1987 年的新闻报道，以及杰克逊与斯蒂芬·库伯的讨论，1988 年库伯曾帮助杰克逊策划"彩虹联盟"运动。约书亚·弗里曼的《纽约的工人阶级：第二次世界大战后的生活和劳动》2000 年由新闻出版社出版。这是一本重要而且非常有用的书，同样重要的还有弗里曼的另一本书《在途中：纽约的运输工人工会，1933～1966》(*In Transit*：*The Transport Workers Union in New York City*，*1933–1966*，Temple University Press，2001)。

我曾为《国家》和其他杂志较为详尽地报道了 2008 年奥巴马的竞选活动，包括许多事件和声明，我在这一章中也用到了，读者可以在我的博客"打击"("The Beat") 中找到，网址是 www. thenation. com。我也曾为《进步》杂志撰写过关于奥巴马 2008 年 7 月在亚特兰大讲话的文章，当时他试图使左派放心，这篇文章名为"如何推动奥巴马"发表于《进步》2009 年 1 月刊。这些文章，以及由一些组织，包括进步党、美国进步民主党、国际社会主义组织和海曼克出版社所组织的相关谈话，有助于加深和扩展本章结尾处所做的分析。

我使用的共和党人口中的"社会主义"这个词语大多数都是我为《国家》杂志撰稿时用的，关于佩林的过分行为我曾写过文章，作为由《国家》杂志编辑理查德·卡姆和贝斯提·里德编辑的好书《涂脂抹粉》(*Going Rouge*, OR Books, 2009) 中的一章。

本章提到的拉斯穆森报告中的选票资料来自于 2009 年 4 月 9 日公布的一份研究报告，名为"仅有53%的人说资本主义比社会主义好"。皮尤大众与新闻研究中心的调查公布于 2010 年 5 月 4 日，名为"'社会主义'并不是多么负面的事物，'资本主义'也不是多么正面的事物：一个政治修辞的测试"。

1830 年 11 月 30 日，弗朗西斯·怀特为《自由探索者》写下了这样的句子："那些被压迫人民奋力摆脱全副武装的压迫者，压迫者们合法地使被压迫者忍饥挨饿，压榨他们的劳动直到死亡的状况一去不复返了"。在一本令人赞叹的书《美国工业社会的历史文献：劳工运动，1820 ~ 1840》(*A Documentary History of American Industrial Society：Labor movement ,1820 – 1840*, the A. H. Clark Company, 1910) 中，约翰·R. 卡门斯、尤里克·伯纳尔、尤金·阿伦·吉尔曼、海伦·劳拉·莎曼和约翰·伯特曼·安德鲁收集了怀特的文章，这本书的序言是理查德·T. 伊利写的，伊利是威斯康星大学杰出的经济学教授，也是一个进步改革者，他曾在 20 世纪末提出，社会主义观念值得人们聆听和采纳，美国需要这样的观念。伊利不是一个社会主义者，但是正如阿瑟·莫罗·刘易斯所说的，伊利是一个"公正的反对者"，他"为使社会主义在一个不合理的时代被人们所倾听做了大量的事情"。为倡导社会主义观念，也为支持印刷工人的罢工，伊利遭到迫害并被华盛顿大学威胁开除出教师队伍。伊利被指责为宣扬"乌托邦，不切实际的做法，或者有害的教条"，他对这种指责予以反驳，为此他遭到校董的审判，也以此为学术和知识自由原则的建立奠定了基础，20 世纪 60 年代，美国广播电视公司制作了系列节目"勇气面面观"，庆祝此事，"勇气面面观"这一名称得自于约翰·肯尼迪的同名书。

在华盛顿大学校园中心的贝斯康姆大厅，靠近伟大的亚伯拉罕·林肯雕像有一个牌匾，写着伊利为争取所有观念，包括社会主义观念的讨论权进行斗争的信条。这块牌匾上写道："不管其他地区如何束缚人们的探索，我们相信伟大的威斯康星大学将永远鼓励人们去持续地、无畏地甄别和筛选，并以此来发现真理。"

写作这本书是希望美国人重新投身于"持续地、无畏地甄别和筛选，并以此来发现真理"的进程中。

译后记

把美国与社会主义相提并论，需要一定的独到眼光和理论勇气。约翰·尼古拉斯，美国有影响的政论家，《资本主义社会》和威斯康星的《麦迪逊日报》的副主编，《国家》杂志的驻华盛顿记者勇于接受挑战，以深刻的分析和独特的叙事手法出色地完成了记录美国社会主义简史的任务。作家戈尔·韦德尔对约翰·尼古拉斯的评论是：在所有与美国黑暗面进行抗争的斗士中，尼古拉斯是最杰出的一位。在这本书中，尼古拉斯对美国社会主义传统的描述是以诗人沃尔特·惠特曼、革命理论家托马斯·潘恩、第十六任总统亚伯拉罕·林肯、密尔沃基市长丹尼尔·韦伯斯特·豪恩和弗兰克·泽德勒、新闻自由的维护者维克多·贝尔格尔、劳工领袖 A. 菲利普·伦道夫的生平事迹为主线，按照时间顺序进行的。

为确保这本书的翻译质量，本人查阅了大量相关资料，并请教了国内外相关专家。尤其需要感谢的是中国社会科学院马研院国外部主任冯颜利研究员，冯颜利研究员也是本书的校对人，在翻译过程中他自始至终给予指导，翻译工作完成后，他不但对译稿非常仔细地进行校对，而且提出了很多宝贵意见。此外我还要感谢中国社会科学院创新工程对本书翻译出版的资助，感谢马研院学术委员会与中国社会科学院马研学部对本书的支持。感谢社会科学文献出版社将本书交由我们翻译，感谢本书编辑对本书文字的辛勤加工。

陈慧平

2012 年 12 月 21 日

世界社会主义研究丛书·相关链接

　　《世界社会主义研究丛书》是由中国社会科学院世界社会主义研究中心与社会科学文献出版社组织出版的一套以世界社会主义研究为宗旨的学术著作，分"皮书系列"、"研究系列"和"参考系列"。"研究系列"以国内的优秀研究成果为主，作者均为具有代表性和权威性的专家学者；"参考系列"以译著为主，收录国外著名学者的代表性作品。"皮书系列"主要是《世界社会主义黄皮书》，2006年我们出版了首部《世界社会主义黄皮书》，此后每年"两会"期间出版。这套丛书于2000年开始出版，目前已出版数十种。

　　世界社会主义研究中心成立于1994年，是中国社会科学院会同中央党校、中央编译局、中央对外联络部、新华社共同成立的学术研究机构。在中宣部的指导和支持下，"中心"以马克思主义为指导，高举科学社会主义的旗帜，对当今世界范围内的社会主义思潮、理论、运动与制度做了大量的、多视角、深层次的研究探讨，撰写出版了一批高质量的学术研究成果。

皮书系列

李慎明　主编
2012年3月出版
99.00元

ISBN 978-7-5097-3156-7

李慎明　主编
2011年3月出版
79.00元

ISBN 978-7-5097-2130-8

李慎明　主编
2010年2月出版
89.00元

ISBN 978-7-5097-1296-2

更多信息请查询：www.ssap.com.cn

皮书系列（续）

李慎明　主编

2009 年 3 月出版

79.00 元（含光盘）

ISBN 978-7-5097-0657-2

李慎明　主编

2008 年 3 月出版

98.00 元（含光盘）

ISBN 978-7-5097-0073-0

李慎明　主编

2007 年 3 月出版

80.00 元（含光盘）

ISBN 978-7-80230-509-0

李慎明　主编

2006 年 5 月出版

80.00 元（含光盘）

ISBN 7-80190-429-X

李慎明　主编

2006 年 3 月出版

68.00（含光盘）

ISBN 7-80190-971-2

更多信息请查询：www.ssap.com.cn

研究系列

李慎明　主编
2012年12月出版
49.00元

ISBN 978-7-5097-3977-8

王立强　傅军胜　曹苏红　陈爱茹　副主编
2012年11月出版
69.00元

ISBN 978-7-5097-3695-1

李瑞琴　著
2012年9月出版
59.00元

ISBN 978-7-5097-3684-5

李慎明　主编

杨鸿玺　著
2012年9月出版
59.00元

ISBN 978-7-5097-3155-0

李慎明　主编
张树华　等译
2012年5月出版
59.00元

ISBN 978-7-5097-3366-0

李慎明　主编
王立强　傅军胜　钱小平　陈爱茹　副主编
2012年3月出版
69.00元

ISBN 978-7-5097-2969-4

蔡文鹏　著
2012年1月出版
49.00元

ISBN 978-7-5097-1604-5

李慎明　主编
2011年9月出版
129.00元

ISBN 978-7-5097-2639-6

研究系列（续）

赵常庆　主编

2011 年 1 月出版

45.00 元

ISBN 978-7-5097-1462-1

何秉孟　主编　傅军胜　副主编

2010 年 7 月出版

59.00 元

ISBN 978-7-5097-1529-1

李慎明　主编

王立强　傅军胜　曹苏红　副主编

2010 年 7 月出版

59.00 元

ISBN 978-7-5097-1565-9

李慎明　主编

王立强　傅军胜　曹苏红　副主编

2010 年 7 月出版

59.00 元

ISBN 978-7-5097-1527-7

何秉孟　姜辉　张顺洪　编著

2010 年 5 月出版

59.00 元

ISBN 978-7-5097-1377-8

刘书林　蔡文鹏　张小川　著

2009 年 10 月出版

35.00 元

ISBN 978-7-5097-1086-9

更多信息请查询：www.ssap.com.cn

研究系列（续）

李慎明　主编
王立强　傅军胜　曹苏红　副主编
2009 年 7 月出版　88.00 元
（上、下册）

ISBN 978-7-5097-0784-5

谭索　著
2009 年 6 月出版
69.00 元

ISBN 978-7-5097-0767-8

李慎明　主编
吴恩远　王立强　曹苏红　副主编
2008 年 11 月出版　89.00 元

ISBN 978-7-5097-0483-7

王金存　著
2008 年 6 月出版
49.00 元

ISBN 978-7-5097-0207-9

聂运麟　著
2008 年 5 月出版
85.00 元

ISBN 978-7-5097-0173-7

李慎明　主编
姜述贤　王立强　副主编
2008 年 5 月出版　59.00 元

ISBN 978-7-5097-0171-3

更多信息请查询：www.ssap.com.cn

研究系列（续）

周新城　著

2008 年 4 月出版

39.00 元

ISBN 978-7-5097-0148-5

姜琳　著

2008 年 3 月出版

39.00 元

ISBN 978-7-80230-984-5

周新城　张旭　著

2008 年 2 月出版

48.00 元

ISBN 978-7-5097-0049-5

聂运麟　等著

2007 年 11 月出版

38.00 元

ISBN 978-7-80230-875-6

谭索　著

2006 年 9 月出版

79.00 元

ISBN 7-80230-259-5

刘国平　著

2006 年 8 月出版

45.00 元

ISBN 7-80230-157-2

李慎明　主编

2005 年 2 月出版　80.00 元

（上、下册）

ISBN 7-80190-429-X

毛相麟　著

2005 年 10 月出版

28.00 元

ISBN 7-80190-740-X

靳辉明　主编

2004 年 5 月出版　58.00 元

（上、下册）

ISBN 7-80190-178-9

李慎明　主编

2001 年 4 月出版

58.00 元　（精）

ISBN 7-80149-482-2

参考系列

〔俄〕瓦连京·拉斯普京 著

2013 年 11 月出版

69.00 元

ISBN 978-7-5097-4410-9

〔日〕鹤田满彦 著

2013 年 4 月出版

59.00 元

ISBN 978-7-5097-4410-9

〔俄〕叶·季·盖达尔 著

2013 年 1 月出版

69.00 元

ISBN 978-7-5097-4028-6

〔俄罗斯〕根纳季·亚纳耶夫 著

2012 年 11 月出版

39.00 元

ISBN 978-7-5097-3834-4

李慎明 主编

2012 年 5 月出版

59.00 元

ISBN 978-7-5097-3366-0

〔英〕莱斯利·斯克莱尔 著

梁光严等 译

2012 年 4 月出版

89.00 元

ISBN 978-7-5097-3055-3

相关链接

更多信息请查询：www.ssap.com.cn

参考系列（续）

〔巴西〕特奥托尼奥·多斯桑托斯 著

郝名玮 译

2012 年 2 月出版

79.00 元

ISBN 978-7-5097-2894-9

李慎明 主编

张树华 副主编

2012 年 1 月出版

59.00 元

ISBN 978-7-5097-3027-0

〔英〕拉斐尔·塞缪尔 著

陈志刚 李晓江 译

2010 年 8 月出版

35.00 元

ISBN 978-7-5097-1604-5

〔日〕中谷岩 著

郑萍 译

2010 年 7 月出版

35.00 元

ISBN 978-7-5097-1443-0

〔古巴〕萨洛蒙·苏希·萨尔法蒂

宋晓平 徐世澄 张颖 译

2010 年 6 月出版

39.00 元

ISBN 978-7-5097-1422-5

〔法〕弗朗索瓦·巴富瓦尔 著

陆象淦 王淑英 译

2010 年 3 月出版

49.00 元

ISBN 978-7-5097-1338-9

参考系列（续）

〔俄〕罗伊·麦德维杰夫 著
王晓玉 姚强 译
2009 年 6 月出版
39.00 元

ISBN 978-7-5097-0791-3

〔英〕张夏准 / 著
2009 年 1 月出版
29.00 元　　（修订本）

ISBN 978-7-5097-0593-3

〔英〕张夏准 / 著
2009 年 1 月出版
39.00 元

ISBN 978-7-5097-0592-6

〔埃及〕萨米尔·阿明 著
杨明柱 杨光 李宝源 译
李宝源 杨光 校
2008 年 11 月出版 79.00 元

ISBN 978-7-5097-0426-4

〔古巴〕菲德尔·卡斯特罗 著
2008 年 10 月出版
49.00 元

ISBN 978-7-5097-0386-1

〔日〕伊藤 诚 著
孙仲涛 宋颖 韩玲 译
2008 年 5 月出版 29.00 元

ISBN 978-7-5097-0193-5

参考系列（续）

〔英〕唐纳德·萨松 著

姜辉 于海青 庞晓明 译

2008 年 1 月出版 138.00 元

（上、下册）

ISBN 978-7-80230-881-7

〔保〕亚历山大·利洛夫 著

马细谱 葛志强 余志和 赵雪林 选译

2007 年 9 月出版

48.00 元

ISBN 978-7-80230-752-0

〔俄〕A．T．雅科夫列夫 著

孟秀云 孙黎明 译

2007 年 5 月出版

58.00 元

ISBN 978-7-80230-636-3

〔英〕张夏准 著

肖炼 倪延硕 等译

2007 年 1 月出版

35.00 元

ISBN 978-7-80230-362-1

〔俄〕弗拉基米尔·卡尔波夫 著

何宏江 等译

2005 年 9 月出版

85.00 元(精)

ISBN 7-80190-701-9

〔俄〕罗伊·麦德维杰夫 著

王晓玉 姚强 译

2005 年 1 月出版

25.00 元

ISBN 7-80190-263-7

参考系列（续）

〔俄〕谢·卡拉－穆尔扎 著

徐昌翰 等译

2004 年 2 月出版 66.00 元

（上、下册）

ISBN 7-80190-085-5

〔俄〕B. A. 利西奇金

JI. A. 谢列平 著

徐昌翰 等译

2003 年 9 月出版 28.00 元

ISBN 7-80149-874-7

〔澳〕科伊乔·佩特罗夫 著

葛志强 马细谱 等译

2001 年 6 月出版

28.00 元

ISBN 7-80149-528-4

〔古巴〕菲德尔·卡斯特罗 著

王玫 等译

2000 年 11 月出版

27.00 元

ISBN 7-80149-336-2

D.施诺卡尔 P.A.塔维奥 编

宋晓平 杨仲林 译

2000 年 11 月出版

10.00 元

ISBN 7-80149-419-9

图书在版编目(CIP)数据

美国社会主义传统/(美)尼古拉斯(Nichols, J.)
著;陈慧平译.—北京:社会科学文献出版社,2013.11
 (世界社会主义研究丛书.参考系列)
 ISBN 978 - 7 - 5097 - 4703 - 2

 Ⅰ.①美… Ⅱ.①尼…②陈… Ⅲ.①社会主义 - 政治
思想史 - 研究 - 美国 Ⅳ.①D091.6

 中国版本图书馆 CIP 数据核字 (2013) 第 118365 号

世界社会主义研究丛书·参考系列 60
美国社会主义传统

著　者/〔美〕约翰·尼古拉斯
译　者/陈慧平

出版人/谢寿光
出版者/社会科学文献出版社
地　址/北京市西城区北三环中路甲 29 号院 3 号楼华龙大厦
邮政编码/100029

责任部门/马克思主义理论编辑室 (010) 59367004　　责任编辑/刘　娟　蒋颖洁
电子信箱/bianyibu@ ssap. cn　　　　　　　　　　　责任校对/王　芳
项目统筹/祝得彬　　　　　　　　　　　　　　　　　责任印制/岳　阳
经　销/社会科学文献出版社市场营销中心 (010) 59367081　59367089
读者服务/读者服务中心 (010) 59367028

印　装/北京季蜂印刷有限公司
开　本/787mm × 1092mm　1/16　　　　　　　印　张/23.25
版　次/2013 年 11 月第 1 版　　　　　　　　　字　数/289 千字
印　次/2013 年 11 月第 1 次印刷
书　号/ISBN 978 - 7 - 5097 - 4703 - 2
著作权合同
登 记 号/图字 01 - 2012 - 4663 号
定　价/69.00 元